U0710516

全國高等院校古籍整理研究工作委員會直接資助項目

恒言録

〔清〕錢大昕　纂
〔清〕張　鑑　補注　阮長生　案
〔清〕陳　鱣　廣證
顔春峰　王鳳嬌　點校

中華書局

圖書在版編目(CIP)數據

恒言録/(清)錢大昕纂;顔春峰,王鳳嬌點校. —北京:中華書局,2019.5
ISBN 978-7-101-13833-7

Ⅰ.恒…　Ⅱ.①錢…②顔…③王…　Ⅲ.訓詁　Ⅳ.H131.6

中國版本圖書館 CIP 數據核字(2019)第 054205 號

書　　名　恒言録
纂　　者　〔清〕錢大昕
點 校 者　顔春峰　王鳳嬌
責任編輯　許　榮
出版發行　中華書局
　　　　　(北京市豐臺區太平橋西里 38 號　100073)
　　　　　http://www.zhbc.com.cn
　　　　　E-mail:zhbc@zhbc.com.cn
印　　刷　北京瑞古冠中印刷廠
版　　次　2019 年 5 月北京第 1 版
　　　　　2019 年 5 月北京第 1 次印刷
規　　格　開本/710×1000 毫米　1/16
　　　　　印張 15½　插頁 2　字數 226 千字
印　　數　1-2500 册
國際書號　ISBN 978-7-101-13833-7
定　　價　56.00 元

目　　錄

① “成語類”下原有并列的“俗諺有出類”，據正文删。“俗有出”與“閭巷常諺”同屬“成語類”。

前　言

《恒言録》，清代錢大昕撰。錢大昕（1728—1804），字曉徵，一字及之，號辛楣，又號竹汀居士，晚年自稱潛研老人，嘉定（今上海嘉定）人。乾隆十六年舉人，十九年進士，歷任翰林院編修、侍講學士，山東、浙江等地鄉試主考官，廣東學政。治學以實事求是爲宗旨，廣泛涉獵經學、史學、文學、天文、地理、曆算、音韻、訓詁諸領域，博聞强識，考校精深，著論宏富，多薈萃於《廿二史考異》《十駕齋養新録》《潛研堂文集》等著作。

《恒言録》爲錢氏遺稿，全書 6 卷，收録漢語通俗詞語 745 條，分爲吉語、人身、交際、毁譽、常語、單字、疊字、親屬稱謂、仕宦、選舉、法禁、貨財、俗儀、居處器用、飲食衣飾、文翰、方術、成語等 18 類；内容和體例均借鑒翟灝《通俗編》，每條之下亦廣徵博引，指明來源出處，必要時略作按斷，或辨析多義，明辨變遷，或糾正謬説，釐清俗正，條理較爲清晰。清張之洞《書目答問》將《恒言録》與趙翼《陔餘叢考》、翟灝《通俗編》列爲“儒家類考訂之屬”，認爲是“讀一切經史子集之羽翼”；張永言《訓詁學簡論》將《恒言録》《恒言廣證》與翟灝《通俗編》、錢大昭《邇言》列爲“清代學者專門考證常言俗語的書”，認爲“爲我們研究古今漢語口語詞彙提供了不少的資料”。現代讀者閲讀時會覺得重引證而輕訓釋，也會發現引文或有錯誤、詞語失考等問題。

錢大昕去世後，其仲子錢東塾將原稿交給阮長生（一作“阮常生”），長生爲之校刊，加入按語 208 處以及張鑑的補注 211 處，主要是增補例證，間有釋義及糾謬，其中約 200 處來自翟灝《通俗編》，於嘉慶十年（1805 年）刊刻；阮亨彙印

《文選樓叢書》本時，又在底版上作了些許校改。1958 年商務印書館整理本《出版說明》說“有清嘉慶十年阮氏刻本，收入《文選樓叢書》中”，雖未表明後者的差異，但沒有錯誤；《中國大百科全書·語言文字卷》“《恒言錄》”條說“嘉慶十年(1805)阮常生(阮元子)據原稿和烏程張鑑的補注刻入《文選樓叢書》内”，就抹殺了嘉慶十年阮氏刻本的存在。周作人《知堂書話·恒言錄》早已判定兩者“蓋雖同一板本而又有殊異也”：“舊本題阮長生序，今改作常生，本文中長生案云云亦悉剜改，惟卷末有三處仍作長生，又元字舊缺末筆，今亦補足，間有遺漏未補者散見各處。阮長生不知何時改名常生，乃一一剜改舊文，可謂不憚煩矣，至補足缺筆字，則又何耶？舊本只末葉題曰‘後學甘泉阮鴻北渚、儀徵阮亨梅叔校’，今於目錄後添刻一行云‘儀徵阮亨仲嘉校’，或者此本校改乃出仲嘉之手，以避家諱爲無謂，爲之改正，亦未可知。此等板本之變更其事甚微，卻亦甚有意思，值得查考記錄者也。”“又有殊異”例如“殷勤”條，嘉慶十年阮氏刻本援舉《曲禮下》《三國志·高堂隆傳》爲例，《文選樓叢書》本則去掉《三國志·高堂隆傳》，改爲“常生按”，引《史記·司馬相如傳》《報任少卿書》；又如“稱妻之兄弟曰舅”條，嘉慶十年刻本作“《釋親篇》：‘姊妹之夫爲甥，妻之兄弟爲甥。’”《文選樓叢書》本在前一行空白處與本行作：“《尔疋·釋親篇·妻黨》云：‘姑之子爲甥，舅之子爲甥，妻之兄弟爲甥，姊妹之夫爲甥。’”類似剜改約有 20 餘處，正誤參半。雖然“其事甚微”，總體差異不大，但表述爲“嘉慶十年阮氏刻本”與“《文選樓叢書》本”符合事實。就其印刷質量來看，後者略顯粗劣，或有漫漶之處。光緒十年(1884)長沙龍氏家塾重刊《嘉定錢氏潛研堂全書》本、20 世紀 30 年代商務印書館《叢書集成初編》本，都是據《文選樓叢書》本刻印或排印，或有漫漶、錯字、闕文，例如“糖”字條“煮火消爛洋洋然也”句之“爛”字，《文選樓叢書》本模糊不可識，長沙龍氏刻本誤作“煙”，《叢書集成初編》本以“□”記之。檢嘉慶十年阮氏刻本，“爛”字赫然在目；又如“麫筋”條“凡鐵之有鋼者，如麫中有筋，濯盡柔麫，則麫筋乃見”之“者、見”二字，《文選樓叢書》本模糊不清，長沙龍氏刻本漏“者”字，《叢書集成初編》本從闕，而嘉慶十年刻本字字清晰。

對於《恒言録》以及阮長生校刊、張鑑補注，清代陳鱣（1753—1817）深有興趣，予以增補。鱣字仲魚，號簡莊，又號河莊、東海波臣，浙江海寧人。嘉慶元年舉孝廉方正，三年中舉。精研許、鄭之學，深通目録校讎，著有《説文解字正義》《論語古訓》《禮記參訂》《經籍跋文》等。陳鱣增補791處，主要是在古籍中尋找更多的例證，其中約160處與《通俗編》相同；其次是基於已有資料的按斷，或疏通詞義，例如"差"條錢氏引《詩》"既差我馬"，認爲"本是采擇之義。今以出使爲差，蓋本於此"。出使義本於選擇，略顯晦澀。陳鱣則闡釋道"今云'差科'取此義，亦言揀擇取應行役者爾"，詞義豁然；或增補義項，例如"姑夫"條錢氏援引的例證皆表姑母的丈夫義，陳鱣又增補數例，表明"婦人呼小姑之夫亦曰姑夫也"；或釐清正俗，例如"疼痛"條錢氏僅舉《顔氏家訓・養生篇》一例，陳鱣則指出"疼"即"痋"之别字，引《説文》《一切經音義》等爲證；或追本溯源，例如"喫茶"條錢氏認爲"女子受聘，謂之喫茶。蓋起於明代，宋以前未之聞也"，陳鱣則據陸游《老學庵筆記》，指出此義"已起于宋時矣"；或糾正謬誤，例如"秀才"條，楊慎斷定趙武靈王"吴越無秀才"是最早出處，陳鱣則指出原文是"秀士"而非"秀才"。雖然嘉慶十九年（1814）陳鱣已經將自己對《恒言録》的補證成果移録成書，命名"恒言廣證"並作序，但目前所見陳鱣手稿是附著在每一詞條中，手寫在《恒言録》的天頭，對引文篇名卷次的補充及訛誤的改正則注在行間。陳鱣手稿於20世紀40年代由葉景葵先生購入合衆圖書館，顧廷龍先生爲之作跋，上海古籍出版社2006年《上海圖書館未刊古籍稿本》第十二册（傅杰先生《解題》）影印出版。

1958年商務印書館首次整理排印《恒言録》與《恒言廣證》，整理者核查引文，糾正誤文脱字以及引書篇名漏注，例如"世説□□篇"補充爲"世説夙惠篇"，"潛夫論□□篇"補充爲"潛夫論浮侈篇"，"是謂大本"糾正爲"此之謂大本大宗"等。但篳路藍縷，錯脱衍倒及斷句錯誤在所不免，例如"凥處困"誤作"尻處困"，"羅隱焚書坑詩"衍作"羅隱焚書坑儒詩"，"鱣按消息亦見豐彖傳"整句脱漏，"箋興者.喻婦人有美色之白晳"顛倒作"喻婦人有美色之白晳.箋興者",“三銓之士.具慶之下.多避憂闕.除則皆不受.對易於他人”誤斷作“三銓之士.具慶之下.多避憂闕除.則皆不受對.易於他人”,“弋陽有大石如人首而岐.名丫頭岩.或題詩云.何不梳妝便嫁休.長教人喚作丫頭”誤斷作“弋陽有大石如人首.而岐名丫頭岩.或題詩云.何不梳妝便嫁.休長教人喚作丫頭”。只斷句而無引號的體例,有時妨礙文意理解,例如“鼎甲”條:“鱣按.戴埴《鼠璞》云.蔡寬夫詩話但言期集所擇少年爲探花.而今獨以稱鼎魁.不知何義.是宋時又以鼎甲爲鼎魁”——後三句難以確定是誰的話。加了引號,蔡寬夫、戴埴、陳鱣的意見就很清楚——鱣按:戴埴《鼠璞》云:“《蔡寬夫詩話》但言‘期集,所擇少年爲探花’,而今獨以稱鼎魁,不知何義。”是宋時又以鼎甲爲鼎魁。

見於《嘉定錢大昕全集》(江蘇古籍出版社 1997 年)的《恒言錄》,以長沙龍氏刻本爲底本,對引文盡可能核對,糾正了不少錯訛和脱漏,後來居上,質量高。但百密一疏,尚有改進之處:一是破句或誤標,例如“堂兄弟”條“《通典》有‘同堂姊、堂姑、堂外甥、堂姨舅’之稱”誤爲“《通典》有‘同堂、姊堂、姑堂、外甥堂、姨舅’之稱”,“餛飩”條“餛飩二字,見《十誦律》。《一切經音義》引《廣雅》:‘餛飩,餅也。’”誤爲“餛飩二字,見《十誦律》《一切經音義》引《廣雅》:餛飩,餅也”,“友生、晚生”條“《鐵網珊瑚》録貞溪諸名勝詞翰”誤將“鐵網珊瑚録”與“貞溪諸名勝詞翰”作爲書名;二是誤校,例如“寒毛”條引陳師道詩“起粟竪寒毛”,與陳師道《後山集》合,而整理者“據文義”將“粟”改爲“栗”,不知“起粟”一詞多見於古詩文,已爲《漢語大詞典》所收,謂“皮膚起雞皮疙瘩”;又如“匡當”條引《説文》從段注本作“槶,匡當也”,整理者據大徐本改“匡”爲“筐”;三是漏校,例如《後漢書·宗均傳》之“宗”當爲“宋”,《南史·郭祖琛傳》之“琛”當爲“深”,《宋書·翟法傳》之“翟法”當爲“翟法賜”,《國語·魯語》“滔而入於恭”之“滔”當爲“陷”;四是錯字,例如“多謝”條引陶潛詩“多謝綺與甪,精爽今何如”,“甪”指漢朝隱士商山四皓之一甪里先生,誤“甪”爲“角”,又如“稱母曰孃”條中的“孃”,整理者均改爲“娘”,混淆了中古漢語不同詞義的“孃”“娘”二字;五是避諱字回改遺漏,例如“元”未改爲“玄”、“宏”未改爲“弘”。

爲了便於閱讀，此次整理將原小字注改爲楷體，而張鑑的補注、阮長生的案、陳鱣的廣證另行置於《恒言錄》各條之下，个别不便另行處則以楷體以示區別。以《恒言錄》清嘉慶十年本、《恒言廣證》嘉慶十九年稿本爲底本，以《文選樓叢書》本、長沙龍氏家塾本爲校本，參考商務印書館整理本、《嘉定錢大昕全集》整理本。在點校過程中，基本采用通行字，異體字酌改，古字、俗字不改；避諱字徑改，不出校；《文選樓叢書》本有差異處，出校；古人引文多憑記憶，並不嚴格，或爲節引，節引一般仍加引號，不出删節號，引文如有出處錯誤、關鍵字詞差異則出校；陳鱣稿本中"鱣按"之外對《恒言錄》引文篇名卷次的零星訂補，保留在當頁腳注。全書745條用阿拉伯數字統一編號，書後編有音序索引，以便查檢。

顔春峰從杭州師範大學主持申報全國高校古籍整理研究工作委員會直接資助項目"《恒言錄》等七種清代俗語詞著作點校"，獲得立項，謹致謝忱。

《恒言録》序

嘉定錢竹汀先生負高世之學，爲天下所景慕，卒之日，士大夫莫不悼老成之雕謝焉。家君知其遺稿尚有未刊者，書以詢之。既而先生仲子東塾携數編至。其《疑年録》等書率皆手迹編録，恐尚未經寫定，惟《恒言録》首尾完善。家君因以授長生[①]，且誨曰："學者實事求是，一物不知，當引爲己耻。"長生謹受卒業。因思北海鄭君網羅衆家，括囊大典，至其箋《詩》"願言則嚏"，則曰"俗人嚏云'人道我'"；注《禮》"夏后氏以楬豆"，則曰"齊人謂無髮爲禿楬"[②]。鱣按：《説文》云："䯻，髮禿也。"《考工記・梓人》云"頎脰"，鄭注："故書'頎'或作'牼'，鄭司農云：'牼讀如頭無髮之䯻。'[③]"蓋《明堂位》注借"楬"作"䯻"耳。蓋楬即髺，而嚏則今人猶然。自服子慎《通俗之文》不傳，此道幾於絶響，非先生孰克成之？長生爰偕詁經精舍友人烏程張君鑑，各補注一二，用刊諸家塾，以貽同志焉。

嘉慶十年夏五月，揚州阮長生謹序

① 長生，《文選樓叢書》本作"常生"，下同。

② 無，原訛作"乘"，據陳鱣、《文選樓叢書》本、長沙龍氏刻本改。

③ "如"下《周禮・考工記》注有"䯻"字。

《恒言廣證》序[①]

自楊雄作《方言》[②]，而後則有若服虔《通俗文》，厥後劉霽有《釋俗語》、沈約有《俗說》、无名氏有《釋常談》、龔頤正有《續常談》，其書或存或亡。近時翟晴江教授箸《通俗編》，盛推繁富。然細案之，多未精當。及讀錢竹汀詹事《恒言錄》，嘆其實事求是，考證精明，自非經傳洽熟、旁通百家，何能至此？詹事箸書滿家，俱已風行於世。《恒言錄》爲儀徵阮公子長生校刊，又偕烏程張明經鑑補注，亦屬詳審。鱣于披閱時間有管見，出于原錄之外及二家所未補者，疏記上下，積而成帙，目曰《恒言廣證》，仍分爲六卷，非若買菜求增，足徵開卷有益，博雅君子幸無弞焉。

嘉慶十有九年冬十一月，書於紫微講舍

---

① 陳鱣《簡莊文鈔續編》卷一。

② 楊，清管庭芬原撰、蔣學堅續輯《海昌藝文志》卷十四作“揚”。

恒言錄卷一

吉語類

001 吉祥　《易·繫辭》:“吉事有祥。”《莊子·人間世》[①]:“吉祥止止。”《戰國策》《史記·蔡澤傳》[②]:“聖人所謂吉祥善事。”《淮南·主術訓》:“儼然玄默而吉祥受福。”

鱣按:漢銅洗文作“吉羊”,蓋假“羊”爲“祥”也。又《元嘉刀銘》:“宜侯王,大吉羊。”《隸釋》:“漢代器物多以羊爲祥。”[③]《説文》:“羊,祥也。”《説苑·辨物篇》:“楚昭王渡江,有物大如斗,直觸王舟。使問孔子,孔子曰:‘此名蘋實。’令剖而食之:‘惟霸者能獲之,此吉祥也。’”《漢書·禮樂志》:“靈既皋,錫吉祥。”又《車千秋傳》:“每有吉祥嘉應,數褒賞丞相。”《列子·説符篇》:“宋人有好仁義者,三世不懈,家無故黑牛生白犢。以問孔子,孔子曰:‘此吉祥也,以薦上帝。’”《易林·萃之噬嗑》:“文定吉祥,康叔受福。”

002 吉利　《易林·蒙之姤》:“舉家蒙歡,吉利無殃。”曹操小字吉利。

長生案:吉利,見《易·大有》爻辭。

---

① “人間世”爲陳鱣所加。
② “史記蔡澤傳”爲陳鱣所加。
③ 《隸續》卷一三“物”下有“銘”字。

鱣按:《南史·林邑國傳》:"引婿見婦,握手相付,咒曰'吉利吉利'。"《後漢書·西羌傳》:"以戰死爲吉利。"

003 歡喜 《戰國策》:"秦人歡喜,趙人畏懼。"《易林·坤之同人》:"析薪在剋,福祿歡喜。"《訟之兑》:"執玉歡喜,佩之解攣。"《同人之姤》:"東家歌舞,長樂歡喜。"《家人之屯》:"少齊在門,夫子歡喜。"《震之无妄》:"函珠懷寶[①],心悦歡喜。"《漸之咸》:"蠻夷來服,國人歡喜。"《巽之賁》:"公孫上堂,大君歡喜。"《中孚之隨》:"蜩螗歡喜,草木嘉茂。"《道德指歸論》:"舉措得時,天下歡喜。"《史記·樂書》:"接歡喜,合殷勤。"《漢書·蕭望之傳》:"窟穴黎庶,莫不歡喜。"《王莽傳》:"神祇歡喜。"《後漢書·陳蕃傳》:"人鬼歡喜。"

鑑案:《説文》:"歡,喜樂也。"正當以"歡喜"連讀。

鱣按:《書》"惟喜康共"疏:"惟歡喜安樂,皆與汝共之。"《易林·乾之困》:"歡喜堅固,可以長安。"《坤之同人》:"相向共語,福祿歡喜。"《坎之謙》:"虎臥不起,牛羊歡喜。"馬融《與竇伯向書》:"見手迹,歡喜何量。"《易林·鼎之萃》:"慈我九子,相對歡喜。"

004 賀喜 見《急就篇》。顔氏注云:"賀喜,言有喜而可賀也。"《易林·大有之解》[②]:"賀喜從福,日利蕃息。"

鱣按:《急就篇》"魯賀憙",顔本作"喜"。貢師泰《海歌》:"船過此間多賀喜,明朝便可到南臺。"

鱣按:《周禮》大行人掌"賀慶以贊諸侯之喜"。

005 喜歡 《晋書·祖約傳》:"祖侯遠來,未得喜歡。"

鑑案:《魏志·管輅傳》裴注:"故郡將劉邠,好易而不能精,與輅相見,意甚喜歡。"又《文選·應休璉〈與從弟君苗君胄書〉》:"閒者北

① 懷,原訛作"爲",據陳鱣改。
② "大有之解"爲陳鱣所加。

游,喜歡無量。"

長生案:古樂府《善哉行》:"今日相樂,皆當喜歡。"

鱣按:白樂天詩:"獨出雖慵懶,相逢定喜歡。"《五代史補》羅紹威判狀云:"領鞴驢漢子科決,待駕車漢子喜歡。"

006 快樂 《易林·乾之履》:"富饒豐衍,快樂無已。"

鑑案:《國策·秦策》高誘注:"快,樂也。"

鱣按:符載《常載上人精院記》[①]:"嗅聞馨香,身意快樂。"

007 快活 《北史·和士開傳》:"一日快活敵千年。"《七修類稿》引桑維翰云:"居宰相如著新鞋襪,外面好看,其中不快活也。"

鱣按:桑維翰語見《朝野僉載》。《五代史·劉晌傳》:"諸吏聞晌罷相,皆歡呼曰:'自此我曹快活矣。'"白樂天《快活》詩:"别有優游快活人。"又《對酒》詩:"向上應無快活人。"又《自戲》詩:"放君快活知恩否,不早朝來十一年。"

長生案:白居易詩:"快活不知如我者[②],人閒能有幾多人。"又:"誰知將相公侯外,别有優游快活人。"

008 自在 《列子·周穆王篇》:"遂能存亡自在。"《漢書·王嘉傳》:"恣心自在。"杜子美詩:"自在嬌鶯恰恰啼。"

鱣按:杜子美詩:"呼兒自在掩柴門。"又:"江流大自在,坐穩興悠哉。"

009 安穩 王符《潛夫論》:"行步欲安穩。"魏伯陽《參同契》下篇:"吉人乘負,安穩長生。"《晋書·顧愷之傳》:"行人安穩,布帆無恙。"《舊唐書·嚴善思傳》:"事既不經,恐非安穩。"

長生案:《晋書·輿服志》:"以五色木牛象五時車,竪旗於牛背,行則使人輿之,牛之義蓋取其負重致遠,安而穩也。"《三國志·董

① 載,《全唐文》卷六八九作"準"。
② 我,原訛作"戒",據《文選樓叢書》本改。

卓傳》注[1]:“海内安穩。”

鱣按:杜子美詩:“安穩高詹事。”又:“幕下郎官安穩無。”白樂天《春眠》詩:“枕低被暖身安穩。”

010 平安 晋人帖多用“平安”字,《通典》載徐彦議亦有“昨日平安”之語。

鑑案:《漢書·地理志》千乘郡縣平安,又廣陵國縣平安,則“平安”漢時已有此語。

鱣按:《唐六典》:“鎮戍每日放烟一炬,謂之平安火。”《酉陽雜俎》:“其寺綱維每日報竹平安。”

011 安寧 《爾雅》:“冬爲安寧。”

長生案:《詩》:“既安且寧。”又《史記·周本紀》:“成康之際,天下安寧。”

鱣按:《管子·四稱篇》:“國家安寧,不用兵革。”《吕氏春秋·仲夏紀》:“天下太平,萬物安寧。”《易林·乾之節》:“世祿久長,起動安寧。”《蒙之恒》:“狩軍依營,天下安寧。”《比之明夷》:“元吉无咎,安寧不殆。”《比之巽》:“反其屋室,安寧如故。”《否之明夷》:“深坑復平,天下安寧。”《同人之坤》:“飽歸其居,安寧無悔。”《隨之剝》:“不失其心,得且安寧。”《隨之鼎》:“泉坑復平,宇室安寧。”《觀之否》:“歲露時節,人民安寧。”《剝之姤》:“君子所在,安寧不殆。”《明夷之豐》:“无凶无咎,安寧不殆。”《睽之鼎》:“庾億倉盈,年歲安寧。”《損之臨》:“元吉无咎,安寧不殆。”《夬之師》:“歲稔時節,民以安寧。”《萃之歸妹》:“中告吉誠,使君安寧。”《困之臨》:“螟蟲不作,民得安寧。”《革之坎》:“終无凶事,安寧如故。”王延壽《靈光殿賦》:“永安寧

---

① 注,原脱,據《三國志》卷六補。

以祉福。"《漢書・文帝紀》:"方内安寧,靡有兵革。"又《郊祀歌》:"海内安寧,興文偃武。"《莊子・天下篇》:"願天下之安寧,以活民命。"

012 康寧 《書・洪範》:"五福,三曰康寧。"

長生案:《易林》:"冠帶垂衣,天下康寧。"

鱣按:秦瓦當文:"維天降靈,延壽萬年[①],天下康寧。"《易林・比之旅》:"八哲五教,王室康寧。"《小畜之遁》:"以永康寧,不憂危殆。"《大有之損》:"萬民康寧,咸賴嘉福。"《豫之解》:"太宰東西,夏國康寧。"《蠱之井》:"萬民康寧,咸賴嘉福。"《賁之困》:"君子康寧,悅樂身榮。"《姤之臨》:"執玉萬國,天下康寧。"《漢書・董仲舒傳》:"夙夜不惶康寧。"

013 安樂 《詩》:"將安將樂。"

鑑案:《禮記》:"所以交於神明者,不可以同於所安樂之義也。"又《漢書・地理志》漁陽郡縣安樂。

長生案:《國語》:"民生安樂,誰知其他。"

鱣按:《大戴禮・踐阼篇》:"安樂必敬。"《孟子》:"然後知生於憂患而死於安樂也。"《韓詩外傳》:"中知人能安樂之。"《易林・訟之姤》:"麟鳳所游,安樂無憂。"《乾之隨》:"游觀滄海,安樂長處。"《升之蹇》:"勞躬治國,安樂無憂。"

014 長久 《老子》:"天長地久,天地所以能長且久者,以其不自生,故能長久。"

鑑案:《禮記》:"内和順而後家可長久也[②]。"

鱣按:《戰國・趙策》:"豈非計久長,有子孫相繼爲王也哉?"《管子・度地篇》:"天地和調,日有長久。"《莊子・在宥篇》:"非德也而可

---

① 壽,陳鱣《簡莊詩文鈔》卷五《秦漢瓦當記》作"元"。
② 順,《禮記・昏義》作"理"。

以長久者,天下無之。"《易林·師之既濟》:"德教尚忠,彌世長久。"《升之小過》:"福至禍去,壽命長久。"《革之中孚》:"德教之中,彌世長久。"《履之无妄》:"宜家受福,吉慶長久。"《豫之否》:"君子之歡,得以長久。"

015 長遠 《書·君奭》:"弗永遠念天威。"孔傳言:"不長遠念天之威。"

鑑案:《晋書·宣帝紀》[①]:"晋祚復安得長遠。"此正與僞孔傳同時。

鱣按:蔡邕《任巴郡太守謝表》:"巴土長遠,江山修隔。"《魏志·武帝紀》:"關中長遠。"《禮記》:"其聲清越以長。"疏:"其聲清泠發越以長遠。"

016 榮華 《莊子·齊物論篇》:"道隱于小成,言隱于榮華。"《荀子·王制篇》:"草木榮華滋實之時[②]。"

長生案:《離騷》:"及榮華之未落兮。"又《史記·外戚世家》:"丈夫當時富貴,光耀榮華,貧賤之時何足累之哉!"

鱣按:《管子·重令篇》:"事便辟,以富貴爲榮華以相稚也。"《爾雅》:"華,榮也。木謂之華,草謂之榮。"

017 享福 《後漢書·郎顗傳》:"高宗以享福。"

鑑案:《鶡冠子·王鈇篇》:"享其福禄而百事理。"

鱣按:王粲《蕤賓鐘銘》:"時作蕤賓,永享遐福。"

018 具慶 《詩》:"莫遠具慶[③]。"《唐摭言》:"寶曆中,楊嗣復相公具慶下,繼放兩榜。"又云進士議名"大相識主司在具慶、次相識主司在偏侍、小相識主司有兄弟"。

長生案:錢希白《南部新書》:"三銓之士,具慶之下,多避憂闕,除

① 宣,原訛作"明",據陳鱣改。

② 實,《荀子·王制篇》作"碩"。

③ 遠,《詩經·小雅·楚茨》作"怨"。

則皆不受,對易於他人。”則“具慶”乃唐人之常語。

鱣按:《揮麈前録》:“安厚卿在政府,父尚康寧,且具慶焉。”

019 慶賀 《淮南・本經訓》:“無慶賀之利,刑罰之威。”

長生案:《周禮・小行人》:“若國有福事,則令慶賀之。”

鱣按:《周禮・大宗伯》:“以賀慶之禮,親异姓之國。”《大戴禮・朝事篇》:“有福事則令慶賀之。”《説文》:“慶,行賀人也。”《易林・姤之咸》:“官爵并至,慶賀盈户。”

020 福壽 《顔氏家訓・歸心篇》[①]:“盜跖、莊蹻之福壽。”孫思邈有《福壽論》。

鱣按:《書・洪範》:“九五福,一曰壽。”《易林・履之无妄》:“宜家壽福,吉慶長久。”《歐陽文忠集・跋杜祁公墨迹》:“見公福壽康寧,言笑不倦。”

人身類

021 性命 《易・乾彖傳》:“各正性命。”《中庸》:“天命之謂性。”皆言人所受之德也,後人以人身壽命爲性命。《史記・秦始皇本紀》:“元元之民,冀得安其性命。”《漢書・藝文志》:“以生疾而隕性命。”《鮑宣傳》:“可以父子終其性命。”《後漢書・仲長統傳》:“永保性命之期。”《逸民傳》:“幸得保終性命。”“將性命之不免,柰何?”《續漢書・輿服志》:“使天下之民物各得安其性命。”《論衡》:“性命可延,斯須不老”,“惟人性命,長短有期。”《三國志・劉威碩傳》:“使得全完,保育性命。”《諸葛亮傳》:“苟全性命于亂世。”《晋書・皇甫謐傳》:“若擾全道,以擾性命[②]”,“身嬰大疢,性命難保。”《魯褒傳》[③]:“性命長

① “歸心篇”爲陳鱣所加。

② 擾,《晋書・皇甫謐傳》作“損”。

③ 《魯褒傳》,當爲“魯褒《錢神論》”。

短,相禄貴賤。"《南齊書·武十七王傳》:"若束手自歸,可全其性命。"

長生案:《大戴禮·本命篇》:"命者性之終也。"又《樂記》:"則性命不同矣。"

鱣按:《易·説卦傳》:"將以順性命之理。"《莊子·駢拇篇》:"不失其性命之情。"《淮南·修務訓》:"性命可説。"王褒《洞簫賦》:"附性命乎皇天。"班固《幽通賦》:"天造草昧,立性命兮。"《世説·雅量篇》:"不能爲性命忍俄頃。"張衡《西京賦》:"必性命之可度。"崔駰《達旨》:"俟性命之所存。"《抱朴子·自叙篇》:"耦耕藪澤,苟存性命耳。"《列子·楊朱篇》:"不遑憂名聲之醜、性命之危也。"《後漢書·鄧隲傳》:"上全天恩,下完性命。"

022 性靈 《晋書·樂志·序》:"性靈之表不知,所以發于咏歌。"《梁書·徐勉傳》:"以娱休沐,用托性靈。"《北齊書·杜弼傳》:"可以鎔鑄性靈,弘獎風教。"鍾嶸《詩品》:"阮籍《咏懷》之作,可以陶性靈,發幽思。"杜子美詩"陶冶性靈存底物"用此。《文心雕龍》:"性靈鎔匠,文章奥府。"《南史·文學傳·序》:"大則憲章典誥,小則申抒性靈。"何遜詩:"還保性靈中。"

鱣按:劉孝標《辨命論》:"或言命以窮性靈。"陶弘景《答趙英才書》:"任性靈而直往,保無用以得閑。"《顔氏家訓·文章篇》:"至於陶冶性靈,從容諷諫。"

023 意思 《論衡》:"意思不欲求寒温。"《三國志·陸遜傳》:"陸遜意思深長。"《士燮傳》:"意思甚密。"

鱣按:《南史·齊宗室傳》:"晋安王子懋,武帝諸子中最爲清活[1],有意思。"

---

① 活,《南史·齊宗室傳》作"恬"。

024 才具 《三國志・彭羕傳》:"卿才具秀拔。"《世説》許允妻云:"汝等雖佳,才具不多。"《世語》:"秦始皇漢孝武之儔,才具微不及耳。"《晋書・張華傳》:"鍾會才具有限。"《祖逖傳》:"逖有贊世才具。"《高嵩傳》:"阿酃故有才具。"《北史・楊侃傳》:"苟有良田,何憂晚歲,但恨無才具耳。"

鱣按:徐陵《與嶺南酋豪書》:"君之才具,信美登朝。"

025 骨氣 《晋書・阮裕傳》:"骨氣不及逸少。"

鱣按:袁昂《書評》:"蔡邕書骨氣洞達,爽爽有神。"

026 氣力 《列子・湯問篇》:"取道致遠,而氣力有餘。"《淮南・主術訓》同。《戰國策》:"少焉氣力倦。"《史記・吕后紀》:"朱虚侯劉章有氣力。"《五宗世家》:"好氣力。"《漢書・地理志》:"其俗夸奢,尚氣力","高上氣力。"《後漢書・伏湛傳》:"素有氣力。"《桓榮傳》:"但自苦氣力。"《班超傳》:"超之氣力,不能從心。"《王涣傳》:"少好俠,尚氣力。"

鱣按:《淮南・修務訓》:"夫雁順風以愛氣力。"王褒《四子講德論》:"賤老貴壯,氣力相高。"

027 面貌 《史記・田儋傳》:"欲一見我面貌耳。"《漢書・張禹傳》:"又奇其面貌。"《詩》鄭箋:"面貌丰丰然豐滿。"

鑑案:《荀子・大略篇》:"愛之而勿面,使之而勿貌。"楊倞注:"面、貌,謂以顔色慰悦之。"

鱣按:《尸子》:"禹長頭鳥喙①,面貌亦惡矣,天下從而賢之。"

028 筋骨 《孟子》:"勞其筋骨。"《淮南・兵略訓》:"人無筋骨之强。"

長生案:《國語》:"夷請無筋無骨。"又《左氏傳》:"敢告無絕筋,無折骨。"

---

① 頭,《太平御覽》卷八二、三六五引《尸子》均作"頸"。

鱣按:《周禮·天官·獸人》:“皮毛筋骨,入于玉府。”《韓詩外傳》:“勞逸適乎筋骨。”《管子·心術篇》:“人能正靜者,筋肕而骨强。”《列子·湯問篇》:“外則筋骨支節、皮毛齒髮皆假物也。”《說符篇》:“良馬可形容筋骨相也。”《吴越春秋·闔閭内傳》:“筋骨果勁,萬人莫當。”《漢書·陳湯傳》:“破絕筋骨,暴露形骸。”《荀子·勸學篇》:“筋骨之强。”

029 血氣 《論語》“血氣未定”“血氣方剛”“血氣既衰”。《禮記·樂記》:“耳目聰明,血氣和平。”《中庸》:“凡有血氣者,莫不尊親。”

鑑案:《素問·五常政大論》:“歧伯曰:‘夫經絡以通,血氣以從。’”

鱣按:《樂記》:“夫民有血氣心知之性。”《管子·中匡篇》:“道血氣以求長年長心長德。”《水地篇》:“水者地之血氣。”《列子·天瑞篇》:“其在少壯,則血氣飄溢。”《黄帝篇》:“言血氣之類,心智不殊遠也。”《荀子·修身篇》“凡用血氣”,又“血氣剛强”,又“安燕而血氣不惰,柬理也”,《正論篇》“血氣筋力則有衰”。《莊子·在宥篇》:“矜其血氣,以規法度。”《周書·常訓解》:“夫習民乃常,爲自血氣始。”

030 皮膚 《文子·道德篇》:“以耳聽者,學在皮膚。”《列子·天瑞篇》:“皮膚爪髮。”《論語》:“膚受之訴。”馬融注:“皮膚外語,非其内實。”《顔氏家訓·文章篇》:“文章當以理致爲心腎,氣調爲筋骨,事義爲皮膚。”

長生案:《素問·四氣調神大論》:“去寒就温,無泄皮膚,使氣亟奪。”《雲笈七籤》:“皮膚神,名通衆仲。”

鱣按:《内經·湯液醴醪論》:“夫病之始生也,極微極精,必先入結於皮膚。”《五燈會元》馬祖問藥山曰:“近日閒處作麽生[1],曰:‘皮膚

① 閒,《五燈會元》卷五作“見”。

脱落盡,惟有一真實。'"

031 神氣 《南史・蔡興宗傳》:"小兒四歲,神氣似可。"

長生案:《禮記》:"地載神氣,神氣風霆。"又曰:"氣志如神。"鄭注:"謂聖人也。"

鱣按:《列子・黄帝篇》:"揮斥八極,神氣不變。"《史記・封禪書》:"長安東北有神氣,成五采。"

032 情態 《詩・賓之初筵》箋:"淫液者,飲酒時情態也。"

鱣按:《易・繫辭傳》:"是故知鬼神之情狀。""情態"即"情狀"也。《列子・黄帝篇》:"太古神聖之人,備知萬物情態。"《韓非・二柄篇》:"群臣之情態,得其資矣。"

033 本命 《三國志・管輅傳》:"吾本命在寅。"

鑑案:《大戴禮》有《本命篇》《易本命篇》。蕭吉《五行大義》:"納音數者,謂人本命所屬之音也。一言得土者,本命庚子,子屬於庚,數之,一言便以得之是也;三言得火者,本命丙寅,寅屬於戊,從丙數至戊,凡三是也;五言得水者,本命壬戌,戌屬於丙,從壬數至丙,凡五是也;七言得金者,本命壬申,申屬於戊,從壬數至戊,凡七是也;九言得木者,本命己巳,巳屬於丁[①],從己數至丁,凡九是也。六十甲子,例皆如是。"

鱣按:《大戴禮・本命第八十》,《通典》引作《逸禮》,《家語》襲爲《本命解》,《困學紀聞》:"《易・本命篇》與《家語》同。"白樂天《元日對酒》詩:"夢得君知否,俱過本命年。"

034 骨節 《列子・黄帝篇》:"骨節與人同,而犯害與人异。"

長生案:《國語》:"吴伐越,墮會稽,獲骨節專車。"

鱣按:《史記・孔子世家》:"吴伐越,墮會稽,得骨節專車。"《集

① 巳,原訛作"己",據長沙龍氏刻本改。

解》:"韋昭曰:骨一節,其長專車。"

035 眼珠子 今人呼目眸子爲珠子。《韓詩章句》:"無珠子曰矇,珠子具而無見曰瞍。"見《文選注》。《廣雅》:"目謂之眼,珠子謂之眸。"《字林》:"瞍,目有眹無珠子也。"

鑑案:《廬江小吏詩》:"却與小姑别,泪落連珠子。"

鱣按:《顔氏家訓·書證篇》:"道經云:'合口誦經聲璅璅,眼中泪出珠子碟。'"

036 眼孔 《唐書·安祿山傳》:"帝爲祿山起第京師,以中人督役,戒曰:'善爲部署,祿山眼孔大,毋令笑我。'"《朝野僉載》:"張元一嘲武懿宗曰:'未見桃花面皮,謾作杏子眼孔。'"

鱣按:《海錄碎事》:"太祖與趙普議論不合,普言桑維翰愛錢,上曰:'措大眼孔小,賜與十萬貫,則塞破屋子矣。'"

037 眼匡俗作眶 《釋名》:"睫,插也,接也,插於眼匡而相接也。"

長生案:《説文》無"眶"字,惟《廣韵》:"眶,眼眶。"故云"俗"。

鱣按:《史記·淮南王傳》:"涕滿匡而横流。"張衡《西京賦》:"隅目高匡。"歐陽永叔《憎蒼蠅賦》:"或集眉端,或沿眼眶。"

038 眼力 杜氏《通典》:"籍字既細,難爲眼力。"沈約。

長生案:劉禹錫詩:"减書存眼力。"又姚合詩:"簿書銷眼力。"

鱣按:元稹詩:"眼力少將尋案牘。"

039 額角 《釋名》:"角者,生於額角。"《宋史·刑法志》:"其次稍重,則止刺額角。"

鑑案:《論語撰考讖》:"顔回有角額,似月形。""角額"即"額角"也。

鱣按:《庾子山集·舞媚娘》樂府:"直點額角輕黄仔細安[①]。"《南

① 直點額角輕黄仔細安,《庾子山集·舞媚娘》作"眉心濃黛直點,額角輕黄細安"。

燕錄》[①]:"慕容德,皝之少子,頟上有日角。"

040 頭角 韓退之撰《柳子厚墓志》:"嶄然見頭角。"

鱣按:《北史・隋文帝紀》:"皇妣抱帝,忽見頭上出角。"

041 頭皮 楊朴詩:"今日捉將官裏去,這回斷送老頭皮。"

鱣按:《侯鯖錄》:"真宗徵處士楊朴至,問曰:'臨行時有人作詩送卿否?'對曰:'臣妻有詩云:今日捉將官裏去,這回斷送老頭皮。'"

042 頭頸 《釋名》:"髦,冒也,覆冒頭頸也。"

鑑案:《玉藻》:"頭頸必中。"《說文》:"頸,頭莖也。"今亦作"脰"。何休《公羊》注:"脰,頸也。"

鱣按:《急就篇》"頸項"顏注:"頸,頭莖也。"《易林・蒙之噬嗑》:"畫龍頭頸,文章不成。"《大過之履》:"狗吠夜驚,履鬼頭頸。"《大過之益》:"乃稱高室,疾在頭頸。"《井之坎》:"祟在頭頸,笮不得去。"

043 面皮 《南史・文苑傳》[②]:"高爽從縣閣下,取筆書鼓云:'徒有八尺圍,腹無一寸腸。面皮如許厚,受打未詎央。'"

鑑案:《西京雜記》曹元理計囷米數,出差一升,曰:"遂不知鼠之殊米,不如剝面皮矣。"

長生案:庾子山詩:"向人長曼臉,由來薄面皮。"又《靈樞經》:"其氣之津液皆上熏於面,而皮又厚,其肉堅。"

鱣按:《裴氏語林》:"賈充謂孫皓曰:'何以剝人面皮?'皓曰:'憎其顏之厚也。'"

044 鼻頭 《南史・曹景宗傳》:"耳後生風,鼻頭出火。"黄山谷詩:"法從空處起,人向鼻頭參。"

鱣按:白樂天詩:"聚作鼻頭辛。"

---

① "南燕錄"前原衍"衡",據湯球輯《十六國春秋纂錄校本》卷九删。

② 文苑,當爲"文學"。

045 心孔 杜子美《畫障》詩:"小兒心孔開,皃得山僧及童子[①]。"

鱣按:《列子·仲尼篇》:"子心六孔流通,一孔不達。"張注:"舊説聖人心有七孔也。"杜荀鶴《贈張員外》詩[②]:"誦詩心孔迥然開。"

046 肚皮 《五燈會元》:"馬祖問藥山:'近日見處作麽生?'曰:'皮膚脱落盡,惟有一真實。'祖曰:'如是,將三條篾束取肚皮,隨處住山去。'"《東坡雜志》:"嘗坦腹問侍者:'汝輩試道此中何物?'朝雲曰:'是一肚皮不合時宜。'坡捧腹大笑。"

長生案:《五燈會元》曇秀荅僧,又云:"自家肚皮自家畫。"

鱣按:《傳燈錄》:"從孃肚皮裏出來,便好作獅子吼。"

047 肚裏 《摭言》:"卷頭有眼,肚裏沒嗔。"

鑑案:孟郊詩:"肚裏生荆棘。"

鱣按:《四朝聞見錄》憲聖對高宗曰:"大姐姐遠在北方,妾短於定省,方一思之,肚裏泪下。"

048 脊梁 《朱氏語類》:"小南和尚少年從師參禪,一日偶靠倚而坐。其師見之,叱曰:'得恁地無脊梁骨。'小南悚然,自此終身不靠倚坐。"大昕案:"脊梁"即"脊吕"之轉。

鱣按:《説文》:"吕,脊肉也[③],象形。脊,背吕也。""脊梁"即"脊吕"。陳同甫《與朱元晦書》:"正大之體,挺特之氣,竪起脊梁。"

鑑案:《指月錄》東齋謙謂道川曰:"汝舊呼狄三,今名道川,川即三耳,能竪起脊梁辦個事,其道如川之增。若放倒,則依舊狄三也。"

049 身材 杜氏《通典》:"身材言語之選。"唐無名氏詩:"三十六峰猶不見,况伊如燕這身材。"《五燈會元》:"黄蘗禪師辭南泉,泉門

---

① 皃,原訛作"兒",據長沙龍氏刻本改。陳鱣改作"貌"。

② 《全唐詩》卷六九二"外"下有"兒"字。

③ 此從《説文》小徐本作"肉",大徐本作"骨"。

送,提起師笠子曰:‘長老身材沒量大,笠子大小生。’”

鱣按:《唐書·選舉志》:“置武舉,有馬槍、翹關、負重、身材之選。”

050 膽氣 杜子美詩:“將軍膽氣雄。”

長生案:《周益公集》:“乞求有膽氣謹密之人,得奉議郎向,令徒步至平江見張浚等。”

鱣按:《荀子·修身篇》:“勇膽猛戾,則輔之以道順。”楊注:“膽,有膽氣。”

051 脚根 《北史·爾朱彦伯傳》:“洛中謠曰:‘頭去項,脚根齊,驅上樹,不須梯。’”亦作“脚跟”。《説文》:“跟,足踵也。”《釋名》:“足後曰跟。”《爾雅》:“鳧雁醜,其踵企。”郭注云:“飛即伸其脚跟。企,直也。”

鱣按:《急就篇》“跟踵”顔注:“足後曰跟。跟猶根也,下著于地也。”《釋名》:“足後曰跟,在下方著地,一體任之,象木根也。”

052 骨頭 《摭言》有人貢鄭光業啓:“當時之不識貴人,凡夫肉眼;今日之俄爲後進,窮相骨頭。”《五鐙會元》:“南泉禪師拈起骰子曰:‘臭骨頭十八。’”

鑑案:《摭言》又有“莫忘生身老骨頭”之句。

鱣按:《摭言》:“陳太師有愛姬徐氏,郫城令女也,令欲因女求牧,私示詩云:‘深宫富貴事風流,莫忘生身老骨頭。’聞者鄙之。”

053 寒毛 《晉書·夏統傳》:“聞君之談,不覺寒毛盡戴,白汗四匝。”陳師道詩:“起粟豎寒毛。”

長生案:《唐書·鄭從讜傳》:“捕反賊,誅其首惡,皆寒毛惕伏。”

鱣按:《顔氏家訓·名實篇》:“留傳萬代,可爲骨寒毛豎也。”《唐書·李訓等傳·贊》:“天下爲寒心豎毛。”岑參《趙將軍歌》:“城南獵馬縮寒毛。”

054 愛富 李匡乂《資暇集》:“今人呼振鼻爲噴涕,吐口爲愛富，殊不知噴嚏當作"嚔"。噫腑，噫音隘，藏府氣噫出也。"案：今吴中尚有"愛富氣"之語，當從李作"噫腑"。

鱣按：《禮記·内則》："不敢噦噫嚏咳。"釋文："噫，於戒反。"《説文》："噫，飽食出息也。"《莊子·齊物論》："大塊噫氣。"

055 年紀　《後漢書·光武紀》："檢覆墾田頃畝及户口年紀。"《劉隆傳》："户口年紀，互有增減。"王伯厚云："'年紀'出《光武紀》。"

鱣按：《三國志·魏武紀》注："建元去官之後，年紀尚小。"《張温傳》："温年紀尚小，鎮重尚淺。"《晋書·魯褒傳》："不計優劣，不論年紀。"陶淵明《游斜川詩序》："各疏年紀鄉里，以記其時日。"《世説·賞譽篇》注："石崇《金谷詩叙》曰：'具列時人官號、姓名、年紀。'"

056 老大　古樂府："少壯不努力，老大徒傷悲。"

鑑案：《文選·長歌行》作"老大乃傷悲"。

鱣按：杜子美《咏懷詩》："杜陵有布衣，老大意轉拙。"白樂天《琵琶行》："老大嫁作商人婦。"又《和慕巢》詩："富貴大都多老大。"

057 少年　《史記·淮陰侯列傳》："淮陰屠中少年有侮信者。"

長生案：《史記·張耳陳餘傳》："范陽少年皆争殺君。"

鱣按：《戰國·秦策》："恒思有悍少年請與博。"劉孝威《結客少年場》："少年李六郡，遨游遍五都。"

058 後生　《論語》："後生可畏。"《朱氏語類》："明道詩云：'時人不識予心樂，將謂偷閑學少年。'此是後生時氣象眩露，無含蓄。"

長生案：鮑昭詩："寄語後生子，爲樂當及春。"

鱣按：《詩·殷武》："壽考且寧，以保我後生。"《吴志·諸葛恪傳》："後生者未悉長大。"《南史·顔延之傳》："休上人制作，委巷間歌謡耳，方當誤後生。"《顔氏家訓·風操篇》[①]："此人後生無比，遂不爲

① 風操，當爲"慕賢"。

世用。"《歸心篇》:"若引之先業,冀以後生,更爲通耳。"《雜藝篇》:"傳信後生,頗爲所誤也。"

059 小時 《三國志・張昭傳》:"寧念小時所暗書否?"

鱣按:《古捉搦歌》:"小時憐母大憐婿,何不早嫁論家計。"

060 花甲 趙牧詩:"手挼六十花甲子,循環落落如弄珠。"見《唐詩紀事》。范石湖《丙午新正書懷》詩:"祝我剩周花甲子,謝人深勸玉東西。"又《代門生作立春書門帖子》詩:"剩周花甲子,多醉玉東西。"

鱣按:《易解・彖傳》:"而百果草木皆甲坼。"《說文》:"甲,从木戴孚甲之象。"《釋名》:"甲孚,萬物解孚甲而生也。"此"花甲"之本義。《隋書・經籍志》:"《六甲周天曆》一卷,《六十甲子曆》八卷。"

061 長成 《晋書・衛玠傳》:"顧吾年老,不見其長成耳。"

長生案:《晋書》又《苻生載記》:"洪謂此兒狂悖,將殺之,雄止之曰:'兒長成自當修改,何至便可如此。'"白居易詩:"楊家有女初長成。"又:"二十方長成。"

鱣按:《顏氏家訓・勉學篇》:"長成以後,思慮散逸。"

062 保重 夏侯湛《抵疑》:"保重嗇神,獨善其身。"

長生案:《抵疑》見《晋書》。

鱣按:《沈遼啓》:"向寒惟希保重,以慰卷卷。"歐陽永叔《與韓稚圭簡》:"伏惟爲國保重。"又《與梅聖俞簡》:"春寒保重[①]。"又"夏熱千萬保重"。又"千萬冬冷保重"。

063 勞動 《三國志・華佗傳》:"人體欲得勞動。"《吕蒙傳》:"又恐勞動。"

鑑案:《高士傳》:"善卷曰:春耕種,形足以勞動。"

---

① 寒,《歐陽文忠公集》卷一四九作"暄"。

鱣按:《國語・越語》:"勞而不矜其功。"韋昭注:"勞動而不已也。"白樂天《病假》詩:"勞動故人黄閣老[1],提魚攜酒遠相尋。"又《病中詩》:"勞動文殊問疾來。"

064 平復 《漢書・韋玄成傳》:"令所疾日瘳,平復反常","嘉氣日興,疾病平復。"《後漢書・華佗傳》:"一月之閒皆平復。"

鑑案:《韓詩外傳》:"諸扶輿而來者,皆平復如故。"又《史記・梁孝王世家》:"太后立起坐飡,氣平復。"

鱣按:《漢書・王褒傳》:"侍太子,疾平復,乃歸。"《洛陽伽藍記》:"雪有白[2],照耀人眼,令人閉目,茫然無見,祭祀龍王,然後平復。"《易林・蹇之遁》:"克免平復,憂除无疾。"

065 將養 《詩》:"不遑將父。"毛傳:"將,養也。"《淮南・原道訓》:"聖人將養其神,和弱其氣。"《南史・儒林傳》:"爲政廉平,宜加將養。"《晋書・裴楷傳》:"名臣不多,當見將養。"

長生案:《説苑・貴德篇》:"聖王之于百姓也,將之養之。"《吕覽・音律篇》:"以將陽氣。"高誘注:"將猶養也。"

鱣按:《周禮》:"疾醫掌養萬民之疾病[3]。"疏:"此主療治,而云養者,但是療治,必須將養,故以養言之。"

066 將息 韓文公《與崔群書》:"將息之道,當先理其心。"

長生案:白居易詩:"亦知數出妨將息,不可端居守寂寥。"又王建詩:"千萬求方好將息,杏花寒食約同行。"

鱣按:《五燈會元》石霜圓辭李遵勗,臨行曰:"好將息。"白樂天《偶咏》詩:"身閑當將息,病亦有心情。"又《病中》詩:"亦知數出妨將

---

① 黄,《白氏長慶集・病假中龎少尹携魚酒相過》作"龎"。

② "白"下《洛陽伽藍記》卷五有"光"字。

③ 掌,原訛作"常",據《周禮・天官・疾醫》改。

息,不可端居守寂寥。”

067 痛癢 《三國志·孟光傳》:“光之指摘痛癢。”《晋書·范弘之傳》:“於下官之身,有何痛癢?”

鑑案:《内則》:“疾痛苛癢。”劉向《别録》:“鑿山鑽石則地痛,蚤虱衆多則地癢。”

鱣按:《内經·至真要大論篇》:“諸痛癢瘡,皆屬于心。”《顔氏家訓·序致篇》[①]:“抑搔癢痛。”

068 疼痛 《顔氏家訓·養生篇》:“飲食熱冷,皆苦疼痛。”《廣雅》:“疼,痛也。”

鱣按:“疼”即“痋”之别字。《説文》:“痋,動痛也。”《一切經音義》:“痋疼同。”《聲類》作“癑”,非。張揖《雜字》:“痛,痒疼。”

069 病根 《後漢書·華佗傳》:“君病根深。”

長生案:白居易《眼病》詩[②]:“病根牢固去應難。”

鱣按:《論語·憲問》集注:“若但制而不行,則是未有拔去病根之意。”

交際類

070 人事禮物也 許觀《東齋記事》云“今人以物相遺謂之人事,自唐已有之”,引退之《奏韓弘人事物狀》及杜牧《謝許受江西送撰韋丹碑彩絹等狀》云“人事彩絹共三百匹”,張淏《雲谷雜記》亦引此二事;又引《後漢·黄琬傳》“特當權子弟多以人事得舉”,則知“人事”之語其來已久。大昕案:《後漢書·賈逵傳》:“逵母常有疾,帝特以錢二十萬與之,曰:‘賈逵母病,此子無人事于外,屢空則從孤竹之子于首陽山矣。’”韓退之又有《謝許受王用男人事狀》。

① 序致,當爲“教子”。
② 眼病,爲陳鱣所加。

長生案:《晋書·武帝紀》:"泰始四年,頒五條詔書于郡國,五曰去人事。"則"人事"非徒傳之口語,且入六典矣。至唐人,"人事"之説尤不一而足。此外尚有白居易《奏于頔裴均入朝事宜狀》云:"上須進奉,下須人事。"

饘按:《晋書·王長文傳》:"閉門自守,不交人事。"

071 寒温 《世説·文學篇》:"康僧淵往殷深源許[①],殷使坐,粗與寒温,遂及義理。"又《品藻篇》:"王黄門兄弟三人俱詣謝公,子猷、子重多説俗事,子敬寒温而已。"《晋書·阮瞻傳》:"忽有一客通名詣瞻,寒温畢。"

長生案:《吕氏春秋·侈樂篇》[②]:"寒、温、勞、逸、饑、飽,此六者非適也。"此"寒温"之始見。又《漢書·京房傳》:"分六十四卦更直日用事,以雨風寒温爲候。"

饘按:《管子·禁藏篇》:"衣服足以適寒温。"《後漢書·郎顗傳》:"《易傳》曰:'寒温爲實,清濁爲貌。'"《晋書·王獻之傳》:"與兄徽之、操之俱詣謝安[③],二兄多言俗事,獻之寒温而已。"

072 賞賜 《淮南·主術訓》:"喜不以賞賜,怒不以罪誅。"

長生案:《周禮·小宗伯》:"掌衣服車旗宫室之賞賜。"又《史記·孝文紀》:"賞賜長老,收恤孤獨。"又《平準書》:"所過賞賜,用帛百餘萬匹。"又《漢書·李廣傳》:"得賞賜,輒分其戲下。"

鑑案:《管子》:"誅殺當其罪,賞賜當其功。"

饘按:《説文》:"賞,賜有功也。"《玉篇》:"賞賜有功之人也。"

073 敬重 《漢書·五行志》"敬重功勛",《張禹傳》"方鄉經

---

① 深,《世説新語·文學》作"淵"。

② 侈樂篇,爲陳饘所加。

③ "兄"原訛作"山","操"原訛作"超",據《晋書·王獻之傳》改。

學,敬重師傅”,又“上敬重之不如禹”,《蘇武傳》“皆敬重武”,《董仲舒傳》“王敬重焉”,《于定國傳》“郡中以此大敬重于公,元帝立,以定國任職舊臣,敬重之”,《王吉傳》“國中莫不敬重焉”,《王商傳》“甚敬重商”。《後漢書・孔奮傳》:“奮自爲府丞,已見敬重。”

鱣按:《禮記・昏義》:“敬慎重正。”

074 多謝 《漢書・趙廣漢傳》:“爲我多謝問趙君。”師古曰:“多,厚也。若今人言千萬問訊矣。”王伯厚云:“‘多謝’出《趙廣漢傳》。”

長生案:陶潛詩:“多謝綺與角,精爽今何如。”辛延年《羽林郎》詩:“多謝金吾子,私愛徒區區。”

鱣按:盧照鄰詩:“多謝青溪客,去去赤松游。”張説詩:“多謝弦歌宰,稀聞桴鼓聲。”高適詩:“多謝幕中才。”杜子美詩:“多謝鄴中奇。”

075 伏事 陸機詩:“誰謂伏事淺,契闊逾三年。”《宋書・文五王傳》:“道龍昔伏事誕。”《南齊書・桓康傳》:“尹略少伏事太祖。”《南史・恩幸傳》:“珍之西州伏事。”《張衮傳》[①]:“竭誠伏事。”《北史・祖珽傳》:“以珽伏事先世。”王伯厚云:“‘伏事’出陸士衡詩。”

鱣按:《國策》:“樓緩將使,伏事辭行。”注:“伏事,隱秘之事也。”《齊職儀》:“后稷伏事虞夏,敬事民時。”

076 招呼 《淮南・原道訓》:“招之而不能見也,呼之而不能聞也。”《詩・鹿鳴》傳:“相招呼以成禮也。”《後漢書・祭遵傳》:“乃使招呼鮮卑。”《李忠傳》:“令親屬招呼忠。”

鑑案:《説文》:“招,手呼也[②]。”《廣雅・釋詁》:“招,呼也。”

鱣按:《書》“籲俊尊上帝”疏:“招呼賢俊之人,與共立於朝。”白樂天《初到洛中》詩:“招呼新客旅。”又《寄夢得》詩:“自宜相慰問,何必

① 《張衮傳》出自《北史》。

② 手,原訛作“乎”,據陳鱣及《文選樓叢書》本、長沙龍氏刻本改。

待招呼。"

077 扶同 《魏書·廣平王匡傳》:"唯黄門侍郎臣孫惠蔚與崇扶同。"《隋書·經籍志》:"多與《春秋》《左氏》扶同。"杜牧《上李德裕書》:"與扶同者,只鄆州隨來中軍二千耳。"胡三省《通鑑注》:"'扶同'猶今俗言'扶合'也。"

鱣按:《北史·魏廣平王洛侯傳》:"正始中,故太樂令公孫崇輒自立意,唯黄門侍郎臣孫蕙蔚與崇扶同。"陳襄《州縣提綱》:"往往必欲扶同牽合,變亂曲直。"

078 通融 《隋書·律曆志》:"前後通融,只合在斗十七度。"杜氏《通典》:"取其剩田,通融支給。"

鑑案:何晏《景福殿賦》李善注:"融,猶通也。"

鱣按:任昉《竟陵王行狀》:"道識虚遠,表裏融通。"

079 護短 嵇康《與山巨源絶交書》:"仲尼不假蓋于子夏,護其短也。"

長生案:韓昌黎詩:"乃知仙人未賢聖,護短憑愚邀我敬。"

鱣按:《顔氏家訓·涉務篇》:"所以處於清高,益護其短也。"

080 主張 《莊子》:"孰主張是。"韓退之《送窮文》:"各有主張,私立名字。"周墀詩:"弘農太守主張來。"

鱣按:元稹《授王播同平章事制誥》:"不有主張,孰能戡濟。"《朱子語類》:"二蘇所以主張一與中者,只是要恁含糊不分别。"

081 居閒 今俗交易立券必有居閒,謂兩下説合成事者也。案:《史記·游俠列傳》:"雒陽人有相仇者,邑中賢豪居閒者以十數。"《魏其武安侯列傳》:"賓客居閒。""居閒"二字,蓋出於此。

鱣按:《漢書·灌夫傳》:"賓客居閒,遂已,俱解。"師古曰:"兩家賓客,處於中閒和解之。"《郭解傳》:"邑中賢豪居閒者以十數。"師古曰:"居中閒爲道地和輯之。"

082 提拔　《晋書・范弘之傳》:"感其提拔之恩。"

長生案:《南史・衡陽公諶傳》弟誅謂蕭季敞曰:"君不憶相提拔時邪?"《庾子山集》:"天澤沛然,謬垂提拔。"

鱣按:《文苑英華・劍賦》:"許提拔而非遙。"

083 愛惜　《列子・黄帝篇》:"都無所愛惜,都無所畏忌。"

鑑案:《宋書・謝方明傳》:"性尤愛惜,未嘗有所是非,承代前人,不易其政。"又朱浮《爲幽州牧與彭寵書》:"臨人親職,愛惜倉庫。"王褒《四子講德論》:"龐眉耆耇之老,咸愛惜朝夕,願濟須臾,觀大化之淳流。"又《毛詩・蒸民篇》鄭箋、《吕覽・長利篇》高注皆云"愛,惜"也。

鱣按:《御覽》引《續漢書》:"陰興爲衛尉,每諸將出征伐,身行勞問,無所愛惜。"

084 告訴　《史記・龜策傳》:"王有德義,故來告訴。"

長生案:《漢書・司馬遷傳》:"身居囹圄之中,誰可告訴者。"《後漢書・張奂傳》:"孤微之人,無所告訴。"《說文》:"訴,告也。"

鱣按:《後漢書・明帝紀》:"詔曰:'百姓愁怨,情無告訴。'"李密《陳情表》:"欲苟順私情,則告訴不許。"《唐書・劉蕡傳》:"君門萬里,不得告訴。"

085 致意　《公羊傳》:"未侵曹,則其言侵曹何?致其意也。"《漢書・朱博傳》:"遣吏存問致意。"阮元瑜《代曹公與孫權書》:"還書致意。"《佞幸傳》:"使人致意,深自結納。"《晋書・簡文帝紀》:"致意尊公。"《孫綽傳》:"致意興公。"王伯厚云:"'致意'出《晋・簡文帝紀》。"

鱣按:《戰國・趙策》:"武靈王曰:'拘于俗之衆,不足與致意。'"江淹詩:"若渡西海時,致意三青鳥。"

086 想念　《後漢書・逸民傳》:"想念恢兮爰集兹。"

鱣按:《管子・内業篇》:"精想思之,寧念治之。"

087 消息 “消息”本出《易·剝彖傳》,後人借作“音問”用。《後漢書·獨行傳》:“遠至京師,覘候消息。”《三國志·三少帝紀》:“出圍傳消息。”《管寧傳》:“常使經營消息。”《張遼傳》:“虎賁問消息。”《孫綝傳》:“使傳國消息。”《胡綜傳》:“或謂此中有它消息。”《朱然傳》:“遣使表疾病消息。”《費詩傳》:“承知消息。”《劉巴傳》:“陳群與諸葛亮書,問巴消息。”《張嶷傳》:“遣所親二人詐降嶷,實取消息。”《魏略》:“王朗《與許文休書》:文休足下,消息平安。”王伯厚云:“‘消息’出《魏少帝紀》。”

鑑案:枚乘《七發》:“消息陽陰。”又《史記·曆書》:“起消息。”

鱣按:“消息”亦見《豐彖傳》。《易·豐彖傳》:“天地盈虚,與時消息。”《莊子·秋水篇》:“消息盈虚,終則有始。”《易林·臨之井》:“秋南春北,不失消息。”《无妄之坤》:“消息繈褓,害不入門。”《列子·天瑞篇》:“謂之生化、形色、智力、消息者,非也。”《越絕外傳·枕中篇》:“諦審察陰陽消息。”

088 候 《周禮·候人》注:“候,候迎賓客之來者。”《曲禮》:“賀取妻者曰:‘某子使某,聞子有客,使某羞。’”注:“羞,進也。言進於客。古人謂候爲進。”孔疏:“古時謂迎客爲進,漢時謂迎客爲候。”《漢書·董仲舒傳》:“主父偃候仲舒。”《張禹傳》:“上臨候禹。”《王莽傳》:“莽疾,休候之。”《後漢書·楊震傳》:“寶乃自往候震。”《李法傳》:“故人儒生時有候之者。”《翟酺傳》[①]:“乃往候懿。”《井丹傳》:“未嘗修刺候人。”《邊讓傳》:“府掾孔融、王朗并修刺候焉。”《趙壹傳》:“道經弘農,過候太守皇甫規。”《龐公傳》:“延請不能屈,乃就候之。”《王良傳》:“鮑恢以事到東海,過候其家。”王符《潛夫論·交際篇》:“不候謂之倨慢,數來謂之求食。”愚按“候”有二義:迎進謂之

① 酺,《後漢書》卷四八作“酺”。

候,進謁亦謂之候。

鑑案:《吕氏春秋·貴因篇》:"武王使人候殷。"《壅塞篇》:"宋王使人候秦寇之所至[①]。"高注皆云:"候,視也。"又《管子·侈靡篇》:"候人不可重也。"房注:"候人謂謁候之來入國者。"亦是二義。

鱣按:《釋名》:"候,護也,司護諸事也。"《資暇録》:"致書結尾云'附狀起居','狀'下宜加'候'字。王肅云:起居猶動静也,若不加'候'字,但云'附狀動静'乎?[②]"

毁譽類

089 賢惠 《論衡·治期篇》:"富饒者,命厚所致,非賢惠所獲也。"

鱣按:《蜀志·趙雲傳》:"追謚順平侯。"注:"《雲别傳》:姜維等議,謹按謚法,柔賢慈惠曰順。"

090 謙恭 《易·繫辭》:"謙也者,致恭以存其位者也。"《漢書·于定國傳》:"爲人謙恭。"

鑑案:《魯語》:"滔而入於恭[③]。"韋昭注:"恭爲謙。"

鱣按:《説文》:"謙,敬也。"《爾雅·釋詁》:"恭,敬也。"《易林·无妄之遁》:"恭謙爲衛,終無禍尤。"

091 謙虚 《孝經緯》:"地順受澤,謙虚開張。"見《禮記注》。《詩·角弓》箋:"無肯謙虚,以禮相卑下。"《後漢書·皇后紀》:"太后誠存謙虚。"《胡廣傳》:"謙虚温雅。"《三國志·朱據傳》:"謙虚接士。"

鱣按:《太玄經·增》:"次五,澤庳其容,謙虚大也。"《世説·賞譽篇》:"坐謙虚爲席薦。"《晋書·周訪傳》:"性謙虚,未嘗論功伐。"《魏書·太祖紀》:"躬履謙虚,退身後己。"《顔氏家訓·止足篇》:"謙虚沖

① 秦,《吕氏春秋·壅塞》作"齊"。
② "但"前《資暇録》卷中有"其可"。
③ 滔,《國語·魯語下》作"陷"。

損,可以免害。"

092 敏捷 《漢書·酷吏傳》:"敏捷於事。"《三國志·張裔傳》:"幹理敏捷。"

鑑案:《周書·謚法解》:"敏,疾也。"《說文》古訓皆同。

鱣按:夏侯湛《東方像贊序》:"周給敏捷之辨。"

093 端正 《史記·儒林傳》:"年十一已上儀狀端正者[①],補博士弟子。"《漢書·霍光傳》:"其資性端正如此。"劉公幹《贈從弟》詩:"冰霜正慘凄,終歲常端正。"

鑑案:《鶡冠子》:"物之始也傾傾,至其成形,端端正正。"《曲禮》鄭注:"端,正也。"《左傳·昭元年》杜注[②]:"禮衣端正無殺,故曰端。"

鱣按:《荀子·君道篇》:"修飾端正。"《博物志》:"中央四析,風雨,山谷峻,其人端正。"韓退之《寒食出游》詩:"不共新妝比端正。"

094 藴藉 《史記·酷吏傳》:"治敢行,少藴藉。"《漢書》作"温藉","温"與"藴"同。又《漢書·薛廣德傳》:"温雅有醖藉。"《匡張孔馬傳·贊》:"其醖藉可也。"

長生案:《毛詩》:"飲酒温克。"鄭箋:"能温藉自持。"陸德明《釋文》:"温,於運反,字通作醖。"《北史·魏道武七王傳》:"子善博通,在何妥下,然風流醖藉,俯仰可觀。"《崔瞻傳》:"謂容止醖藉者爲潦倒。"

鱣按:《禮器》:"温之至也。"注:"皆爲温藉重禮也。"疏:"皇氏云:'温謂承藉,凡玉以物緼裹承藉,君子亦以威儀擯相以自承藉。'"今定本作"温"字,又當云"温潤承藉"。又《内則》:"柔色以温之。"注:"温,藉也。"《匡謬正俗》以謂"不當改讀爲藴",非也。

095 清高 《論衡·定賢篇》:"清高之行,顯於衰亂之世。"《後漢書·

---

① 一,《史記·儒林列傳》作"八"。

② 杜,當爲"服"。

逸民傳》:"伯鸞清高。"《晋書・胡威傳》:"大人清高,不審於何得此絹。"

鑑案:杜詩:"宗臣遺像肅清高。"

鱣按:《顔氏家訓・涉務篇》:"所以處於清高,益護其短也。"

096 能幹 《後漢書・循吏傳》:"能幹絕群。"

鱣按:《詩》"維周之楨"傳:"楨,幹也。"疏:"臣能幹事,則國以人安。"

097 子細 《北史・源懷傳》:"爲政貴當舉綱,何必須太子細也。"

鑑案:《舊唐書・僖宗紀》:"所在長史子細曉諭[①]。"又杜甫詩:"醉把茱萸子細看。"

鱣按:杜詩:"野橋分子細。"

098 明白 《老子》:"明白四達。"《莊子・天地篇》:"明白入素。"《史記・秦始皇本紀》:"臣請具刻詔書刻石,因明白矣。"《漢書・楊敞傳》:"左驗明白。"《東方朔傳》:"好學樂道之效,明白甚矣。"

鱣按:《莊子・天道篇》:"夫明白于天地之德者,是謂大本。"《淮南・精神訓》:"明白太素。"《白虎通德論》:"决獄明白,察于人倫。"《獨斷》:"伯者,白也。明白于德。"

099 氣節 《漢書・汲黯傳》:"好游俠,任氣節。"《游俠傳》:"諸爲氣節者皆歸慕之。"

鱣按:《史記・汲黯傳》:"黯好學,游俠任氣節。"

100 禮法 《荀子・修身篇》:"學也者,禮法也。"

長生案:《荀子・勸學篇》又曰:"禮者,法之大分。"《周禮・小宰》鄭注:"法,謂其禮法也。"

鱣按:《書》:"天秩有禮。"疏:"天又次序爵命,使有禮法。"《詩・蒹葭・序》:"刺秦襄公也。"箋:"襄公新爲諸侯,未習周之禮法。"

---

① 史,《舊唐書・僖宗紀》作"吏"。

101 穩當　杜牧詩："爲報眼波須穩當。"

鱣按:《顔氏家訓·文章篇》:"文章地理,必須愜當。"

102 精妙　《顔氏家訓·省事篇》:"若省其异端,當精妙也。"

鑑案:江文通《别賦》:"雖淵雲之墨妙,嚴樂之筆精。"顔氏蓋本此。又范望《太玄集解》:"精者,氣之妙也。"

鱣按:《拾遺記》:"爲瓶盂及樂器,皆精妙輕麗。"《古詩爲焦仲卿妻作》:"精妙世無雙。"謝靈運《擬曹植》詩:"衆賓悉精妙。"

103 好漢　《舊唐書·狄仁杰傳》:"則天嘗問狄仁杰曰:'朕要一好漢任使,有乎?'"

鑑案:《舊唐書·酷吏傳》:"玄宗謂吉温爲不良漢。"以男子爲漢自此始[①]。至宋蘇軾乃以入詩,曰:"人間一好漢,誰似張長史。"

鱣按:《詢芻錄》:"匈奴聞漢兵,莫不畏者,稱爲漢兒,又曰好漢。"陸游詩:"似我猶爲一好漢,問君曾見幾閑人。"

104 獨步　《後漢書·戴良傳》:"獨步天下,誰與爲偶?"

鱣按:《晋書·王坦之傳》:"時人爲之語曰:'江東獨步王文度。'"《世説·賞譽篇》:"揚州獨步王文度。"

105 驕傲　《離騷》:"保厥美以驕傲兮。"《漢書·鄒陽傳》:"去驕傲之心。"《後漢書·崔駰傳》:"傳曰:'生而富者驕,生而貴者傲。'生富貴而能不驕傲者,未之有也。"

鑑案:《三國志·宗預傳》:"車騎將軍鄧芝性驕傲自大。"

鱣按:《易林·剥之離》:"成子驕傲,爲簡生殃。"《史記·司馬相如傳》:"低昂夭蟜以驕鶩兮。"張揖曰:"驕鶩,縱恣也。"《漢書·王吉傳》:"率多驕鶩不通。"

---

① 自此始,《文選樓叢書》本、長沙龍氏刻本作"猶漢子"。

106 刻薄 《史記·商君列傳》:"商君,其天資刻薄人也。"

鑑案:《通雅》:"鍥薄即刻薄。"《晋書·劉陶傳》[①]:"寬鍥薄之禁。"

鱣按:《易》:"苦節不可貞。"疏:"過苦傷于刻薄。"《晋書·五行志》:"吴之風俗相驅以急,言論彈射以刻薄相尚。"

107 誇張 《列子·天瑞篇》:"誇張於世。"

鱣按:白樂天《歲日家宴》詩:"猶有誇張少年處,笑呼張丈唤殷兄。"又《呈諸少年》詩:"縱有風情應澹泊,假如老健莫誇張。"又《寄楊東川》詩:"誇張富貴向何人。"

108 奔競 干寶《晋紀論》:"悠悠風塵,皆奔競之士。"《晋諸公贊》:"人人望品,求者奔競。"

鱣按:《南史·顔延之傳》:"荀赤松奏延之曰:'外示寡求,内懷奔競。'"《洛陽伽藍記序》:"邇來奔競,其風遂廣。"

109 懶惰 《後漢書·王丹傳》:"其墯孏者,耻不致丹。"注:"孏與懶同。"陶淵明詩:"阿舒已二八,懶惰固無匹。"

鱣按:《史記·貨殖傳》:"呰故呰窳。"注:"徐廣曰:'呰窳,苟且惰懶之謂。'"高適詩:"余故非斯人,爲性兼懶惰。"

110 麤踈 《三國志·魯肅傳》:"肅年少麤踈,未可用。"

長生案:《樂府·讀曲歌》:"麻紙語三葛,我薄汝麤踈。"《晋書·謝鯤傳》:"君麤疏邪!"《北史·虞綽傳》:"諸葛穎曰:'虞綽,麤疏人也。'"高誘《吕氏春秋·异寶篇》注:"觕,麤疏也。"

鱣按:《後漢書·明德皇后紀》:"后袍極麤疏。"《魏略》:"王惠陽外似麤疏,而内堅密。"嵇康《絶交書》:"足下素知我潦到麤疏。"《顔氏家訓·文章篇》:"陳琳實號麤踈。"

① 晋書,當爲"後漢書"。

111 麤笨 《宋書·王微傳》:"王樂小兒時尤麤笨無好[1]。"

鱣按:《集韵》:"笨,竹裏,一曰不精也。"按"麤笨"即"不精"之謂。

112 縮朒 《漢書·五行志》:"王侯縮朒不任事。"

長生案:顔師古《集注》:"朒音忸怩之忸,不任事之貌也。"

鑑案:《説文》:"朔而月見東方,謂之縮朒。"又《一切經音義》引《通俗文》:"皺不申曰縮朒。"

鱣按:《漢書·五行志》:"朔而月見東方,謂之仄慝。仄慝則侯王其肅,劉歆以爲肅者,王侯縮朒不任事。"服虔曰:"朒音忸怩之忸。"鄭氏曰:"不任事之貌也。"又云:"當春秋時王侯率多縮朒不任事。"

113 痴狂 《越絕書·計倪内經》:"人固不同,惠種生聖,痴種生狂。"惠與慧同。今人亦有"痴種"之語。《淮南·俶真訓》:"或不免於痴狂。"《論衡·刺孟篇》:"此不痴狂則遨戲也。"《率性篇》:"有痴狂之疾,歌啼於路。"

鱣按:《左傳補注》引《大戴禮》:"惠種生聖,痴種生狂。"此《越絕書》之文。《易林·屯之小過》:"痴狂妄作,心誑善惑。"《巽之離》:"有女痴狂,驚駭鄰里。"《南史·沈慶之傳》:"沈昭略性狂雋,嘗逢王景文子約曰:'汝是王約邪,何乃肥而痴?'約曰:'汝是沈昭略邪,何乃瘦而狂?'"

114 細碎疊韵字 孔安國《書傳》:"叢脞細碎無大略。"《詩·正月》疏引孫毓云:"細碎小事。"

鱣按:《禮記·檀弓》:"不以食道,用美焉爾。"注:"食道褻。"疏:"細碎不潔,故爲褻也。"韋昭《國語解序》:"至於細碎,有所闕略。"《抱朴子·自叙篇》:"乃計作細碎小文。"

---

① "王樂"爲陳鱣所加。

115 畜生　桓譚《新論》:“夫畜生,賤也,然有尤善者,皆見記識。”《後漢書・劉寬傳》:“客不堪之,罵曰:‘畜産。’”“畜産”即畜生也。《隋書・后妃傳》:“畜生何足付大事。”亦詈罵之辭。《後漢書・西南夷傳》:“俗好巫鬼禁忌,寡畜生。”《宋書・吐谷渾傳》:“馬是畜生,食草飲水。”《北史・高車傳》:“此是畜生,毋乃辱父母。”皆指六畜而言。

鱣按:《漢書・薛宣傳》:“君畜産且猶敬之。”“畜産”即畜生。《隋書・宣華夫人傳》帝罵太子曰“畜生”,《晋書・列女傳》王廣女罵蠻帥梅芳曰“蠻畜”。

116 懛子　《七修類稿》:“蘇杭呼痴人爲懛歹字平聲子,又或書獃、騃音呆二字。考《玉篇》衆書無懛、獃二字。獨騃字《說文》云‘馬行仡’,而《韵會》云:‘病也,痴也。’凡痴、騃字皆作騃,獨《海篇》載懛、獃二字,亦曰:‘義同騃字。’知懛、獃皆俗字也。嘗聞小兒云:‘阿懛,雨落走進屋裹來。’又讀程泰之《演繁露》:‘鄭獬,字毅夫,守江陵,作《楚樂亭記》,有頌云:我是蘇州監本獃,與爺祝壽獻棺材。近來仿佛知人事,雨落還歸屋裹來。’又知亦有來歷。”大昕案:《廣韵》:“懛剴,失志貌。懛,丁來切;剴,五來切。”又云:“獃痴,象犬小時未有分别。”獃亦丁來切。此又在《海篇》之前矣。范石湖有《賣痴獃》詩。

長生案:《白獺髓》:“范石湖初官到任,其同官聞爲吴郡人,即云‘獃子’。石湖因有‘我本蘇州監本獃’之句。”鄭詩即用此意[①]。

鱣按:《西京雜記・鄒陽酒賦》:“清者聖明,濁者頑騃。”白樂天《感悟》詩:“自從爲騃童,直至作衰翁。”騃即懛,即臺之俗字。俗又作獃,宋无《啽囈集》:“沈樞紹興中爲詹事,和議成,樞語同列曰:‘官家

① 鄭詩即用此意,《文選樓叢書》本、長沙龍氏刻本作“范詩即用鄭句”。

好猷。'上聞之,謫筠州。"

117 無賴 《史記·高祖本紀》:"始大人常以臣無賴。"晋灼曰:"江湖之閒謂小兒多詐狡獪爲無賴。"

鑑案:《方言》:"央亡、嚜杘、姡,獪也。江湘之閒或謂之無賴。"

鱣按:《漢書·張釋之傳》:"尉無賴。"《季布傳·贊》:"其畫無俚之至耳。"注:"俚,賴也,言其計畫無所成賴。"《南史·王僧辨傳》:"無賴者多依之。"《易林·賁之損》:"涹涹磕磕,使我無賴。"《姤之中孚》:"公孫無賴,敗我玉寶。"

118 下流 《論語》:"是以君子惡居下流,天下之惡皆歸焉。"《漢書·楊惲傳》:"下流之人,衆毀所歸。"

鑑案:《陽貨》弟十七:"惡居下而訕上者。"漢石經及《衆經音義》兩引皆無"流"字,故引此。《尉繚子·武議篇》:"賞及牛童馬圉者,是賞下流也。"

鱣按:《禮記》:"上有大澤,則民夫人待于下流。"《易林·睽之同人》:"下流難居,狂夫多罷。"

119 粉飾 《史記·滑稽傳》:"共粉飾之,如嫁女床席。"

長生案:《韓詩外傳》:"善粉飾人者,故人樂之。"

鱣按:《三國·吴志》諸葛瑾等疏曰:"故將軍周瑜之子,昔蒙粉飾,受封爲將。"

120 浮華 《後漢書·章帝紀》:"其以岩穴爲先,勿取浮華。"《魯丕傳》:"浮華無用之言,不陳於前。"《孔融傳》:"破浮華交會之徒。"《論衡·自紀篇》:"浮華虚僞之語,莫不證定。"《三國志·曹爽傳》:"明帝以其浮華,皆抑黜之。"《王昶傳》:"浮華則有虚僞之略[1]。"《劉

---

① 略,《三國志·王昶傳》作"累"。

馥傳》:"浮華交游,不禁自息矣。"《諸葛誕傳》:"修浮華,合虛譽。"《鄧艾傳》:"浮華之原塞。"《華覈傳》:"弃功于浮華之巧。"《陸凱傳》:"浮華者登,朋黨者進。"《魏略》:"鄧颺與李勝等爲浮華友。"《曹爽傳》注。

鱣按:《漢書・杜欽傳・贊》:"庶幾《關雎》之見,非夫浮華博習之徒所能規也。"《後漢書・儒林傳・序》:"章句漸疏,而多以浮華相尚。"《典引》:"司馬相如污行無節,但有浮華之辭,不周于用。"《晋書・陶侃傳》:"老莊浮華,非先王之法言不可行也。"《庾峻傳》:"疾世浮華,不修名節①,著論以非之。"《南史・孔季恭傳》:"厘正浮華。"《沈顗傳》:"讀書不爲章句,著述不尚浮華。"《顔氏家訓・文章篇》:"趙元叔抗竦過度,馮敬通浮華擯壓。"《涉務篇》:"迂誕浮華,不涉世務。"

121 沽名 《淮南・俶真訓》:"緣飾《詩》《書》,以買名譽於天下。"《後漢書・李雲傳論》:"絞訐摩上以衒沽成名。"《逸民傳論》:"彼雖硜硜,有類沽名者。"《三國志》注引《劉廙别傳》有"攬世沽名"之語。

鱣按:司空圖詩:"陶令若能兼不飲,無弦琴亦是沽名。"

122 釣譽 《漢書・公孫弘傳》:"與内富厚而外爲詭服以釣虛譽者殊科。"《論衡・自紀篇》:"不辭爵以吊名。""吊"與"釣"同。《後漢書・逸民傳》:"釣采華名,庶幾三公之位。"

鱣按:《管子・法法篇》:"釣名之人,無賢士焉。"《漢書・公孫弘傳》:"夫以三公爲布被,誠飾詐欲以釣名。"

123 弄權 《漢書・食貨志》:"制度失中,奸軌弄權。"《後漢書・陽球傳》:"奸虐弄權。"《論衡・程材篇》:"處右則弄權,幸上則賣將。"《三國志・杜瓊傳》:"宦人黄皓弄權于内。"《姜維傳》:"宦臣黄皓等弄

① 節,《晋書・庾峻傳》作"實"。

權于內。”

鱣按:《隋書·刑法志》:“子弟僚屬,皆竊弄其權。”又“越公素侮弄朝權”。

124 招權 《史記·季布傳》:“數招權顧金錢。”《漢書·刑法志》:“將招權而爲亂首矣。”

鱣按:《漢書·季布傳》:“布之辨士曹丘生數招權顧金錢。”孟康曰:“招,求也。以金錢事權貴,而求得其形勢以自炫耀也。”李奇曰:“持權屬諸人[1],顧以金錢也。”師古曰:“二家之說皆非也,言招求貴人威權,因以請托,故得他人顧金錢也。”

125 關節 《能改齋漫録》:“世以下之所以通款曲於上者曰關節,然唐已有此語。段文昌言於文宗曰:‘今歲禮部殊不公,所取進士,皆子弟無藝,以關節得之。’又《唐摭言》云:‘造請權要謂之關節。’案:《漢書·佞幸傳》:‘高祖有籍孺,孝惠時有閎孺,與上臥起,公卿皆因關說。’乃知‘關節’蓋本於‘關說’也。”《後漢書·方術傳》:“古之仙者爲導引之術,熊經鴟顧,引挽要體,動諸關節。”“關節”猶言“骨節”也,此又一義。

長生案:《唐書》穆宗詔:“扇爲朋黨,謂之關節,干擾主司。”案:《素問》:“刺關節中液出,不得屈伸。”

鑑案:《摭言》又“裴思謙以仇士良關節,謁禮部侍郎高鍇求狀頭,曰非狀元請侍郎不放”是也。又《杜陽雜編》:“元載嬖其妾薛瑤瑛,瑤瑛母曰趙娟娟,與中書主吏卓倩等廣購賄賂,號爲關節。”

鱣按:李肇《國史補》叙進士科:“造請權要,謂之關節。”《牛羊日曆》:“以關節緊慢爲甲乙。”

---

① 諸,《漢書·季布傳》作“請”。

126 交關 《後漢書・光武紀》:"得吏人與郎交關謗毀者數千章。"《孔融傳》:"《漢律》:與罪人交關三日已上,皆應知情。"《黨錮傳》:"或有未嘗交關。"《三國志・諸葛恪傳》:"以交關魯王事。"《曹爽傳》:"專共交關,看察至尊。"《夏侯玄傳》:"交關閹豎。"《晋書・裴秀傳》:"交關人事。"

長生案:《太玄》:"升降相關。"范望注:"關,交也。"

鱣按:《後漢書・西羌傳》:"武帝通道玉門,隔絕羌胡,使南北不得交關。"

127 關涉 《北史・僭僞傳》:"其餘不相關涉,皆所不取。"《南史・始興王叔陵傳》:"叔陵居東府,事務多關涉省閣。"

鑑案:沈約《尼淨秀行狀》:"精進勤勞,觸事關涉。"《史記・梁孝王世家》:"有所關說。"《索隱》曰:"是有所關涉之說于帝也。"

鱣按:《三國・魏志》注:"殿弘冠族子孫少好學,博通書記,多所關涉。"

128 干涉 《後漢書・東夷傳》:"不得妄相干涉。""干涉"即"關涉",聲相近。

鱣按:《金史・撒离喝傳》:"陝西之事,撻不野固不敢干涉。"

129 關說 《史記・佞幸列傳》:"公卿皆因關說。"《漢書・文三王傳》:"有所關於帝①。"

長生案:《史記・梁孝王世家》:"大臣及袁盎等有所關說。"

鱣按:《史記・梁孝王世家》:"有所關說。"《索隱》:"是有所關涉之說于帝也。"江淹賦:"白生不能關其說。"

130 屬托 《晏子春秋》:"前臣之治東阿也,屬托不行。"《漢書・外戚傳》:"屬托王及兄弟。"《尹翁歸傳》:"欲屬托邑子二人。"《蓋寬饒

① "關"下《漢書・文三王傳》有"說"。

傳》:“上無許史之屬,下無金張之托。”《白虎通》:“生不屬,死不托。”《後漢書・楊震傳》“外交屬托”“屬托州郡”,《翟酺傳》“交道屬托”[①]。

鑑案:《公羊・桓十六年傳》何休注:“屬,托也。”

鱣按:《魏志・諸葛誕傳》:“人有所屬托,輒顯其言而承用之。”

131 指摘與擿同 《列子・黄帝篇》:“指擿無痟痒。”

鱣按:《蜀志・孟光傳》:“光之指摘痛癢,多如此類。”《北史・王劭傳》:“指摘經史謬誤,爲《讀書記》三十卷。”《文心雕龍》:“張衡指摘于史職。”左思《嬌女詩》:“顧眄屏風畫,如見已指摘。”

132 賣弄 《後漢書・朱浮傳》:“坐賣弄國恩。”《楊震傳》:“賣弄威福。”

鱣按:《後漢書・靈帝紀》注:“閔貢厲聲責張讓等賣弄國恩。”《南史・齊高帝紀》:“聞其恒相賣弄。”

133 不中用 《史記・秦始皇本紀》:“吾前收天下書,不中用者盡去之。”《外戚世家》:“武帝擇宫人不中用者斥出歸之。”王伯厚云:“‘不中用’出《史記・外戚世家》。”《漢書・王尊傳》:“其不中用,趣自避退。”《禮記・王制》注:“伐之非時不中用”,“殺之非時不中用。”《詩・下泉》箋:“浸之則將濕腐,不中用也。”《齊民要術》:“牛鷄肉不中用”,“鮎鯉不中用”,“木耳菹乾即不中用”,“煮膠法,具脂肕鹽熟之皮[②],則不中用。”

鑑案:《周禮・廛人》:“凡屠者,斂其皮角筋骨。”注:“其無皮角及筋骨不中用,亦稅之。”

鱣按:《禮記・王制》:“木不中伐,不粥于市。”注:“伐之非時不中用。”又:“禽獸魚鱉不中殺,不粥于市。”注:“殺之非時不中用。”《漢書・外戚傳》:“宫人不中用者去之。”

---

① 酺,《後漢書》卷四八作“酺”。道,《後漢書》卷四八作“通”。

② 具,《齊民要術・煮膠第九十》作“其”。

恒言錄卷二

常語類

134 風景　《晉書・羊祜傳》:"祜樂山水,每風景,必造峴山,置酒言咏,終日不倦。"《王導傳》:"風景不殊,舉目有江山之异。"

長生案:《晉書・劉毅傳》:"能令義士宗其風景。"

鑑案:《文心雕龍》:"窺情風景之上。"《齊書・曹虎傳》:"每好風景,輒開庫拍張向之。"

鱣按:《晉書・樂志》:"離之音絲,其風聲景①。"《世說・言語篇》:"過江諸人,每至美日,輒相邀新亭藉賁飲宴②,周侯中坐而嘆曰:'風景不殊,正自有山河之异。'"王勃《鄞縣兜率寺浮圖碑》:"野曠川明,風景挾江山之助。"

135 時氣　《漢書・鮑宣傳》:"時氣疾疫。"

長生案:《丙吉傳》:"恐牛近行用暑故喘,此時氣失節。"《後漢書・明帝紀》中元二年詔:"務順時氣,使無煩擾。"

鱣按:《內經・痿論篇》:"四時之氣,至有早晏高下左右。"《巢氏病源・時氣候》:"時行病者,非其時而有其氣,是以一歲之中,病無長

① 《晉書・樂志上》無"聲"字。
② 賁,《世說新語・言語》作"卉"。

少，率相似者，此則時行之氣也。”

136 風聲 《書》：“樹之風聲。”《後漢書·蔡邕傳》：“察其風聲，將爲國患。”《南史·梁宗室傳》：“風聲漸露。”

鑑案：《左傳》：“是以并建聖哲，樹之風聲。”在《古文尚書》之前。又《吕氏春秋·音初篇》：“聞其聲而知風。”又《孝經》疏引韋昭說：“大人風聲，故謂之風。”《文選·祭顔光禄文》注引《廣雅》：“風，聲也。”《史記·司馬相如傳》：“逖聽者風聲。”《漢書·趙辛傳·贊》：“其風聲氣俗自古而然。”《安息國傳》：“土地風聲[1]，物類所有，民俗與烏弋、罽賓同。”

鱣按：《說苑·修文篇》：“舜造南風之聲，其興也勃焉。”《晋書·謝幼度傳》：“堅衆聞風聲鶴唳，皆以爲王師已至。”《蜀志·許靖傳》注：“王朗與靖書曰：‘聞消息于風聲，托舊情于思想。’”

137 起居 《禮記·儒行》：“雖危，起居竟信其志。”注：“起居猶舉事動作。”

鑑案：《素問·上古天真論》：“起居有常。”注：“起居者，動止之網紀。”

鱣按：《古文尚書》：“出入起居，罔有不欽。”《魏書·釋老志》：“條録爲內起居焉。”《唐書·藝文志》：“《漢獻帝起居注》五卷。”

138 功夫 《魏志·少帝紀》：“徒弃功夫。”《王肅傳》：“惟泰極已前，功夫尚大。”王伯厚云：“‘功夫’出《王肅傳》。”閻百詩以爲《王肅傳》無，出《少帝紀》，閻偶未檢耳。《抱朴子·內篇》：“或博弈以弃功夫。”

鱣按：《顔氏家訓·雜藝篇》：“所見法書亦多，而玩習功夫頗至。”元稹詩：“盡著功夫人不知。”白樂天《綉婦》詩：“誰能每日趁功夫。”

139 工夫 《三國志·衛覬傳》：“糜費工夫。”

長生案：《晋書·范甯傳》：“奪人居宅，工夫萬計。”

---

① 聲，《漢書·安息國傳》作“氣”。

鱣按:盧仝《寄男抱孫》詩:"下學偷工夫。"秦韜玉詩:"幾回拋却綉工夫。"

140 道貌 《莊子·德充符篇》:"道與之貌,人與之形。"

鱣按:《續仙傳》:"李玨情景恬憺,道貌秀异。"

141 威風 《後漢書·馮衍傳》:"威風遠暢。"《左雄傳》:"謂殺害不辜爲威風。"《王渙傳》:"威風猛于渙,而文理不及之。"《三國志·杜恕傳》:"威風著稱。"《晋書·傅咸傳》:"威風日伸。"《阮孚傳》:"威風赫然。"《王導傳》:"兄威風已振。"

鑑案:《後漢書·隗囂傳》:"威風獨能行其邦内。"《殷芸小說》:"李膺爲侍御史,青州凡六郡,惟陳仲舉爲樂安視事,餘皆移病去,其威風如此。"

鱣按:《唐書·杜景佺傳》:"吏歌之曰:'錄事意,與天通,州司馬,折威風。'"

142 名教 《晋書·阮瞻傳》:"聖人貴名教,老莊明自然。"《樂廣傳》:"名教内自有樂地。"

鱣按:《左傳·序》疏:"教之所存,謂名教善惡,義存于此事。"袁宏《三國名臣贊》:"豈非天懷發中,而名教約束者乎?"任昉《勸進箋》:"明公本自諸生,取樂名教。"江總《陸君誄》:"別駕貞烈,志存名教。"

143 公道 《列子》:"國氏之盜,公道也,故亡殃;若之盜,私心也,故得罪。"《荀子》:"公道達而私門塞矣"《君道篇》,"不恤公道通義。"《臣道篇》。《淮南·主術訓》:"公道通而私道塞","人材釋而公道行。"《修務訓》:"私志不得入公道。"《漢書·蕭望之傳》:"庶事理,公道立。"《三國志·諸葛亮傳》:"開誠心,布公道。"

長生案:《文子·上義篇》:"人欲釋而公道行。"《後漢書·楊震傳·論》:"先公道而後身名。"《傅子·通志篇》:"有公心必有公道,有公道必有公制。"《莊子·則陽篇》:"道者謂之公。"

鱣按:杜子美詩[①]:"公道世間惟白髮。"李咸用詩:"聖朝公道易酬身。"

144 格言 《論語比考讖》:"格言成法,亦可以次序也。"《三國志·崔季珪傳》:"此周孔之格言。"潘岳《閑居賦》:"奉周任之格言。"夏侯湛《昆弟誥》:"以聽我之格言。"《抱朴子·外篇》:"此皆聖賢之格言","九疇之格言","格言高文","高人以格言彈而可之[②]。"

長生案:《家語·五儀篇》:"口不吐訓格之言。"

鱣按:《晋書·載記·張賓傳》:"入則格言,出則歸美。"《三禮叙録》:"先王之遺制,聖賢之格言。"徐陵《讓散騎常侍表》:"五十知命,宗師之格言。"《唐書·禮儀志》:"夫子格言,參也稱魯。"《劇談録》:"金鏡垂裕,可爲萬古格言。"

145 名利 《莊子·盜跖篇》:"觀之名,計之利,而義真是也。若弃名利,反之於心,則夫士之爲行,不可一日不爲乎。子正爲名,我正爲利,名利之實,不順於理,不監於道。"《戰國策》:"争名者于朝,争利者於市。"《淮南·俶真訓》:"錯擇名利。"

鱣按:《莊子·庚桑楚篇》:"富貴顯嚴名利六者,勃志也。"《尹文子·大道上篇》:"名利治小人,小人不可無名利。"《後漢書·种暠傳》:"其有進趣名利,皆不與交通。"

146 滋味 《月令》:"薄滋味。"

鑑案:《説文》:"味,滋味也。""未,味也,六月滋味也。"

鱣按:《大戴禮·保傅篇》:"太宰曰:'滋味上某。'"《管子·戒篇》:"滋味動静,生之養也。"《史記·律書》:"未者言萬物皆成有滋味

① 所引見於《全唐詩》卷五二三杜牧《送隱者一絕》。

② 可,《抱朴子外篇·疾謬》作"呵"。

也。"《列子・湯問篇》:"珠琅之樹皆叢生[①],華實皆有滋味。"《越絶外傳・枕中篇》:"漸漬乎滋味之費。"《莊子・盗跖篇》:"且夫聲色滋味。"

147 勢利 《淮南・詮言訓》:"知足者不可以勢利誘也。"《脩務訓》:"段干木不趨勢利。"

鑑案:《漢書・張耳陳餘傳・贊》:"勢利之交,古人羞之。"

鱣按:《尹文子》:"親疏係乎勢利。"《荀子・議兵篇》:"兵之所貴者勢利也。"楊倞注:"乘勢争利。"《史記・武安侯傳》:"天下吏士趣勢利者,皆去魏其歸武安侯。"《漢書・司馬遷傳・贊》:"述貨殖則崇勢利而羞賤貧。"《揚雄傳・贊》:"恬于勢利。"

148 本分 《荀子・非相篇》:"見端不如見本分。"王伯厚云:"'本分'見《荀子》。"

鱣按:《荀子》楊倞注:"分,上下貴賤之分。"白樂天詩:"忽驚鬢後蒼浪髪,未得心中本分官。"

149 正身 杜氏《通典》:"入試非正身,十有三四。赴官非正身,十有二三。"

鱣按:《五代會要・緣舉雜録》:"天成三年十月敕:每年訪聞及第舉人,牒送吏部,仍或正身不至,如斯乖謬,須議去除。"

150 事情 《史記・韓非傳》:"則見無心而遠事情。"《孟子傳》:"則見以爲迂遠,而闊於事情。"

鑑案:《漢書・尹翁歸傳》:"案事發奸,窮竟事情。"

鱣按:蘇子瞻《乞校正陸贄奏議劄子》:"論深切於事情。"

151 體統 左思《三都賦序》:"攝其體統,歸諸詁訓焉。"

鑑案:《周禮・春官・序官》鄭注[②]:"統之心,名爲體。"故曰體統。

---

① 琅,《列子・湯問篇》作"玕"。

② 鄭注,當爲"賈疏"。

鱣按:《文選》五臣注:“銑曰:‘攝取其體裁統理,皆歸諸古人之言。’”

152 說話 《石林燕語》:“廳上不說話,而廡下說話。”

鑑案:陸游詞:“山林定去也,却是恐說著,少年時話。”劉改之詩:“賣術不須多要銀,逢人只可少說話。”

鱣按:《傳燈録》:“雲門偃曰:‘忽一日眼光落地,無汝掠虛說大話處。’”“龐居士偈曰:‘大家團圞頭,共說無生話。’”《顔氏家訓·風操篇》:“北人無何,便爾話說。”白樂天《老戒》詩:“周遮說話長。”

153 儻來 今人以不期而至者曰“儻來”。《莊子·繕性篇》[①]:“軒冕在身,非性命也。物之儻來,寄也。”《文心雕龍》:“博塞之文,借巧儻來。”《晋書·王坦之傳》:“天下,儻來之運,卿何所嫌。”《陳書·江總傳》:“軒冕儻來之物。”《柳玭家訓》:“求名如儻來。”

鑑案:《梁書·簡文帝紀》:“軒冕之華,儻來之一物。”

鱣按:謝偃《高松賦》:“任儻來之否泰。”《唐書·紀王慎傳》:“榮寵貴盛,儻來之物,可恃以陵人乎。”

154 的便 蘇東坡《荅李琮書》:“罕遇的便。”

鱣按:《歐陽文忠集·與韓稚圭簡》:“因王郎中詣府的便,少道萬一。”又《與劉原父簡》:“的便無佳物表信。”

155 中意 《漢書·江充傳》:“所言中意。”《杜周傳》:“奏事中意。”《酷吏傳》:“議有不中意。”師古曰:“不當天子意也。”

鱣按:《漢書·孔光傳》:“以議不中意,左遷廷尉。”《北史·魚俱羅傳》:“遇不中意,以籤刺瞎其眼。”《宇文述傳》:“偶不中意,述張目瞋之。”

156 得意 《公羊傳》:“得意致會,不得意致伐。”《史記·秦始皇

---

① “繕性篇”爲陳鱣所加。

本紀》:"莫不得意。"《吕不韋列傳》:"尻處困,不得意。"《李斯傳》:"治馳道,興游觀,以見主之得意。"

長生案:《史記·貨殖傳》:"范蠡既雪會稽之耻,乃喟然而嘆曰:'計然之策,越用其五而得意。既已施之國,吾欲用之家。'"又《蘇秦傳》:"說湣王高宫室大苑囿,以明得意。"

鑑案:又《史記·相如傳》有"蜀人楊得意",又《司馬法》:"天子得意則愷歌。"又《詩》"錫我百朋"鄭箋:"得錄多,言得意也。"

鱣按:《莊子·外物篇》:"言者所以在意,得意而忘言。"《荀子·儒效篇》:"得委積足以掩其口,則揚揚如也。"楊注:"揚揚,得意之貌。"《易林·井之小畜》:"銜璧爲臣,大得意還。"《晋書·嵇康傳》:"會其得意,忽焉忘反。"《宋書·范蔚宗傳》:"詳觀古今著述評論,殆少得意者[1]。"

157 情願 《晋書·劉頌傳》:"好惡未改,情願未移。"杜氏《通典》:"情願穩便","情願還俗。"《舊唐書·選舉志》[2]:"其今秋舉人中有情願舊業舉試者聽。"

長生案:《漢書》元帝詔:"骨肉相附,人情之願也。"顔延之《庭誥》:"施其情願,庀其衣食。"

鱣按:孫權《復與魏王箋》:"私懼情願,未蒙昭察。"陸機詩[3]:"遨游放情願,慷慨爲誰嘆。"蘇子瞻《與范子豐尺牘》:"婚嫁所須,不可,柰何,甚非情願。"

158 介意 《列子·黄帝篇》:"雖傷破於前,不用介意。"

長生案:《後漢書·度尚傳》:"何足介意。"《三國志·蜀先主傳》:

① 得,《宋書·范蔚宗傳》作"可"。

② 選舉,當爲"禮儀"。

③ 機,原訛作"璣",據《陸士衡文集》卷六改。

“袁公路冢中枯骨,何足介意。”

鱣按:《三國·吴志·魯肅傳》:“孫權不以介意。”《晋書·魏舒傳》:“舒亦不以介意。”

159 來意 《後漢書·公沙穆傳》:“來意厚矣。”

鱣按:《詩》“湯孫之將”箋:“將猶扶助也,序助者之來意也。”

160 開恩 《梁書·高祖紀》:“可開恩半歲,悉聽還本。”《周書·晋蕩公護傳》:“矜老開恩。”

鱣按:駱賓王《姚州破賊露布》:“祝禽疏網,徒開三面之恩。”

161 開口 《史記·信陵君列傳》:“公子誠一開口。”

鑑案:《韓詩外傳》:“仁以爲質,義以爲理,開口無不可爲人法式者。”《莊子·盜跖篇》:“人除病疲死喪憂患,其中開口而笑者,一月之中不過四五日而已矣。”

鱣按:《易·説卦傳》“兑爲口”鄭注:“上開似口。”《論語義疏》引《説文》:“開口吐舌謂之爲曰。”今《説文》:“曰,詞也,从口乙聲,亦象口氣出也。”《管子·問篇》:“冗國所開口而食者幾何人?”《北史·魏宗室傳》:“元萇未嘗開口笑。”

162 留神 《漢書·薛宣傳》:“唯陛下留神考察。”

長生案:《後漢書·郎顗傳》:“丁寧再三留神于此。”

鱣按:《隋書·薛道衡傳》:“留心政術,垂神聽覽。”

163 對面 《易》王弼注:“凡物對面而不相通,否之道也。”《顔氏家訓·風操篇》:“乃有對面以相戲者。”

鱣按:《唐書·房喬傳》:“千里外猶對面語。”

164 隔壁 《宋書·范蔚宗傳》:“果得隔壁遥望[1]。”《南史·劉璡

---

① 望,《宋書·范曄傳》作“問”。

傳》:"兄瓛夜隔壁呼璡,璡不荅。"《樂頤之傳》:"與母隔壁,忍病不言。"朱氏《中庸或問》:"程子謂侯生之言但可隔壁聽。"

鱣按:《顔氏家訓・兄弟篇》:"劉璡與兄瓛連棟隔壁。"

165 應急 《三國志・鍾繇傳》:"得所送馬,甚應其急。"

鱣按:庾肩吾《書品》:"草書起于漢時,解散隸法以應急。"

166 耐煩 嵇康《與山巨源書》:"心不耐煩。"《宋書》:"庾炳之爲人,强急而不耐煩。"趙氏《賓退録》、陶氏《輟耕録》俱引《宋書・庾仲文傳》。然嵇叔夜魏人,已有此語。

鱣按:蕭穎士《貽韋司業書》:"頃來志若轉不耐煩。"劉希夷《題壁》詩:"幽人不耐煩,振衣步閑寂。"

167 不好 《史記・滑稽列傳》:"是女子不好,煩大巫嫗爲入報河伯,得更求好女。"

鱣按:《楚辭・離騷》:"吾令鴆爲媒兮,媒告余以不好。"

168 虚心 《莊子・漁父篇》:"敢不虚心。"

鑑案:《人間世》又云:"虚者,心齋也。"

鱣按:《老子》:"聖人虚其心,實其腹。"《史記・秦始皇紀》:"莫不虚心而仰上。"

169 真箇 韓退之《盆池》詩[1]:"老翁真箇似童兒。"

常生按:趙嘏詩:"謫仙真箇是仙才。"[2]

鱣按:趙嘏詩:"謫仙真箇是仙才。"陸游《鄰曲小飲》詩:"新豐不須作,真箇是吾鄉。"楊萬里詩:"不如老圃今真箇。"

170 手藝 柳子厚《梓人傳》:"彼將捨其手藝。"

鱣按:《説文》:"肀,手之疌巧也,从又持巾。"《玉篇》:"肀,女涉

① "盆池"爲陳鱣所加。

② 常生按語,據《文選樓叢書》本、長沙龍氏刻本補。

切。”今百工手業字,本肀之假借,此又借爲手藝耳,藝、業一聲之轉。

171 打話 《三朝北盟會編》:“金人至城下,呼請官員打話。”

鱣按:《道山清話》:“劉貢父言,每見介甫《字說》,便待打諢。”

172 閑話與閒同 衛準詩:“莫言閑話是閑話,往往事從閑話來。”見《唐詩紀事》。唐王仁裕有《玉堂閑話》三卷,宋有耿煥《野人閑話》五卷。

鱣按:《過庭錄》:“張康節公居江南,有詞云:‘多少六朝興廢事,盡入漁樵閑話。’”張祜詩:“遠心群野鶴,閑話對村人。”

173 著忙 陳後山詩:“勝日著忙端取怪。”任淵注:“著忙蓋亦俗語。《僧寶傳》:‘楊岐會禪師問僧曰:一喝兩喝後作麽生?曰:看這老和尚著忙。’”

鱣按:《論衡·書解篇》:“汲汲忙忙,何暇著作?”元稹詩:“却著閑行是忙事,數人同傍曲江頭。”

174 登時 《後漢書·方術傳》:“侯劾三人,登時仆地。”《管輅别傳》:“水火之難,登時之驗。”《吴録》:“登時出其母。”《孫策傳》注。《抱朴子·内篇》:“中惡急疾,但吞三九之炁,亦登時差”,“蛇若中人,以少許雄黄末内瘡中,亦登時愈也。”又《外篇》:“後有以答之,亦不登時也。”任昉《奏彈劉整文》:“苟奴登時欲捉取。”《北史·祖珽傳》:“登時走散。”

鱣按:《拾遺記》:“帝登時顛蹶,掩耳震動。”《宋書·高祖紀》:“盧循之走也,公知其必寇江陵,登遣索邈援荆州。”《唐書·張柬之傳》:“則天登時召見。”《唐律》:“諸夜無故入人家者笞四十,主人登時殺者勿論。”

175 少頃 《荀子》:“不爲少頃輟焉”,“可以少頃得奸民之譽”,“行其少頃之怒。”

鱣按:陸佃《商南亭記》[①]:“其彩五色,少頃百變。”

---

① 商,《全宋文》卷二二〇八作“適”。

176 見在 《史記・齊悼惠王世家》:"於今見在。"《漢書・張湯傳》:"時放見在。"《外戚傳》:"兒見在未死。"《楚元王傳》:"或言父見在。"《論衡》:"見在之水,相差無幾。"又:"《尚書》滅絕於秦,其見在者二十九篇。"《周禮・夏官・槀人》注:"弓弩矢箙弃亡者除之,計今見在者。"王伯厚云:"'見在'出《槀人》注。"

長生案:《周禮・御史》"凡數從政"注云:"其見在空缺者。"

鱣按:《周禮・職喪》疏:"今存者,據《儀禮》之内見在者而言。"《三國志・魏延傳》:"丞相雖亡,吾自見在。"《金剛經》:"見在心不可得。"韓退之《許國公神道碑》:"今見在人莫如韓甥,即柄授之。"

177 面前 《三國志・秦宓傳》:"樂面前之飾。"

鱣按:李頎《送馬録事赴永陽》詩:"楚雲飛面前。"

178 目下 《三國志・杜恕傳》:"給事目下。"《王基傳》:"畏目下之戮。"《程昱傳》:"公於目下肆其奸慝。"《楊洪傳》:"隨從目下。"《晋書・曹志傳》:"目下將見責耶。"

鱣按:《晋書・周顗母李氏傳》:"唯阿奴碌碌,當在阿母目下耳。"

179 眼下 白樂天《初夏閑吟》詩[①]:"眼下未飢寒[②]。"

鱣按:白樂天《吾盧》詩:"眼下營求容足地,心中準擬挂冠時。"又《歸履道宅》詩:"眼下有衣食,耳邊無是非。"又《偶吟》:"眼下有衣兼有食,心中無喜亦無憂。"又《題池西小樓》詩:"雖貧眼下無妨樂,縱病心中不與愁。"

180 底下 《三國志・夏侯太初傳》:"此爲親民之吏,專得底下。"《曹爽傳》注:"底下之書。"

鱣按:魏武帝《述志令》:"求底下之地。"《南史・陳伯之傳》褚緭

① "初夏閑吟"爲陳鱣所加。
② 未,原訛作"來",據陳鱣改。

謁范雲,雲不見,緭怒曰:"建武以後,草澤底下悉成貴人,吾何罪而見弃?"又《釋名》:"地,底也。其體底下載萬物也。"唐趙臣《議選舉疏》[①]:"授官多底下之人,修業抱後室之嘆[②]。"

181 眼見 《宋書·庾炳之傳》:"往往眼見。"《北史·楊椿傳》:"汝等眼見,非爲虚假。"《顔氏家訓》:"耳聞眼見,其事已多。"杜子美詩:"眼見客愁愁不醒。"

鱣按:韓退之《桃原圖》詩:"當時萬事皆眼見,不知幾許已流傳。"

182 去向 《北史·突厥傳》:"臣當時無處去,向上看只見天,下看只見地。"

鱣按:孔平仲《望吴亭》詩:"絲綸白雪外[③],叠去不知向。"

183 四遠 《蜀志·秦宓傳》:"仁義直道,流名四遠","邦有斯人,以耀四遠。"

鑑案:《春秋·僖公十六年》"隕石于宋,五"注:"見星之隕而墜于四遠。"又《後漢書·張酺傳》:"不可以示四遠。"

鱣按:《文子》[④]:"智圓者終始無端,方流四遠。"《洞冥記》:"武帝起騰光臺以望四遠。"《晋書·王渾傳》:"以明聖指,垂心四遠。"《虞預傳》:"威暢四遠。"《南史·劉穆之傳》:"此雖小事,然宣布四遠。"左思《吴都賦》:"造姑蘇之高臺,臨四遠而特建。"司馬彪詩:"長飈一飛薄,吹我之四遠。"

184 上頭 古樂府:"東方千餘騎,夫婿居上頭。"李太白詩:"眼前有景道不得,崔顥題詩在上頭。"

長生案:《詩》"在前上處"箋:"在前上處者,在前列上頭也。"

---

① 臣,《全唐文》卷三五五作"匡"。
② 室,《全唐文》卷三五五作"時"。
③ 絲,《清江三孔集》卷二一作"紛"。
④ 文,原訛作"老",據《文子·微明》改。

鱣按:王融樂府:"聞有東方騎,遥見上頭人。"虞思道詩:"會待東方騎,遥居最上頭。"杜子美《鳳皇臺》詩:"安得萬丈梯,爲君上上頭。"劉禹錫《竹枝詞》:"山桃紅花滿上頭。"

185 旁邊 戴叔倫詩:"杏樹旁邊醉客來。"《野客叢書》:"'旁邊'二字見徐陵《雜曲》。"

長生案:徐陵《雜曲》:"旁邊得寵誰相妒。"

鱣按:王建《宫詞》:"玉案旁邊立起居。"

186 一頓 《世説・任誕篇》:"襄陽羅友伺人祠,欲乞食云:'聞君祠,欲乞一頓食耳。'"《南史・徐湛之傳》:"今日有一頓飽食,欲殘害我兒子。"杜子美詩:"頓頓食黄魚。"《舊唐書・食貨志》:"宜付所司,决痛杖一頓處死。"

鑑案[①]:《水經注》:"《爾疋》曰:'山一成謂之頓丘。'《釋名》謂:'一頓而成丘,無高下小大之殺也。'"

鱣按:揚雄賦:"忽萬里而一頓兮,過列仙以托宿。"《世説・□□篇》[②]:"吴領軍使婢賣物供客,比得一頓食,殆無氣可語。"《宋書・徐湛之傳》:"今日得一頓飽食,便欲殘害我兒子。"《北史・□□傳》[③]:"農爲中軍,寶爲後軍,相去各一頓。"

187 一把 《韓詩外傳》:"鴻鵠一舉千里,所恃者六翮耳。背上之毛,腹下之毳,益一把,飛不爲加高;損一把,飛不爲加下。"《新序》文略同。《論衡》:"使在地之火附一把炬,人從旁射之。"

鱣按:《北齊書・高阿那肱傳》:"一把子賊,馬上刺取,一擲汾河中。"《南史・陳武帝紀》:"一把子人,何足可打。"李商隱詩:"玉骨瘦

---

① 鑑,《文選樓叢書》本、長沙龍氏刻本作"常生"。

② 所引見於《太平御覽》卷四〇五引《俗説》。

③ 所引見於《資治通鑑・晋安皇帝隆安二年》。

來無一把。”

188 一箇 今人書一个字作“箇”，漢人已用之。鄭康成《儀禮注》：“个猶枚也，今俗或名枚曰箇，音相近。”又云：“今俗言物數有若干箇者。”陸氏《釋文》：“箇，古賀反。”

鱣按：《說文》：“箇，竹枚也，从竹固聲。”《儀禮·大射禮》云：“搢三挾一个。”“个”即竹之省，此當云今人書一箇字作“个”。

189 一塊 《漢書·王褒傳》：“蹶如歷塊。”師古曰：“如經歷一塊，言其速疾之甚。”《吴志·魯肅傳》注引《吴書》云：“豈得徒勞，無一塊壤。”

鑑案：《易緯乾鑿度》：“大天氏云，一塊之物自地[1]。”

鱣按：《續仙傳》：“布衣柳信惟一子，眉上生一肉塊。”[2]

190 一概 《楚詞·九章》：“同糅玉石兮[3]，一概而相量。”洪興祖云：“概，平斗斛木。”今吴音讀入聲。《淮南·泰族訓》：“方指所言，而取一概焉爾。”

長生案：《詩》：“衆稚且狂。”毛傳：“是乃衆幼稚且狂進，取一概之義。”又《潛夫論》：“冀其辜戮，以解畜憤，而反一概悉蒙赦釋。”

鱣按：《漢書·揚雄傳》：“壹概諸聖。”曹植令：“諸吏各敬爾在位，推一概之平。”摯虞《愍騷》：“順陰陽以潛躍，豈凝滯乎一概。”

191 一火 《南史·孝義傳》：“十人同火。”《通典》：“凡立軍五人爲列，列有頭；二列爲火，立火子”，“有死於行陳者，同火收其尸。”《舊唐書·僖宗紀》：“若諸軍全捕得一火草賊，數至三百人以上者，超授將軍。”《木蘭詩》：“出門語火伴，火伴皆驚惶。”

---

① 自，《易緯乾鑿度》卷上作“目”。

② 所引見於宋佚名《錦綉萬花谷》後集卷二十七、宋曾慥《類說》卷三，出處是《王氏神仙傳》。布衣，原作“富人”。

③ 石，原訛作“字”，據長沙龍氏刻本改。

鱣按:崔豹《古今注》:"伍伯,一户之伯也[①]。漢制:兵五人一户竈,置一伯,故曰'户伯',亦曰'火伯',以爲一竈之主也。"《唐書》:"兵制:五十人爲隊,隊有正十人爲火,火有長。"又:"十人爲火,五火爲團。"元稹《估客樂》:"出門求火伴,火伴入户辭父兄[②]。"柳宗元《段太尉逸事狀》:"叱左右皆解甲,散還火伍中。"劉攽《中山詩話》[③]:"南方賈人,各以火自名,一火猶一部。"

192 一般 劉虛白詩:"二十年前此夜中,一般燈燭一般風。"鄭谷《殘月如新月》詩云:"初終却一般。"

長生案:《隋唐嘉話》:"知無? 張底乃我輩一般人。"唐詩用"一般"甚多,如司空曙"門前桃杏一般花"、李咸用"桂花高下一般香"皆是。

鱣按:白樂天《柘枝》詩:"君有一般輸我事,柘枝看較十年遲。"陸龜蒙詩:"朝市山林隱一般。"方千《石榴》詩:"每朝顔色一般般。"羅隱《下第》詩:"年年模樣一般般。"

193 手下 《三國志·甘寧傳》:"手下有數百兵","料賜手下百餘人食。"《朱桓傳》:"時桓手下及所部兵在者五千人。"《朱异傳》:"乃身率其手下二千人。"《陸遜傳》:"以手下名兵討治深險[④]。"《江表傳》"手下已有大衆"《吴志·吕範傳》注,"先君手下兵數千餘人,盡在公路許"《太史慈傳》注,"卿手下兵,宜將多少"同,"乃選手下健兒百餘人"《甘寧傳》注,"手下兵多"《吴妃嬪傳》注。《北史·甄琛傳》:"手下倉頭,常令執燭。"

鱣按:《宋提刑洗冤集録》:"恐手脚下人,妄生事騷擾。"

---

① 户,《古今注·輿服》作"伍"。
② 火伴,《元氏長慶集》卷二三無。
③ 攽,原訛作"邠"。
④ 名,《三國志·陸遜傳》作"召"。

194 日間、夜間、日裏 《朱子語録》:"氣只是這箇氣,日裏也生,夜閒也生,只是日間生底爲物欲梏亡,随手又耗散了。夜閒生底則聚得在那裏,不曾耗散。"

長生案:唐張説詩:"花從日裏生。"又盧綸詩:"日裏揚帆聞戍鼓。"

鱣按:《孟子》:"是其日夜之所息。"集注:"然其日夜之間,亦必有所生長。"李義府《咏烏》詩:"日裏揚朝彩。"

195 地皮 韓退之詩:"榆莢車前蓋地皮。"

鱣按:盧仝《蕭宅贈荅》詩:"揚州惡百姓,疑我捲地皮。"《山堂肆考》:"王知訓入覲,和地皮捲來。"

196 鄉鄰 《孟子》:"鄉鄰有鬥者。"

鱣按:《大戴禮・曾子制言篇》:"朋友之讎,不與聚鄉。兄弟之讎[①],不與聚鄰。"《孟子》:"鄉鄰有鬥者。"趙注:"鄉鄰,同鄉也。"

197 老小 《後漢書・公孫瓚傳》:"顧戀其老小。"《魏志・三少帝紀》:"撾捶老小。"

鱣按:《孟子》:"反其旄倪。"趙注:"王先還其老小。"《易林・升之乾》:"白鹿鳴呦,呼其老小。"《後漢書・周舉傳》:"冬中一月,莫敢烟爨,老小不堪。"《晋書・食貨志》:"十二以下六十六以上爲老小不役[②]。"

單字類

198 扛 《史記・項羽本紀》:"力能扛鼎。"《後漢書・方術傳》:"令十人扛之,猶不舉。"《説文》:"扛,横關對舉也。"《匡謬正俗》云:"或問:吴楚謂對舉物爲剛,有舊語否?荅曰:扛,舉也,音江。《史記》'力能扛鼎'、《西京賦》'烏獲扛鼎'是也。俗訛扛爲剛,乃有造掆字者,固爲穿鑿。"

① 兄弟,《大戴禮記・曾子制言上》作"族人"。

② 役,《晋書・食貨志》作"事"。

鱣按:《廣韻》引《字林》:"稍𢭏[①],舁也。"《一切經》引《文字集略》:"相對舉物曰𢭏也。"是𢭏字所出,而後人沿誤耳。

199 喚 《世説》:"桓子野每聞清歌,輒喚柰何。"《抱朴子・外篇》:"喚求朋類。"《宋書・廬陵王義真傳》:"緣道叫喚。"《南史・始興王濬傳》:"臺内叫喚,宫門皆閉。"《魏書・后妃傳》:"乃喚彭城、北海二王。"《隋書・譙國夫人傳》:"鑄兵聚衆,而後喚君。"

鱣按:喚即奐之俗字。《説文》:"奐,取奐也。"王褒《洞簫賦》:"哮呷呟喚。"晋《子夜歌》"想聞散喚聲",又"無人相要喚",又"郎喚儂底爲",又"三喚不一應",俱俗字。

200 賠 此字不見《玉篇》《類篇》等書,古人多用"備"字,或作"陪"。明《永樂實錄》"追陪"字皆不从貝旁。《唐律》:"諸應輸備、贖、沒、入之物及欠負應徵違限不送者,一日笞十。"疏云:"備謂亡失官私器物,各備償。"

長生案:《升庵外集》:"昔高歡立法,盜私物,十備五;盜官物,十備三。後周詔:侵盜倉廪雖經赦免,徵備如法。備,償補也,音裴,今作賠,音義同,而賠字俗,從備爲古。"

鱣按:《魏書・刑法志》[②]:"昭成帝立法令,盜官物,一備五;盜私物,一備十。"《通鑑・宋紀》:"魏昭成帝始制法令,盜官物,一備五,私物一備十。"胡注:"備,陪償也,今人多云陪備。"

201 拷 古書考掠字皆不從手旁,唯《北史》閒有之。《尉古真傳》:"染干疑古真泄其謀,乃執拷之。"《段孝言傳》:"夜過其客宋孝王家,呼坊人防援,不時赴,遂拷殺之[③]。又與諸淫婦密游,其夫覺,又拷

---

① 稍,《廣韻》宕韻作"捎"。

② 法,通行本作"罰"。

③ 拷,原作"栲",據長沙龍氏刻本改。

掠而殞。"《李惠傳》:"此羊皮可拷知主乎[①]?"

鱣按:《詩》"弗鼓弗考"傳:"考,擊也。"《世說·方正篇》:"夏侯玄既被桎梏,時鍾毓爲廷尉","玄考掠,初無一言。"俗作拷。《唐律》:"諸拷囚不得過三度。"

202 央 曹唐《小游仙詩》:"無央公子停鸞轡,笑泥嬌妃索玉鞭。"愚按:"央"者"邀"之轉也。

鱣按:《說文》:"詇,早知也。"《廣雅》:"詇,問也。"《通雅》:"以言托人曰'詇'。"今省作"央"。

203 認 《列子·天瑞篇》:"認而有之,皆惑也。"《周禮·司市》注:"三日而無識認者舉之。""識認"亦漢人語。《後漢書·卓茂傳》:"嘗出行,有人認其馬。"《劉寬傳》:"有人失牛者,乃就寬車中認之。"《梁冀傳》:"認奮母爲其守藏婢。"又:"冀因欲認猛爲其女。"《承宫傳》:"禾黍將熟,人有認之者。"《三國志·鍾離牧傳》:"縣民識認之。"按:"認"古文作"仞"。《淮南·人閒訓》:"非其事者,勿仞也;非其名者,勿就也","夫就人之名者廢,仞人之事者敗。"《漢書·儒林傳》:"賓死,莫能持其說。喜因不肯仞。"《列子·湯問篇》:"百認之淵。"即"百仞"也。

鱣按:《晋書·王延傳》:"家牛生一犢,他人認之,延牽而授與。其人後自知妄認,送犢還延。"《杜預傳》:"必先認上流,勤保夏口。"《北史·張乾威傳》:"物主來認,悉以付之。"

204 替代也 《宋書·廬陵王義真傳》:"高祖遣將軍朱齡石替義真鎮關中。"《北史·陳元康傳》:"孫搴醉死,神武命求好替。"

鱣按:《匡謬正俗》:"問曰:新故交代謂之爲替,何也?荅曰:《爾

① 拷,原作"栲",據《文選樓叢書》本、長沙龍氏刻本改。

雅》:'替,廢也。'《詩》稱'勿替引之',《傳》云'無替舊職',皆謂不廢墜耳。前人既廢,後人代之,故總謂代爲替。近者俗人作㬱髮字訛舛,妄改作頣,相承行之。武德中,余忝中書舍人,因始改爲替代之字。自兹已後,頣字絕矣。"

205 訣 《列子・說符篇》:"術人有善數者[①],臨死以訣喻其子。"

鱣按:《一切經音義》引《通俗文》:"與死者辭曰訣。"訣即决之别字。

206 牢 《廣韵》:"堅也,固也。"《史記・外戚世家》:"欲連固根本牢甚。"《漢書・師丹傳》:"曾不能牢讓爵位。"韓退之《平淮西碑》:"并爲一談,牢不可破。"白樂天詩:"大都好物不堅牢。"

鱣按:《詩》"王事靡盬"疏:"盬謂不攻牢不堅緻之謂也。"《韓非・難一篇》:"東夷之陶者器苦窳,舜往陶焉,期年而器牢。"《後漢書・馬援傳》:"破羌以西城多完牢,易可依固。"《魏書・源懷傳》:"楹棟平正,基壁完牢,風雨不入。"《鹽鐵論・力耕篇》:"古者商通物而不豫,工致牢而不僞。"

207 擡 《通俗文》:"振舉謂之擡[②]。"《一切經音義》引。今市物故昂其價謂之擡。《宋史・食貨志》:"以鈔折兑糧草,有虚擡逼糴之患。"

鱣按:元稹《咏牡丹》詩:"風光肯擡舉。"白樂天詩:"院名擡舉號爲賢。"

208 扤 《說文》:"扤,動也。"今俗語"搖兀"字當用此。東坡詩:"千搖萬兀到樊口。"

鱣按:《詩》"天之扤我"傳:"扤,動也。"《考工・輪人》:"輻廣而擊淺[③],則是以大扤。"鄭注:"扤,搖動貌。"

---

① 術,《列子・說符》作"衛"。
② 振舉,《一切經音義》卷十七引作"舉振"。
③ 擊,《考工記・輪人》作"鑿"。

209 笮 《説文》:“笮,迫也。”吴人謂壓酒具爲笮床,讀如詐僞之詐[①]。案:《後漢書·耿恭傳》:“笮馬糞汁而飲之。”注:“笮謂壓笮也。”《廣韵》:“笮,酒器也,側駕切。”又别出“醡”字,訓“壓酒具”。《集韵》又作“醠”,或作“榨”,皆笮字之訛。

長生案:嵇康《聲無哀樂論》:“猶洗酒之囊漉,雖笮具不同,而酒味不變也。”

鱣按:《漢書·王莽傳》:“迫措青徐盜賊。”師古:“措讀與笮同。”《漢西狹頌》:“厄笮迫促。”

210 糙 《廣韵》:“糙,米穀雜也,與䊪同。”杜氏《通典》:“其折納糙米者,稻三石折納糙米一石。”《舊唐書·食貨志》:“令東都出遠年糙米及粟,就市給糶。”今人以米未舂者爲糙米。

鱣按:糙疑糕之俗字。《説文》:“糕,早取穀也。”

211 硬 古作“鞕”。《廣雅》:“鞕,\u5805也。”《玉篇》:“鞕,堅也。”張仲景《傷寒論》亦用“鞕”字。杜子美詩:“書貴瘦硬方通神。”《通典》:“山原川澤,土有硬軟。至于耕墾,用力不同。”

鱣按:白樂天《初到忠州》詩:“吏民生硬都如鹿。”硬疑埂之俗字。《説文》:“埂,秦謂阬爲埂。”

212 捺 白樂天詩:“壓捺潮頭敵子胥。”

鱣按:朱子《與汪長儒書》有“遏捺”字[②]。

213 了 《廣雅》:“了,訖也。”《玉篇》同。

鱣按:《晋書·傅咸傳》:“官事未易了也,了事正作痴,復爲快耳。”杜荀鶴詩:“道了猶未了。”

214 瞎 《玉篇》:“瞎,一目合也。”《釋名》:“瞎,迄也,膚幕迄迫也。”

① 僞,原訛作“爲”,據《文選樓叢書》本、長沙龍氏刻本改。

② 儒,《晦庵集》卷五二作“孺”。

鑑案:《世説》:"盲人騎瞎馬。"

鱣按:瞎爲瞎之别字。《説文》:"瞎,目陷也,从目咸聲。"

215 賽 賽本祭名。今世鄉社賽神,以豐儉較勝負,因以賽爲争勝之義。賽與勝聲亦相近也。宋末張惠稱"賽張飛",劉整稱"賽存孝",則已見於正史矣。

鱣按:《魏書・任城王澄傳》:"高祖令澄爲七言連韵,與高祖往復賭賽。"

216 些 《舊唐書・楊嗣復傳》:"近日事亦漸好,未免些不公[①]。"王泠然《與高昌宇書》:"幸有餘力,何惜些些。"

鑑案:羅虬《比紅兒詩》:"應有紅兒些子貌。"些即斯。《漢・左雄傳》:"鄉官吏部,職斯禄薄。"[②]

鱣按:白樂天詩:"忽忽眼塵猶愛睡,些些口業尚誇詩。"又:"能到南園同醉否,笙歌隨分有些些。"些即呰之俗字。《爾雅》:"呰、已,此也。"《廣雅》:"呰,詞也。"

217 匾 《一切經音義》:"今俗呼廣薄爲匾。"

鱣按:匾即扁之俗字,《詩・白華》:"有扁斯石。"

218 瞟 《説文》:"瞟,瞭也。敷沼切。"今人讀如"穮"。

鑑案:《集韵》云:"與覭同。"《埤蒼》云:"一目病也。"

鱣按:王延壽《魯靈光殿賦》:"忽瞟眇以響象。"李善:"瞟眇,視不明也。"

219 睬戚細切 今人謂近視曰睬。《説文》:"睬,察也。"

長生案:嵇康《琴賦》:"明嫿睬惠。"顔延之詩:"聆龍睬九淵。"

鱣按:《方言》:"睬,逗也,南楚謂之睬。"《廣雅》:"睬,視也。"左

---

① 些,《舊唐書・楊嗣復傳》作"些些"。

② 引文見於《後漢書・左雄傳》。吏部,原作"部吏"。

思《魏都賦》:"有瞟吕梁。"蘇籀《欒城遺言》:"歐陽公讀書五行俱下,但近覰耳,若遠視何可當。""近覰"當作"近瞟"。

220 站 《廣韵》:"站,俗言獨立。"

鱣按:站即阽之俗字。《小爾雅》:"疾甚謂之阽。"

221 儻 《廣韵》:"儻,止也。都郎切。又丁宕切。"今人多讀上聲。

鱣按:儻即攩之俗字。《方言》:"挐、抌,推也。沅、雍、澆、幽之語或曰攩。"郭注:"今江東人亦名推爲攩。"《列子·黄帝篇》:"攩挐挨抌,亡所不爲。"

222 俏 今人謂婦人美好曰俏。案:《方言》:"釥,好也。青徐海岱之間曰釥,或謂之嫽。"郭璞注:"今通呼小姣潔喜好者爲嫽釥。"釥,七小切,即俗所云"俏"也。

長生案:《宋景文筆記》曰:"齊魏人以有儀矩可喜者謂之痡峭[①]。"峭、俏通。

鱣按:《北史》:"温子升曰:'詩章易作,逋峭難爲。'"峭即陗之俗字。《説文》:"陗,陵也。"《史記·鼂錯傳》云:"錯爲人陗直刻深。"注:"陗與峭同。"

223 䩡 《廣韵》[②]:"䩡䩡,面白,音力小切。"今人以面白而帶病容云"白䩡䩡"。

鱣按:《玉篇》:"䩡,力小切,面白䩡䩡也。"《詩》:"月出皎兮,佼人僚兮。"箋:"興者,喻婦人有美色之白皙。"

224 矮 陸德明《周禮釋文》:"桂林之閒謂人短爲矲矮,矮音苦買反。"

鑑案:《説文》:"矮,短人也。"《韵會小補》曰:"通作奇。"《後漢書》:"童謠:見一奇人,言欲上天。"古文作"痵"。

---

① 痡,《宋景文公筆記·釋俗》作"庯"。

② 韵,原訛作"云",據陳鱣改。

鱣按:《周禮·典同》"陂聲散"注:"陂,鄭大夫讀爲人短罷之罷。"《釋文》:"桂林之間謂人短爲矲矮。"《方言》:"桂林之中謂短矲。"無"矮"字。《説文》亦無"矮"字,《新附》有之,疑本作"亞"。《説文》:"亞,醜也,象人局背之形。"《爾雅》:"亞,次也。"

225 矬 《廣雅》:"矬,短也。"《通俗文》:"侏儒曰矬。"《一切經音義》。

鱣按:矬蓋痤之俗字。《説文》:"痤,小腫也。"

226 吣 今人謂猫犬吐曰吣。《廣韵》:"吣,七鴆切,犬吐也。"

鱣按:吣蓋疢之俗字。《廣雅》:"疢,病也。"

227 㱿 《左氏傳·哀二十五年》[1]:"君將㱿之。"杜預注:"㱿,嘔吐也。"《釋文》:"㱿,許角反,又許各反。"

鑑案:《説文》:"㱿,歐皃也。"徐鍇傳:"心惡未至於歐,因㱿出之也。"

鱣按:《玉篇》:"㱿,許各切[2],嘔吐也。"醫書作咯,即㱿之别字。

228 䑃 《集韵》:"䑃,他登切,吴人謂過飽曰䑃。"今轉爲都騰切。

鱣按:䑃即涒之俗字。《説文》:"涒,食已而復吐之,从水君聲。《爾雅》曰:'太歲在申曰涒灘。'"《玉篇》:"涒,他昆切。"

229 㣚與忽同 吴中方言睡一覺謂之一忽,林酒仙詩"長伸兩脚眠一忽,起來天地還依舊"是也。按:《説文》:"㣚,臥驚也。"《廣韵》:"寣[3],睡一覺也。"㣚與忽同音,當用㣚字爲正。

鱣按:漢《費鳳碑》:"不悟奄忽終,藏形而匿影。"《神仙傳》:"奄忽如寐,已在地上。"

230 喫 喫酒,見《無量清淨平等覺經》。

長生案:杜詩:"樓頭喫酒樓下醉。"又:"對酒不得喫。"

---

① "哀二十五年"爲陳鱣所加。

② 各,《玉篇》口部作"角"。

③ 寣,《廣韵》沒韵作"㣚"。

鱣按:張鷟《耳目記》:"則天時謠言云:'張公喫酒李公醉。'"《五代史·晋家人傳》:"管取一喫飯處。"《傳燈錄》:"且留口喫飯著。"喫即吃之俗字。杜子美詩:"但使殘年飽喫飯。"又:"梅實許同朱老喫。"韓退之詩:"蔬飧要同喫。"盧仝詩:"紗帽籠頭自煎喫。"徐夤詩:"曾喫紅綾餅餤來。"

231 鍍 李紳詩:"假金方用真金鍍,若是真金不鍍金。"

鱣按:鍍即涂之俗字。章孝標《及第後寄淮南李紳》詩:"金湯鍍了出長安。"

232 釬 《廣韻》:"釬,侯旰切。釬金銀令相著。"《集韻》:"固金鐵藥。"亦作銲。

鱣按:《說文》:"釬,臂鎧也。"此借用之,别作銲。杜牧《南亭子記》:"不一銲錮,侵敗不休。"《夢溪筆談》:"譙亳得古夾鏡,略無銲迹。"

233 斫讀如作,吴人呼伐竹爲斫竹。 陸放翁詩:"引泉澆藥圃,斫竹樹鷄栖","邇來久雨墻垣壞,斫竹東岡自築籬。"

鱣按:斫即斵之俗字。《說文》:"斵,斫也。"《釋名》:"斵,誅也。主以誅鉏根株也。"

234 鍘北人謂莝草爲鍘草 《廣韻》:"鍘,查鎋切,秦人云切草。"

鱣按:鍘即殺之俗字。《春秋》:"隕霜不殺草。"

235 騸 《廣韻》:"去畜勢也,出《字林》。"按:古書馬曰騬,牛曰犗,羊曰羯,亦曰羠,豕曰豮,皆去勢之名。

鱣按:騸即騬之俗字。《說文》:"騬,犗馬也。"

236 㙘徒念切 《廣韻》:"㙘,支也,出《通俗文》。"

鱣按:㙘即墊之俗字。

237 乖 本乖戾字,今人却以當巧詐之義。《朱子語錄》:"張子房閑時不做聲氣,莫教它說一話。更不可當少年也,任俠殺人。後來因黄石公教得來較細,只是都使人不疑它,此其所以乖也。"

鱣按:邵康節《擊壤集》有《安樂窩中好打乖吟》。乖乃獪之假字。《方言》:"凡小兒多詐而獪,或謂之姡。"郭注:"言黠姡也。"獪、姡、乖一聲之轉。姡,《說文》作婚,徐音古活切。

238 巴 《客座贅語》:"巴,象形字,蛇也。巴水曲折三迴,象之。今人之盱衡望遠曰巴,不足而營之曰巴,日晒肉曰巴,凡物之乾而腊者皆曰巴。"予憶《四明續志》載吴潛《水調歌頭》詞云"巴得西風起,吾亦問前程",又《滿江紅》詞"問我年華旬并七,异鄉時景春巴二",則宋人已有此語。

鱣按:張國彬《合汗衫曲》:"空急空巴。"今俗有"巴急"語。

239 瘟 《論衡・洽期篇》[①]:"人之瘟病而死也[②],先有凶色見於面部。"

鱣按:《抱朴子・微旨卷》:"經瘟疫則不畏。"《內經・生氣通天論》:"冬傷于寒,春必温病。"瘟即温之俗字。

240 等 世俗謂待爲等。《廣韵》:"等,多改切。"蓋古音也。路德延《孩兒詩》:"等鵲潛籬畔,聽蛩伏砌邊。"

鱣按:《緗素雜記》:"王君玉謂人曰:'詩家不妨間用俗語,尤爲工巧。嘗有雪詩云:待伴不禁鴛瓦冷,羞明常怯玉鈎斜。待伴、羞明皆俗語。'"按今人言雪等伴。又范成大詩:"父老年年等駕回。"《却埽編》:"石林公言:'吴中俚語:等人易得久,嗔人易得醜。'"

疊字類

241 分明 《漢書・刑法志》:"自典文者不能分明。"《賈誼傳》:"等級分明。"《董仲舒傳》:"辭不别白,指不分明。"《薛宣傳》:"得爲

① 洽,《論衡》作"治"。

② 瘟,《論衡・洽期篇》作"温"。

君分明之。"

鱣按:《賈子新書·事勢篇》:"是以等級分明,則下不得疑。"《春秋繁露·□□篇》[①]:"黑白分明,然後民知所去就。"《漢書·薛宣傳》:"宣所貶退稱進,白黑分明。"

242 方便 《晋書·石季龍載記》:"軍中有勇幹策略與己侔者,輒方便害之。"《南史·褚裕之傳》:"恭帝每生男,輒令方便殺焉。"《宋書·晋平王休祐傳》:"上慮休祐將來難制,欲方便除之。"《南齊書·武十七王傳》:"既以降敕旨,政應方便荅塞。"《王思遠傳》:"衣服垢穢,方便不前。"晋樂府:"動搖郎玉手,因風托方便。"《北史·孟業傳》:"諸人欲相賄贍,止患無方便耳。"

鱣按:《維摩經》:"摩詰以無量方便,饒益衆生。"元稹《鞫獄》詩:"鬥辭方便删。"白樂天《僧院》詩:"方便風開智慧花。"

243 穩便 《舊唐書·食貨志》:"仍各逐穩便收貯。"

鱣按:《通典》:"情願穩便","情願還俗。"《宋史·兵志》:"各踏逐穩便官屋安泊。"

244 因緣 《士相見禮》注:"無由達,言久無因緣以自達也。某子,今所因緣之姓名也。"《史記·田叔傳》:"未有因緣。"《漢書·禮樂志》:"經紀可因緣而存著也。"《刑法志》:"奸吏因緣爲市。"《金日磾傳》:"欽因緣。"《鄭崇傳》:"尚有因緣。"《王莽傳》:"因緣爲利。"《後漢書·皇甫規傳》:"因緣嬖幸。"《劉陶傳》:"或欲因緣行詐。"《論衡·恢國篇》[②]:"三代之起[③],皆有因緣","庸主因緣以建德政。"《三國志·曹爽傳》:"因緣求欲。"《步騭傳》:"小人因緣銜命。"《孫綝

① □□,當爲"保位權"。
② 恢國,原訛作"宣漢",據陳鱣改。
③ 三,《論衡·恢國》作"五"。

傳》:"因緣肺腑。"《胡綜傳》:"思托大命,愧無因緣。"《晉書・孝友傳》:"人亦有言,有因有緣,官無中人,不如歸田。"

鱣按:《顔氏家訓・歸心篇》:"縱有因緣,如報善惡,安能辛苦。"李邕《普光王寺碑》:"或禮或見,能超因因之緣。"

245 通行 鄭注《周禮・玉府》云:"尊之則曰獻,通行曰饋。"《漢書・王吉傳》:"世世通行。"

鱣按:《周禮・小行人》疏:"吉禮賓禮,天子頒之,非所以通行之事,故不言也。"《漢書・高帝紀》:"足下通行無所累。"《張敞傳》:"王姬昆弟及王同族宗室,通行爲之囊橐。"

246 緣由 《周書・晉蕩公護傳》:"可不記此事緣由也。"

鱣按:杜子美詩:"中原正格鬥,後會何緣由。"《五代會要・選事類》:"凡爲進取,皆有緣由。"

247 來由 《南齊書・孝義傳》:"張緒、陸澄,是其鄉舊,應具來由[①]。"白居易詩:"先遣和風報消息,續教啼鳥說來由。"又:"天高無處問來由。"李咸用詩:"鶯有來由重入谷,柳無情緒强依人。"

鱣按:《世說・方正篇》[②]:"王子敬病篤,道家上章應首過,問子敬:'由來有何异同得失?'"白樂天《感興》詩:"吉凶禍福有來由。"

248 底裏 楊雄《荅劉歆書》有"底裏"字[③]。《後漢書・竇融傳》:"自以底裏上露。"

鱣按:揚雄《答劉歆書》:"謹歸誠底裏,不敢違信。"晁沖之詩:"去年接同居,底裏見所存。"

249 完全 《荀子》:"完全富具[④]。"《後漢書・劉盆子傳》:"諸卿

---

① 具,原訛作"其",據陳鱣改。

② 方正,當爲"德行"。

③ 楊,《文選樓叢書》本、長沙龍氏刻本作"揚"。

④ 具,《荀子・議兵》作"足"。

獨完全以付朕。"《公孫述傳》:"家族完全。"《論衡·累害篇》[①]:"身完全者謂之潔。"

鱣按:《説文》:"完,全也。""全,完也。"《漢曹全碑》:"君諱全,字景完。"《易林·泰之鼎》:"乃得全完,賴其生福。"《觀之小過》:"乃得完全,賴其生福。"《損之頤》:"獨得跳脱,完全不虧。"

250 曲折 《史記·魏其武安侯列傳》:"吾益知吴壁中曲折。"

鱣按:《史記·李將軍傳》:"欲上書報天子軍曲折。"《後漢書·馬援傳》:"分析曲折,昭然可曉。"王褒《四子講德論》:"嘽緩舒翼[②],曲折不失節。"

251 近便 《後漢書·寇恂傳》:"應接近便。"《北史·赫連子悦傳》:"自是人屬近便,行路稱之。"

鱣按:《宋史·真宗紀》:"幸孔林給近便十户奉塋廟。"

252 鄭重雙聲字 《漢書·王莽傳》:"非皇天所以鄭重降符命之意。"師古曰:"鄭重猶言頻煩也。"王伯厚云:"'鄭重'出《王莽傳》。"《三國志·高堂隆傳》:"殷勤鄭重。"

鱣按:《顔氏家訓·風操篇》[③]:"此事遍於經史,吾不能鄭重。"白樂天詩:"千里故人心鄭重。"李商隱詩:"錦長書鄭重。"

253 殷勤叠韵字 《曲禮下》鄭注:"皆民臣殷勤之言。"《三國志·高堂隆傳》:"殷勤鄭重。"[④]

常生按:《史記·司馬相如傳》:"通殷勤。"又《報任少卿書》:"接殷勤之餘歡。"[⑤]

---

① "累害篇"爲陳鱣所加。

② 翼,《文選》卷五一作"繹"。

③ 風操,當爲"勉學"。

④ 三國志高堂隆傳殷勤鄭重,《文選樓叢書》本、長沙龍氏刻本無。

⑤ 常生按語乃據《文選樓叢書》本、長沙龍氏刻本補。

鱣按:《史記・司馬相如傳》:"使人重賜文君,侍者通殷勤。"《漢書・司馬遷傳》:"未嘗銜杯酒,接殷勤之餘歡。"

254 分付雙聲字 《漢書・游俠傳》:"分付諸客。"王伯厚云:"'分付'出《漢・原涉傳》。"

鱣按:《漢書・原陟傳》[①]:"分付諸客,諸客奔走市買。"《三國志・鮮卑傳》:"每鈔掠財物,均平分付。"

255 補貼 白樂天《追歡》詩[②]:"追歡逐樂少閑時,補貼平生得事遲。"

鱣按:白樂天《和楊慕巢》詩:"老將榮補貼,愁用道消磨。"

256 整頓 《漢書・蒯通傳》:"整頓其士卒。"《後漢書・劉寵傳》:"整頓洒掃。"《仇覽傳》:"廬落整頓。"

長生案:《史記・張耳陳餘傳》:"宜整頓其士卒。"

鱣按:《吴志・孫堅傳》:"整頓行陳。"《水經・渦水注》:"渦水側老子廟,有雙石闕,甚整頓。"《魏志・倉慈傳》注引《魏略》:"顏斐爲京兆太守,京兆皆整頓開明。"

257 齊整與整齊同,《淮南・覽冥訓》:"上車攝轡,馬爲整齊而斂諧。"[③]《三國志・鄭渾傳》:"入魏郡界,村落齊整如一。"《裴潛傳》:"嘆其軍陳齊整。"

鱣按:《急就篇》注:"鬄拔眉毛,去其不齊整者。"《顏氏家訓・治家篇》:"車乘衣服,必貴齊整。"《晋書・苻堅載記》:"見部陣齊整。"

258 鮮明 《詩》"旂旐央央"傳云:"央央,鮮明也。"《漢書・王吉

---

① 陟,《漢書》卷九二作"涉"。

② "追歡"爲陳鱣所加。

③ 淮南覽冥訓上車攝轡馬爲整齊而斂諧,《文選樓叢書》本、長沙龍氏刻本無"上車攝轡",且置於"裴潛傳嘆其軍陳齊整"後。

傳》:“皆好車馬衣服,其自奉養,極爲鮮明。”《辛慶忌傳》:“性好輿馬[①],號爲鮮明。”

鱣按:温庭筠詩:“微風和暖日鮮明。”

259 新鮮雙聲字 《文子·上仁篇》:“處濁辱而不敢新鮮也。”王伯厚云:“‘新鮮’出《太玄》。”

長生案:揚雄《太玄》:“新鮮自求,光于己也。”

鱣按:李咸用《謝茶》詩:“傾筐短甑蒸新鮮。”傾筐、新鮮皆雙聲。

260 斟酌雙聲字 《國語》:“而後王斟酌焉。”注:“斟,取也。酌,行也。”《荀子·富國篇》[②]:“明主必謹養其和[③],節其流,開其源,而時斟酌焉。”《淮南·繆稱訓》:“猶中衢而致辱[④],過者斟酌,多少不同。”《本經訓》:“包裹風俗[⑤],斟酌萬殊。”《史記·樂書》:“斟酌飽滿。”《後漢書·章帝紀·贊》:“斟酌律禮。”《鄭興傳》:“自杜林、桓譚、衛宏之屬莫不斟酌焉。”注:“謂取其意精也[⑥]。”《張純傳》:“猶周公斟酌文武之道。”《李固傳》:“斗斟酌元氣。”《仲長統傳》:“非能斟酌賢愚之分。”《後漢書·馬武傳》:“每勞饗諸將,武輒起斟酌于前。”謂酌酒也。

鱣按:《繆稱訓》在《本經訓》後,又《主術訓》:“而斟酌之者衆也。”《韓非·揚權篇》:“至于群生斟酌用之。”《顔氏家訓·雜藝篇》:“或妄斟酌,逐便轉移。”《世説·賞譽篇》[⑦]:“至于斟酌時宜,籠罩當世,亦多所不及。”《文心雕龍·鎔裁篇》:“權衡損益,斟酌濃淡。”

261 調度雙聲字 《漢書·佞幸傳》:“問以喪事調度。”《王莽傳》:

---

① 性,《文選樓叢書》本、長沙龍氏刻本作“惟”。
② “富國篇”爲陳鱣所加。
③ 主,原訛作“王”,據陳鱣改。
④ 辱,《淮南子·繆稱訓》作“尊”。
⑤ 裹,《淮南子·本經訓》作“裹”。
⑥ 精,《後漢書·鄭興傳》作“指”。
⑦ 賞譽,當爲“品藻”。

“具禮儀調度。”《周禮》注:“均,猶調度也。”《釋文》:“度,待洛反,或如字。”《後漢書・魯恭傳》:“大司農調度不足。”度亦音大各反,今人皆讀如字。

鱣按:《楚辭・離騷》:“和調度以自娛,聊浮游以求女。”《三國・吴志・陸遜傳》:“今日乃知調度自有方耳。”《蜀志・諸葛亮傳》:“臣身在外,別無調度。”《南史・王僧虔傳》:“若自無調度,誰復知汝事者。”

262 料理雙聲字　《世說・方正篇》[①]:“汝若爲選官,當好料理此人。”又《儉嗇篇》[②]:“有故舊人投之[③],都不料理。”《晋書・王徽之傳》:“卿在府日久,比當相料理。”《南齊書・蕭景光傳》[④]:“六親多未得料理,可隨宜温恤”,“其久留勞勤者[⑤],應料理,隨宜啓聞乞恩。”《劉祥傳》:“與亡弟母楊別居,不相料理。”《公羊疏》:“料理舊經,不待天命。”

鱣按:梁童謠:“黄塵涴人衣[⑥],皂莢相料理。”杜子美詩:“未須料理白頭人。”韓退之詩:“爲逢桃李相料理[⑦]。”

263 勾當　《舊唐書・食貨志》:“檢責海内鹽鐵之課,比令使人勾當”,“以金部郎中杜佑權勾當江淮水陸運使。”

鑑案:《北史傳序》[⑧]:“事無大小,士彦一委仲舉,推尋勾當。”又《唐書・第五琦傳》:“拜監察御史,勾當江淮租庸[⑨]。”

鱣按:《歸田錄》:“曹彬既平江南,回詣閤門,入見榜子,稱奉敕江南勾當公事回。”《却埽編》:“舊制諸路監司官屬曰勾當公事,建炎初避上諱嫌名,改曰幹辦。”

---

① “方正篇”爲陳鱣所加。
② “儉嗇篇”爲陳鱣所加。
③ 故,《世說新語・儉嗇》作“知”。
④ 光,《南齊書》卷三八作“先”。
⑤ 留,《南齊書》卷三八作“舊”。
⑥ 涴,《古樂苑》卷四十九作“污”。
⑦ 李,《全唐詩》卷三四五作“樹”。
⑧ 傳序,當爲“序傳”。
⑨ “庸”下《舊唐書・第五琦傳》有“使”。

264 商量疊韵字　《荀子·儒效篇》："謫德而定次，量能而授官。"注："謫與商同。"《魏書·釋老志》："郭内準此商量。"《隋書·房陵王勇傳》："如我商量。"《北史·甄琛傳》："都不復斟酌與奪，商量是非。"王伯厚云："'商量'出《易》'商兑'注：'商量裁制之謂。'"

鑑案：《曲禮》"稾魚曰商祭"注："商猶量也。"

鱣按：《大唐嘉話》："睿宗與群臣呼明皇爲三郎，凡所奏請，必曰：'與三郎商量未？'"

265 比方　《荀子》："辟稱比方則欲其自并乎湯武。"又《正名篇》[①]："比方之疑似而通。"《漢書·楚元王傳》："比方丘隴。"《後漢書·梁統傳》："宜比方今事，驗之往古。"

鱣按：《南史·范蔚宗傳·自序》："嘗共比方班氏所作，非待不愧之而已[②]。"

266 算計　《後漢書·崔駰傳》："算計見效。"崔寔《政論》之文。《三國志·臧洪傳》："必欲算計長短。"

鱣按：《齊東野語》："算計四等，合放若干。"陸游詩："蜀賈峽商工算計[③]。"

267 公共　《史記·張釋之傳》："法者，天子所與天下公共者也。"《釋名》："江，共也，小水流入其中所公共也。"

鱣按：《禮記·禮運》"天下爲公"鄭注："公猶共也。"《荀子·解蔽篇》："此心術之公患也。"楊注："公，共也。"

268 對換　《魏志·毌丘儉傳》："乃令誕、儉對换。"

鱣按：《宋史·孝宗紀》："降會子交子于鎮江建康，務場令江淮之

① "正名篇"爲陳鱣所加。
② 待，《南史·范曄傳》作"但"。
③ 賈，《劍南詩稿·偶與客話峽中舊游》作"估"。

人對換。"

269 支持疊韵字　《淮南・本經訓》:"標株欂櫨,以相支持。"劉向《戰國策序》:"猶以義相支持。"《抱朴子・内篇》:"將御小藥以自支持耳。"柏梁詩:"柱枅欂櫨相支持。"

鱣按:杜子美詩:"形容真潦到,苔効莫支持。"白樂天《狂吟》詩:"支持酒肉賴交親。"

270 布施　《國語》:"布施優裕。"《莊子・外物篇》:"生不布施。"《荀子・哀公篇》①:"布施天下而不病貧。"《韓非子・顯學篇》:"徵斂於富人,以布施於貧家。"《淮南・道應訓》:"不義得之,又不能布施,患必至矣。"《原道訓》:"布施禀受而不益貧。"《主術訓》:"爲惠者,尚布施也。"《齊俗訓》:"爲義者,布施而德。"《天文訓》:"太陰治夏,則欲布施宣明。"王伯厚云:"'布施'出《周語》。"

長生案:《文子・自然篇》:"爲惠者布施也。"《論衡・定賢篇》:"使穀食如水火,雖貪吝之人,越境而布施矣。"

鱣按:《詩》"退食自公"疏:"布德施行。"《淮南・詮言訓》:"布施而使仁無章。"

271 收拾　《後漢書・光武紀》:"家羸弱不能收拾者。"《徐防傳》:"收拾缺遺。"《盧植傳》:"宜敕收拾,以安游魂。"王伯厚云:"'收拾'出《光武紀》。"

鱣按:歐陽永叔《寄聖俞》詩:"殘章與斷藁,草草各收拾。"蘇子瞻詩:"安排壯亭榭,收拾費金貲。"

272 零碎　《舊唐書・懿宗紀》:"據户部牒稱,州府除陌錢有折色零碎。"

① "哀公篇"爲陳鱣所加。

長生案:《舊唐書》:“會昌二年二月,中書奏:准元和七年敕,河東等道州縣官,令户部加給課料錢歲六萬二千五百貫,吏部出得平留官數百員,時以爲當,自後户部支給零碎不得[①]。”

鱣按:白樂天《老柳》詩:“雪花零碎逐年減。”

273 包括此同位之雙聲,如顛沛(音貝)[②]、反側、重疊、真的皆是。 賈誼《過秦論》:“包舉宇宙[③],囊括四海之意。”蔡邕《釋誨》:“包括無外,綜析無形。”木華《海賦》:“包乾之奥,括坤之區。”

鱣按:《西京雜記》:“相如曰:‘賦家之心,包括宇宙。’”左思《吴都賦》:“包括于越,跨躡荆蠻。”劉楨《魯都賦》:“落幕包括,連結營圍。”

274 翻覆雙聲,即反覆之异文。 陸機《君子行》:“休咎相乘躡,翻覆若波瀾。”王維詩:“人情翻覆似波瀾。”

鱣按:孔稚圭《北山移文》:“始終參差,蒼黄翻覆。”梁武帝《孝思賦》:“擾性情以翻覆。”昭明太子詩:“雲雁飛翻覆。”劉峻《廣絕交論》:“循環翻覆,迅若波瀾。”

275 妥帖雙聲字 陸機《文賦》:“或妥帖而易施。”

鱣按:王逸《楚辭序》:“義多乖易[④],事不妥帖。”張遜《上隋文帝表》:“幅幀暫寧,千里妥帖。”

276 奔波雙聲字 仲長子《昌言》:“救患赴急,跋涉奔波。”《抱朴子·外篇》:“奔波亡走。”

鱣按:《晋書》:“婁會上慕容垂疏:杜豪競之門,塞奔波之路。”韓退之《諫迎佛骨表》:“老少奔波,弃其業次。”又《石鼓歌》:“坐見舉國來奔波。”

---

① 得,《舊唐書·武宗紀》作“時”。
② 音,《文選樓叢書》本、長沙龍氏刻本改作“賠”。
③ 宙,賈誼《新書》卷一作“内”。
④ 易,《文選·文賦》注引作“异”。

277 連牽疊韵字　《宋書・五行志》:"苻堅中[①],童謠曰:'阿堅連牽三十年。'"

鱣按:揚雄《荅歆書》:"臨邛林閭翁孺與雄外家牽連之親。"《晋書・五行志》:"苻堅初,童謠云:'阿堅連牽三十年。'"

278 重叠　《後漢書・皇后紀》:"富貴之家,祿位重疊。"《北史・李元操傳》:"所以與帝室姻媾重疊。"《李彪傳》:"可謂重明叠聖,元首康哉。"《楊素傳》:"宴賜重疊。"《赫連子悅傳》:"去郡遙遠,山嶺重疊。"

鱣按:蔡邕《謝表》:"錫惠周至,每敕勿謝,前後重疊。"《宋書・沈攸之傳》:"并加崇授,寵貴重疊。"梁武帝《芳樹》曲:"色雜亂參差,衆花終重疊。重疊不可思,思之誰能愜。"

279 交互　《後漢書・左雄傳》:"選代交互。"

鱣按:《書》"以殷仲春"疏引《緯書》:"春夏相與交,秋冬相與互。"京房《易傳》:"陰陽交互。"

280 唯獨　《史記・外戚世家》:"高祖後宫,唯獨踈遠無寵者得無恙。"《漢書・衛青霍去病傳》:"唯獨任安不肯去。"

鱣按:《國策》:"齊城之不下者,唯獨莒、即墨。"

281 排遣　杜子美詩:"乾愁要排遣。"

鱣按:杜牧《上宰相書》:"聞于他人,可爲酸鼻,况于某心,豈易排遣。"

282 因循疊韵字　《文子》:"虚無因循,常後而不先,譬若積薪燎,後者處上。"《淮南・主術訓》:"因循而任下,責成而不勞。"又云:"虚無因循,常後而不先也。"

鱣按:《慎子》有《因循篇》:"因也者,因人之情也。"《漢書・馮立傳》:"兄弟繼踵相因循。"《張融集自序》:"何至因循,寄人籬下。"《文

---

① 苻,原訛作"符",據陳鱣改。

心雕龍·史傳篇》:"及班固述漢,因循前業。"

283 修行 《淮南·主術訓》:"修行者競於住[①]。"《論衡》:"高宗之修行,何益於除禍。"

長生案:《淮南·詮言訓》:"君子修行而使善無名,布施而使仁無章。"又《漢書·儒林傳》:"凡通經術,固當修行先王之道。"此儒者之所謂修行也,若世俗佛家之說,則白居易《長齋詩》所謂"三春多放逸,五月暫修行"是也。

鱣按:《史記·游俠傳》:"修行砥名。"《漢書·儒林傳》[②]:"有修行,能率衆爲善,置以爲三老。"《北史·蘇綽傳》:"君行不能自修,而欲百姓修行。"阮籍《大人先生傳》:"束身修行,日慎一日。"《顔氏家訓·風操篇》:"臧逢世,臧嚴之子也,篤學修行,不墜門風。"

284 丁寧疊韵字 《詩·采薇》箋:"重言采薇者,丁寧行期也。"王伯厚云:"'丁寧'出《詩·采薇》箋。"陳壽表:"文彩不艷,而過於丁寧周至。"《晋陽秋》:"手書郡國,丁寧款密。"《三國志·劉馥傳》注。

鑑案:《漢書·谷永傳》:"日食地震,以丁寧陛下。"又《後漢書·郎顗傳》:"丁寧再三。"

鱣按:《北史·劉曠傳》:"人有争訟者,輒丁寧曉以義理。"何遜《贈秣陵兄弟詩》:"小子無學術,丁寧困負薪。"

285 揀擇 《三國志·袁紹傳》注引《魏書》:"博愛容衆,無所揀擇。"

鱣按:《爾雅》:"柬,擇也。"《説文》:"擇,柬也[③]。"揀即柬之别字。《吴越春秋·句踐陰謀外傳》:"揀擇精粟。"

286 矜持 《晋書·王羲之傳》:"王氏諸少并佳,然聞信至,咸自

① 住,原訛作"往",據陳鱣改。
② 儒林傳,當爲"高帝紀"。
③ 《説文》"柬"下有"選"字。

矜持。"

鱣按:鮑照詩:"愛賞好偏越,放縱少矜持。"《顔氏家訓・名實篇》:"家世殷厚,雅自矜持。"

287 責成 《淮南・主術訓》:"責成而不勞。"

鱣按:任昉《代范雲表》:"躬己南面,責成斯在。"

288 希冀 《三國志・張紘傳》:"下無希冀之望。"李密《陳情表》:"豈敢盤桓,有所希冀。"

鱣按:《後漢書・吴良傳》注:"希猶冀望也[①]。"《晋書・劉曜載記》:"若賊氐奴才,安敢希覬非分。"

289 空閑 《三國志・孫登傳》:"又擇空閑之地。"

鱣按:《韓昌黎集・荅崔斯立書》:"耕於寬閑之野。"

290 落度疊韵字 《三國志》:"楊儀語費禕曰:'往者丞相亡没之際,吾若舉軍以就魏氏,處世寧當落度如此耶。'"《宋書・五行志》:"元超兄弟大落度,上桑打椹爲苟作。"

鱣按:《華陽國志》:"楊儀謂費禕曰:'公亡後,吾當舉衆降魏,處世寧當落度如此耶?'"《世說・賞譽篇》:"王修載落托之性[②],出自門風。"晋樂府《懊憹歌》:"攬衣未結帶,落托行人斷。"《北史・楊素傳》:"少落拓,有大志。"

291 尋常雙聲字 《春秋傳》:"争尋常以盡其民。"注:"八尺曰尋,倍尋曰常,言争尺丈之地。"《史記・李斯傳》韓子曰[③]:"布帛尋常,庸人不釋。"司馬貞《索隱》曰[④]:"尋常以言其少也。"

鱣按:《小爾雅》:"四尺謂之仞,倍仞謂之尋,倍尋謂之常。"《莊

---

① 冀,《後漢書・吴良傳》注作"瞻"。

② 落,《世說新語・賞譽》作"樂"。

③ 史記李斯傳、曰,據陳鱣補。

④ "索隱"爲陳鱣所加。

子·庚桑篇》:"尋常之溝,巨魚無所還其體。"《韓非·揚權篇》:"上失扶寸,下得尋常。"

292 平常　《論衡·正說篇》:"平常之事,有怪异之說。"《後漢書·王渙傳》:"平常持米到洛,爲卒司所鈔。"此"平常"猶云常時也。《晋書·羊祜傳》:"平常之日,猶懷去就。"

長生案:《光武帝紀》:"飲食言語如平常。"

鱣按:《書》"三百里夷"傳:"夷,易也。守平常之教,事王者而已。"《顔氏家訓·風操篇》:"若在從容平常之地,幸須申其情耳。"

293 含糊雙聲字　《舊唐書·陸贄傳》:"朝廷每爲含糊,未嘗窮究曲直。"蘇子瞻詩:"抑爲阮嗣宗,臧否兩含糊。"

鱣按:《唐書·顔杲卿傳》:"祿山斷其舌曰:'復能罵否。'杲卿含胡而絕。"後人轉作"含糊"。《集韵》又有"嗡啲"字。

294 苟簡雙聲字　《莊子·天運篇》:"古之至人,假道於仁,托宿于義,以游逍遙之虚,食於苟簡之田,立于不貸之圃。逍遥,無爲也。苟簡,易養也。"

鱣按:《莊子釋文》王云:"苟,且也。簡,略也。"

295 竭蹷　《荀子·儒效篇》:"遠者竭蹷而趨之。"注:"竭蹷,顛倒也。"《議兵篇》:"遠者竭蹷而趨之。"注:"竭蹷,顛仆,猶言匍匐也。"

鱣按:文同《石姥賦》:"役椎髦耄而竭蹷兮[①],來號呶而詾呼。"

296 打疊亦雙聲,北人讀疊如跌　《能改齋漫錄》:"打揲字,趙參政概《聞見錄》云:'須當打揲,先往排辦。'東坡《與潘彦明書》云:'雪堂如要偃息,且與打揲相伴。'皆使'揲'字,今俗只使'疊'字,何耶?"

鱣按:《見聞近錄》:"張文懿年八十六,道士忽至,顧曰打疊未。"

---

① 椎髦,《丹淵集·石姥賦》作"稚"。

297 攛掇 元時諺云:“與人不足,攛掇人起屋;與人無義,攛掇人置玩器。”見《至正直記》。

鱣按:朱文公《荅陳同甫書》:“告老兄且莫攛得[①]。”史彌寧《杜鵑詩》:“春歸怪見難留住,攛掇原來都是他。”《元典章・禁宰殺》:“文書到呵,攛掇各路分裏榜文行者。”

298 凹凸 此二字見葛洪《字苑》。《字苑》今不傳。唐玄應《一切經音義》曾引之。

長生案:《神异經》:“大荒石湖,千里無凹凸。”

鱣按:孫伯淵云:“此‘窈突’二字之誤體。”

299 帶累 薛能《贈歌妓》詩:“朝天御史非韓壽,莫竊香來帶累人。”

長生案:姚合詩:“轉覺才華帶累人。”[②]

鱣按:司馬君實《與侄帖》:“曹侍中兒帶累侍中貶隨州。”

300 懵懂疊均 程瑀詩[③]:“不比妙高窮老圃,堆𡰅懵懂百無能。”

鱣按:《廣韵》:“懵懂,心亂也。”《傳燈錄》石霜慶諸有“太懵懂”語。《談藪》:“甄龍友平生捷給,一時懵懂。”《畫繼》翟耆年嘲米元暉詩:“善畫無根樹,能描懵懂山。”

301 鬆快 范成大詩:“馬蹄鬆快帽簷斜[④]。”

鱣按:《玉篇》:“鬆,亂髮貌。鬆同。”蓋即疏之俗字。杜子美《賓至》詩:“喧卑方避俗,疏快頗宜人。”

302 杜絕 《後漢書・桓帝紀》:“杜絕邪僞請托之原。”《南史・陸倕傳》:“杜絕往來。”《庾蓽傳》:“杜絕請托。”

鱣按:《左傳・僖十五年》:“乃舍諸靈臺。”杜注:“亦所以杜絕,令

---

① 得,朱熹《晦庵集》卷二八作“掇”。

② 此句《姚少監詩集・寄王玄伯》作“轉覺才名帶累身”。

③ 瑀,《北山小集》作“俱”。

④ 快,原無,據陳鱣及《文選樓叢書》本、長沙龍氏刻本補。

不得通外内。"《隋書·薛道衡傳》:"勸之杜絕賓客。"陳琳《檄豫州文》:"操欲迷奪明時,杜絕言路。"

303 禁忌 《漢書·藝文志》:"牽于禁忌。"《後漢書·郎顗傳》:"不曉禁忌。"《李雲傳》:"雖不識禁忌。"《楊終傳》:"多觸禁忌。"《王景傳》:"冢宅禁忌,堪輿日相之屬。"《蔡邕傳》:"禁忌轉密","任禁忌之書。"

鱣按:《後漢書·百官志》:"太史令掌天時星曆及時節禁忌。"《論衡·難歲篇》:"俗人險心,好信禁忌。"蔡邕《陳政要疏》:"忘禮敬之大,任禁忌之書。"《北史·魏孝文傳》:"諸有禁忌禳厭之方。"

304 忌諱 《周禮·小史》:"若有事,則詔王之忌諱。"注:"先王死日爲忌,名爲諱。"《老子》:"天下多忌諱而民彌貧。"《漢書·馮唐傳》:"鄙人不知忌諱。"《東方朔傳》:"愚不知忌諱。"《後漢書·劉陶傳》:"州郡忌諱,不欲聞之。"

鱣按:《漢書·馮唐傳》又云:"臣誠愚,觸忌諱,死罪。"《魏志·衛覬傳》:"犯顔色,觸忌諱。"《論衡·辨祟篇》:"犯觸忌諱之所致也。"又云:"從春至冬,不犯忌諱。"

305 避忌 《周禮·誦訓》:"掌道方慝,以詔避忌。"《後漢書·馬武傳》:"言其短長,無所避忌。"

鱣按:《論衡·譏日篇》:"如無知也,不能飲食,雖擇日避忌,其何補益。"《李衛公問對》:"行兵苟便于人事,豈以避忌爲疑。"白樂天詩:"重禮足滋張[①],養神多避忌。"

306 皂白俗語"分清皂白",皂白猶言黑白也。《詩·桑柔》箋:"非不能分别皂白。"《魏志·鍾繇傳》注[②]:"《先賢行狀》:'弟于人何太無皂

① 張,《白氏長慶集·和知非》作"彰"。
② "魏志鍾繇傳注"爲陳鱣所加。

白耶?'"《抱朴子・内篇》:"皂白分於粉墨。"《晋書・天文志》:"此復是天公憒憒,無皂白之徵也。"《北史・臨淮王彧傳》:"中山皂白太多。"《舊唐書・裴寂傳》:"皂白須分。"

鱣按:《抱朴子・自叙篇》:"不能明辨臧否,使皂白區分。"

307 圭角雙聲字　《禮記・儒行》"毁方而瓦合"注云:"已之大圭角,下與衆人小合也。"郭象《莊子注》:"不小立圭角。"

鱣按:《禮記》疏:"圭角謂圭之鋒芒,有棱角。"

308 雲泥　《後漢書・逸民傳》[①]:"吴蒼遺矯慎書:雖乘雲行泥,栖宿不同,每有西風,何嘗不嘆。"

鱣按:荀濟詩:"雲泥已殊路,暄凉詎同節。"李紳《夜直》詩:"可憐人世隔雲泥。"

309 模樣　杜荀鶴詩:"子細尋思底模樣。"

鱣按:《老學庵筆記》:"秦會之以孫女嫁郭知運,自荅聘書曰:'乃肯不卑于作贅。'其夫人欲去'作贅'字,曰:'惡模樣。'"

310 式樣　《廣韵》"樣"作"㨾",云"式㨾也"。《隋書・律曆志》:"詔付大匠,依樣制管。"《食貨志》:"乃爲輸籍定樣,請遍下諸州,每年正月五日,縣令巡人,各隨便近,五黨三黨,共爲一團,依樣定户上下。""依樣"字始見於此。"京師及諸州邸肆之上,皆令立榜,置樣爲准,不中樣者,不入於市。""榜樣"字始見於此。《北史・藝術傳》:"凡有所爲,何稠先令亘、衮黄亘、黄衮也。立樣,當時工人莫有所損益。"《蘇瓊傳》:"蠶月預下綿絹度樣於部内,其兵賦次第,并立明式。"《宇文愷傳》:"博考群籍,爲明堂圖樣奏之。"《舊唐書・食貨志》:"又令懸樣於市,令百姓依樣用錢。"

---

① "逸民傳"爲陳鱣所加。

鱣按:劉禹錫《卜居》詩:“依樣買山村。”

311 薄相　東坡《泛潁》詩:“此豈水薄相,與我相娯嬉。”

鱣按:《吴江縣志》:“俗謂嬉游曰‘孛相’。”《太倉志》作“孛相”,《嘉定志》作“薄相”。

312 埋沒雙聲字　《南史·郭祖深傳》:“訥直守信,坐見埋沒。”

鱣按:徐陵《諫仁山深法師罷道書》:“可惜明珠,乃受淤泥埋沒。”

313 擺布雙聲字　《朱子語録》:“擺布得來,直恁細密。”

鱣按:《世説·政事篇》:“望卿擺撥常務,應對玄言。”擺布即擺撥,擺布一聲之轉。

314 擺弄　韓退之《鎮州初歸》詩:“别來楊柳街頭樹,擺弄春風只欲飛。”

鱣按:韓退之詩:“婆娑海水南,簸弄明月珠。”簸弄,即擺弄。

315 打扮　黄公紹《競渡棹歌》:“朝了霍山朝岳帝,十分打扮是杭州。”

鱣按:何應龍詩:“尋常打扮最相宜。”“打扮”見《廣韵》“扮”字注“打扮”。《蘆浦筆記》:“裝飾謂之打扮。”

316 頂戴雙聲字　王泠然《與高昌宇書》:“君之此恩,頂上相戴。”顔魯公《與郭僕射書》[①]:“恨不頂而戴之。”

鱣按:梁武帝《金剛般若讖文》:“頂帶奉持,終不舍離。”《唐摭言》:“張晫捧登科録頂戴之曰[②]:‘此千佛名經也。’”

317 安排　《莊子·大宗師》:“安排而去化。”王伯厚云:“‘安排’出《莊子》。”

鱣按:杜子美詩:“終作適荆蠻,安排用莊叟。”孟郊詩:“弱力謝剛健,蹇策貴安排。”

---

① 書,原無,據長沙龍氏刻本補。

② 晫,《唐摭言》卷十作“倬”。

318 籠統疊韵字　《三國志·鍾會傳》注:“孫盛云:‘王弼以附會之辨而欲籠統玄旨。’”

鱣按:《論語》“侗而不愿”皇侃《義疏》:“謂籠侗未成器也。”《廣韵》:“儱侗,未成器。”

319 擡舉　白樂天詩:“妍媸優劣寧相遠,大都只在人擡舉。”

長生又案:元稹詩:“大都只在人擡舉。”

鱣按:張玄晏《謝宰相啓》:“驟忝轉遷,盡由擡舉。”元稹《高荷》詩:“亭亭自擡舉。”又《牡丹》詩:“風光肯擡舉①,猶得暫時看。”白樂天《集賢院》詩:“院名擡舉號爲賢。”

320 留難　《鹽鐵論》:“吏恣留難,與之爲市。”

鱣按:《漢書·趙廣漢傳》:“率多果敢之計,莫爲持難。”

321 罷休　《史記·孫子吴起列傳》:“將軍罷休就舍。”王伯厚云:“‘罷休’出《史記·孫武傳》。”

鱣按:蘇東坡詩:“我醉欲眠君罷休。”

322 希罕雙聲字　《爾雅·釋詁》:“希,罕也。”何晏《論語集解》:“罕者,希也。”毛氏《詩傳》:“罕,希也。”

鱣按:劉弇詩:“按刔入希罕。”

323 喫虧雙聲字　陸務觀詩:“分得鑑湖纔一曲,喫虧堪笑賀知章。”杜牧之詩:“却笑喫虚隋煬帝,破家亡國爲何人。”“喫虚”二字難解,王鳳喈云“即喫虧之意”。

鱣按:《北里志》劉泰娘門詩云:“漢高新破咸陽後,英俊奔波遂喫虚。”

324 調戲　《爾雅》:“謔浪笑敖,戲謔也。”注:“謂調戲也。”馮衍《與婦弟任武達書》:“房中調戲,布散海外。”

---

① 肯,《全唐詩》卷四〇九作“一”。

鱣按:《左傳》"少相狎,長相優"注:"優,調戲也。"郗超《奉法要》:"學者務慎習,五曰調戲。"《宋書·劉敬宣傳》:"調戲之來,無所酬荅。"《魏書·甄琛傳》:"深所好悦,世宗時調戲之。"《神仙傳》:"遂留數日,亦復調戲,終不失正。"《晋書·熊遠傳》:"群臣會同,務在調戲酒食而已。"

325 的真 《三國志·崔林傳》:"恐所遣或非真的。""真的"猶今人言"的真"也。

鱣按:劉宰詩:"且因除豁見真的。"

326 端的雙聲字 宋《讀曲歌》:"闊面行負情,詐我言端的。"

鱣按:《朱子語録》:"康節之學,所見必有端的處。"張表臣詩:"此身端的老江湖。"楊萬里詩:"酒香端的似梅無。"宋无詩:"相煩問春色,端的屬誰家。"《羅湖野録》:"雲居舜禪師偈曰:'孰謂箇中端的處,椎胷貧子一文錢。'"

327 真正雙聲字 《後漢書·許劭傳》:"外幕聲名[①],内非真正。"《抱朴子》:"謂真正爲妖訛,以神仙爲誕妄。"《北史·崔浩傳》:"妄語者多,真正者少。"

鱣按:《漢書·河間獻王傳》:"從民得善書,必爲好寫與之留其真。"師古曰:"真,正也,留其正本。"

328 攦㩼上遽盍切[②],下私盍切,疊韻字。 《廣韻》:"攦㩼,破壞也。"又:"和雜也。"

鱣按:《晋書·五行志》:"太元末,京口謡云:'黄雌鷄,莫作雄父啼。一旦去毛衣,衣被拉颯栖。'"元好問詩:"惡木拉颯栖。"用此"拉颯",蓋即"攦㩼"之本字,言穢雜也。

① 幕,《後漢書·許劭傳》作"慕"。

② 遽,《文選樓叢書》本作"盧"。

329 皺皶上盧盍切，下都榼切，疊韵字。《廣韵》①："皺皶，皮瘦寬皃。"今吴人以塵垢不淨爲皺皶。

鱣按："皺皶"疑"拉靼"之别字。《説文》："靼，柔革也。"

330 邋遢上遽盍切②，下吐盍切，疊韵字。《廣韵》："邋遢，不謹事。"

鱣按：《方輿勝覽》："項安世《釣臺》詩：'辣闥山頭破草亭。'""辣闥"即"邋遢"也。陳郁《話腴》："藪祖咏日詩：'欲出不出光辣撻。'"又作"撻"。

331 傝㑌上吐盍切，下私盍切，疊韵字。《廣韵》："傝㑌，不謹皃。"今吴人以不謹爲"沒傝㑌"。《廣雅》③："傝㑌，惡也。"《類篇》引。

鱣按：《女論語》："酒埽灰塵，撮除搨搕。"《黄山谷集》："傝㑌物不蠲也，蜀人語，音如塔靸。"《南史・鄭鮮之傳》："卿居僚首，今苔颯去人遼遠，何不肖之甚。""苔颯"即"傝㑌"之正字。

332 黝黵上力該切，下丁來切，疊韵字。《玉篇》："黝黵，大黑也。"今人以爲不曉事之稱。

鱣按："黝黵"疑"壘垓"之别字。

333 乖角雙聲字 《七修類稿》："乖角，不曉事意，故韓詩曰'親朋頓乖角'是也④。今人反以爲聰意，錯也。"

長生案：《通雅》引"宋子京謂俗以不循理曰乖角"。

鱣按：庾信詩："葛巾久乖角，菊徑簡經過。"獨孤及《謝問病》詩："人藏兩乖角⑤，蹭蹬風波中。"羅隱《焚書坑》詩："祖龍算事渾乖角，將謂詩書活得人。"

---

① 所引出自《玉篇》皮部。

② 邋，《廣韵》盧盍切。

③ 廣，原作"博"，據陳鱣改。

④ "韓詩"後陳鱣加"《曲河驛》"。

⑤ 人，《全唐詩》卷二四六作"行"。

334 骨碌　劉恂《嶺表錄异》:“自瓊至報溪澗，澗中有石鱗次,水流其閒[①],或相去二三尺,近似天設,可躡之而過;或有乘牛過者,皆促斂四蹄跳躍而過;或失,則隨流而下,見者皆以爲笑。彼人諺曰:‘跳石牛骨碌,好笑好笑。’”

鱣按:《釋名》:“郭,廓也。廓落在城外也。”《易林·大過之剝》:“廓落失業,跨福變禍[②]。”《大壯之升》:“數窮廓落,困于歷石[③]。”“廓落”即“骨碌”也。又《樂府雜錄》:“有骨鹿舞于小球子上,縱横騰踏。”因其旋轉之捷,因以名之也。一作“骨碌”。

335 陸續疊韻字　元微之《連昌宫詞》:“逡巡大遍涼州徹,色色龜兹轟錄續。”“錄續”即“陸續”也。王介甫詩:“送車陸續隨子返。”《文獻通考》:“天寶而後、宋中興以前,皆合陸續銓次。”又云:“天寶以後,則竟不復陸續。”

鱣按:陸務觀《喜小兒輩到行在》詩:“小車駕羊聲陸續。”

336 尴尬上古咸切,下古拜切。《説文》:“尴尬,不正也。”

鱣按:“尬,尴尬也。”《孟子》:“山徑之蹊閒介然。”《四書辨疑》:“介如字,經文當以‘山徑之蹊間介然’爲句。”《文選·長笛賦》“間介無蹊”李注引《孟子》此文,又引杜預注《左氏傳》曰:“介猶間也,間介一也,言山間隔絶無有蹊徑也。”是“間介”即“尴尬”也。

337 哆哆上來可切,下丁可切。《廣韵》:“哆哆,唇垂貌。”

鱣按:“哆”即“䪼”之俗字。《説文》:“䪼,厚唇貌。”“哆,張口也。”

338 敁敠上丁兼切,下丁括切。《廣韵》:“敁敠,知輕重也。”

長生案:《莊子·知北游》“大馬之捶鉤者”注[④]:“玷捶鉤之輕重。”

① 閒,原訛作“同”,據《文選樓叢書》本、長沙龍氏刻本改。
② 跨福變禍,《易林·大過之剝》作“跨禍度福”。
③ 石,《易林·大壯之升》作“室”。
④ “知北游大馬之”爲陳鱣所加。

玷音點,捶音朵,即此二字。

鱣按:《集韵》:"敁,丁兼切。敁掇,以手稱物也。敠音掇,度知輕重曰敁敠。"朱文公《與吴宜之簡》作"點掇"。

339 朦朧 《通典》:"凡斷刑名,須得指實。朦朧作狀,斟酌結刑,司刑此申,過爲非理。"又云:"當時按狀朦朧,奏狀方便剸普蔑反略[1]。"按:言朦朧者,月不明也。今從作不分曉之意。

鱣按:潘岳《秋興賦》:"月朦朧以含光兮,露凄清以凝冷。"李嶠詩:"朦朧烟霧曉。"曹唐詩:"晝簾青室影朦朧。"羅隱詩:"舞嬌春席雪朦朧。"

340 懊憦下都到切 《集韵》:"懊憦,悔也。"

鱣按:《晋書・禮儀志》有《懊憹歌》,疑"懊憦"即"懊憹"也。

341 胍肚音孤都 《廣韵》:"胍肚,大腹。"《類篇》:"胍肚,大腹皃。一云椎之大者,故俗謂杖頭大爲胍肚。"當是"骨朵"二字之聲訛。今北方人謂花朵未開者曰胍肚。

鑑案:"一云"以下見《宋景文筆記》。

鱣按:《宋景文筆記》:"關中人以腹大爲胍肚,胍音孤,肚音都,俗因謂杖頭大者爲胍肚,後訛爲骨朵。"今按:"胍肚"乃"骨朵"之俗字。《説文》:"朵,樹木垂朵朵也。"

342 匡當疊韵字 《説文》:"楓,匡當也。"宋時人亦稱"腔當"。朱文公《語類》:"爲學須先立得個大腔當了,却旋去裹面修治壁落教綿密。"

鱣按:《玉篇》:"闛,門闛也。"即匡之俗字。

① 狀,《通典》卷一六九作"後"。

恒言錄卷三

親屬稱謂類

343 稱父曰大人　《史記》:"陶朱公中男殺人,囚於楚,告其少子往視之,長男曰:'弟有罪,大人不遣,乃遣少弟。'"《漢書》:"高帝奉玉卮,爲太上皇壽曰:'始大人常以臣亡賴,不能治産業,不如仲力。'"

鑑案:《説苑》:"曾子曰:'曩者參得罪於大人,大人用力教參,得無疾乎?'"

鱣按:《漢書·霍去病傳》:"遣使迎父仲孺,跪曰:'去病早不自知爲大人遺體。'"

344 稱母曰大人　《漢書·宣元六王傳》:"張博令弟光云:'王遇大人益解。'"師古注:"大人,博自稱其母也。"《史記·刺客列傳》:"將欲爲大人粗糲之費[①]。"《正義》引韋昭云:"古者名男子爲丈夫,尊父嫗爲大人。古詩云'三日斷五匹,大人故言遲'是也。"《後漢書·范滂傳》:"滂白母曰:'惟大人割不可忍之恩。'"

鱣按:《漢書·宣元六王傳》:"詐淮陽王欲上書爲大人乞骸骨去。"柳宗元謂劉禹錫母曰:"無辭以白大人。"

345 稱父曰老子　今人謂父曰老子。按:《後漢書·馬援傳》:"援

---

① 欲,《史記·刺客列傳》作"用"。

爲隴西太守,諸曹時白外事,輒曰:‘此丞椽之任,何足相煩。頗哀老子,使得遨游。’”是“老子”爲長老之通稱。《晋書·孝友傳》[①]:“潘綜與父驃共走避賊,驃年老行遲,賊轉逼驃,驃亦請賊曰:‘兒年少自能走,今爲老子不去,老子不惜死,乞活此兒。’”則似對其子言之矣。《老學庵筆記》:“西陲俚俗謂父曰老子。”

長生案:《漢書·韓康傳》[②]:“此自老子與之。”

鱣按:《漢書·韓康傳》[③]:“亭長使奪其牛,康即與之,使者欲奏殺亭長。康曰:‘此自老子與之,亭長何罪?’”《三國志·甘寧傳》注:“夜入魏軍,軍還見權,權曰:‘足以驚駭老子否?’”《晋書·陶侃傳》:“老子婆娑,正坐諸君輩。”《應詹傳》:“君器識弘深,後當代老子于荆南矣。”《庾亮傳》:“老子于此處興復不淺。”是“老子”爲長老通偁。《老學庵筆記》:“南鄭俚俗謂父曰‘老子’,雖年十七八有子亦偁老子,乃悟西人所謂大范老子,蓋尊之以爲父也。”

346 稱父曰爹 《廣雅》:“爹,父也。”曹憲音大可反。《南史·梁始興王憺傳》:“始興王,人之爹,赴人急,如水火,何時復來哺乳我?”爹,徒我切。《廣韵》:“爹,北方人呼父。”亦音徒可切。今轉爲丁加切。劉應李《翰墨全書·稱呼門》:“父母稱爹爹媽媽。”

鱣按:《廣雅》:“爹、奢,父也。”爹、奢本奓、奢,實一字。《説文》“奢”籒文作“奓”,後人偁父爲奓,或爲奢,故變文从父耳。漢戴良《失父零丁》:“今年七月失阿爹[④]。”

347 稱父曰爺 古人只用“耶”字。《南史》:“王彧子絢,年五六歲,讀《論語》‘周監于二代’,外祖何尚之戲之曰:‘可改耶耶乎文

---

① 晋書孝友傳,當爲“宋書·孝義傳”或“南史·孝義傳”。

②③ 漢書,當爲“後漢書”。

④ 今年七月,《太平御覽》卷五九八作“今月七日”。

哉。’”郁與彧同。《顔氏家訓》云：“梁世費旭詩云：‘不知是耶非。’殷澐詩云：‘飄揚雲母舟。’簡文曰：‘旭既不識其父，澐又飄揚其母。’”是梁世未嘗有“爺”字也。《玉篇》：“爺，以遮切，俗爲父爺字。”《木蘭詩》“阿爺無長男”“卷卷有爺名”，本當作“耶”字。杜子美《兵車行》：“耶孃妻子走相送。”自注云：“古樂府：‘不聞耶孃哭子聲，但聞黄河之水流濺濺。’”即是引《木蘭詩》初不作“爺”可證，《木蘭詩》“爺”字乃後人所改。又杜《北征》詩“見耶背面啼”，亦不作“爺”。

鱣按：《梁書·侯景傳》：“前世吾不復憶，惟阿爺名標。”《南史·侯景傳》同，此爺字或係後人從俗改之。《演繁露》：“後世呼父爲爺，又曰爹，雖宫禁稱呼亦聞其音[①]，竇懷貞爲國爺，是其事也。唐人草檄亦曰：‘致赤子之流離，自朱耶之版蕩。’”按：竇懷貞事乃“國奢”，非“爺”字。

348 稱母曰孃 《南史·竟陵王子良傳》：“武帝與裴后不諧，遣人船送后還都，已登路。子良時年小，在庭前，不悦。帝謂曰：‘汝何不讀書？’子良曰：‘孃今何處？何用讀書？’”《木蘭詩》：“不聞耶孃唤女聲。”《廣韵》：“孃，母稱。”《隋書》韋世康與子弟書：“况孃春秋已高，温凊宜奉。”

鑑案：《北史·隋宗室傳》：“阿孃不與我一好婦女。”

鱣按：《玉篇》：“孃，母也。”《朝野僉載》婁師德責其鄉人曰：“汝辭父孃，求覓官職，不能謹潔，知復柰何？”《廣异記》：“李萇聞檐上呼曰：‘此是狐婆作祟，何以枉殺我孃兒。’”

349 稱母曰㜷 《廣韵》：“㜷，齊人呼母。”莫兮切。今俗轉莫牙切。《唐書·李賀傳》[②]：“賀呼母言曰：‘阿㜷老且病，賀不願去。’”㜷即㜷字。

鱣按：李義山《雜俎》：“七不稱意，其一曰少阿妳。”妳即㜷字。又

---

① 聞，《演繁露》卷四作“同”。

② 唐書李賀傳，當爲“李義山文集·李賀小傳”。

《宋書・何承天傳》:"荀伯子嘲之爲嬭母。"《北史・魏靜帝紀》[①]:"崔季舒是我嬭母。"婺、嫛、妳、嬭,皆姆之俗字。

350 稱父曰家君 《後漢書・列女傳》:"家君獲此,固其宜耳。"《晋書・袁宏傳》:"何故不及家君?"又:"家君勛迹如此。"

鑑案:此始見《易》及《墨子・尚同篇》。

鱣按:《西京雜記》:"家君作彈棋獻帝。"又云:"家君謂《爾雅》小學也。"王勃《滕王閣序》:"家君作宰,路出名區。"

351 稱人之父曰尊公 劉表《遺袁譚書》:"尊公殂殞,四海悼心。"《三國志・袁紹傳》注。《晋書・劉聰載記》:"尊公雖不達天命。"《簡文帝紀》:"致意尊公。"《袁宏傳》:"尊公稱謂,非下官敢專。"又云:"我已盛述尊公。"亦有稱"尊君"者,《晋書・王述傳》:"此尊君不肯耳。"

鱣按:《晋書・陳壽傳》:"謂丁儀子曰:'可覓千斛米見與,當爲尊公作佳傳。'"

352 府君 漢人謂郡守爲府君,亦曰明府。《後漢書・高獲傳》太守鮑昱謂獲[②],獲曰:"府君但爲主簿所欺。"《朱暉傳》:"前阮府君有求於我。"謂太守阮况也。《劉平傳》:"郡守孫萌被創,號泣泣請曰[③]:'願以身代府君。'"《酷吏傳》:"嗟我樊府君,安可再遭值。"《西南夷傳》:"益州太守張翕有遺愛,拜其子湍爲太守,夷人歡喜,奉迎道路,曰:'郎君儀貌,類我府君。'後湍頗失其心,有欲叛者,諸夷耆老相曉語曰:'當爲先府君故。'遂以得安。"《濟北先賢傳》:"戴宏爲郡督郵,曾以職事見詰,府君欲撻之。"《三國志・杜畿傳》:"人生有一死,不可負我府君。"《華佗傳》:"廣陵太守陳登病,佗脉之曰:'府君胃中有蟲數升。'"

① 魏靜帝紀,當爲"崔季舒傳"。
② 謂,《後漢書・高獲傳》作"請"。
③ 泣泣,《後漢書・劉平傳》作"泣"。

《太史慈傳》稱孔融爲"府君",《士燮傳》袁徽與荀彧書稱"交阯士府君"。夏侯湛《昆弟誥》稱其父爲"我后府君",湛父莊爲淮南太守故也。洪氏《隸釋》所載濟陰太守孟郁稱"孟府君",魯相韓敕稱"府君",弘農太守袁逢、孫璆、樊毅稱"袁府君、孫府君、樊府君",漢中太守王升稱"王府君",桂陽太守周憬稱"周府君",巴郡太守張納稱"張府君",安平相孫根稱"孫府君",巴郡太守樊敏稱"樊府君",梁相費泛稱"費府君",趙相雍勸稱"雍府君",益州太守高頤、楊宗稱"高府君、楊府君",北海相景某稱"景府君";又《孔耽神祠碑》云"郡將烏程沈府君",《高彪碑》云"舉將潁川太守南陽文府君、郡守廬江范府君",《梁休碑》稱"太守安平趙府君",《夏承碑》"東萊府君之孫",皆稱守相爲府君也。惟《韓敕後碑》所云"故少府卿任城樊府君豹",非守相而稱府君,與它碑异,洪氏以爲當是魯之前相者,是也。都尉比二千石,略與郡守同,故《交阯都尉神道》亦稱"沈府君"也。漢時郡國辟掾屬如公府,故郡廨謂之府寺《漢書·馮奉世傳》,郡檄謂之府檄《後漢·劉平傳·序》。而太守稱府君,魏晋以下猶然。晋武帝追祭征西將軍、豫章府君、潁川府君、京兆府君,與宣皇帝、景皇帝、文皇帝爲三昭三穆。宣帝曾祖父量豫章太守、祖雋潁川太守、父防京兆尹也,故皆稱府君。而征西獨稱將軍,尚有别也。然永和二年有司奏稱"征西、豫章、潁川三府君",領司徒蔡謨議亦稱"四府君",則征西亦稱府君矣。《宋書·禮志》:"高祖開封府君、曾祖武原府君、皇祖東安府君、皇考處士府君、七世右北平府君、六世相國掾府君。"開封、武原皆縣令,而相國掾、處士亦冒府君之稱,自後士大夫家叙其先世,亦皆通稱府君矣。

鱣按:《三國志·華歆傳》:"拜歆豫章太守。"注引《吴曆》:"孫策擊豫章,歆葛巾迎策,策謂歆曰:'府君年德名望,遠近所歸。'"《司馬氏書儀》慰狀格式"先某位"注:"無官,改先某位爲先府君。"朱文公

《家禮・祠堂章》注:"無官者以生時行第稱號加于府君之上。"又《語録》:"無爵而曰府君夫人,漢人碑已有,只是尊神之辭,府君如官府之君,今人亦謂父曰家府君。"《世説・賞譽篇》:"吴府君聖王之老成,明時之俊[①]。"又《規箴篇》:"府君復不見治,便無所訴。"《蜀志・張裔傳》:"張府君如瓠壺,外雖直而内實粗[②]。"《古文苑・酈炎遺令書》:"下邳衛府君,我之諸曹掾;督郵濟北寧府君,我由之成就;陳留韓府君,察我孝廉。"

353 家父、家母、家祖 《顔氏家訓・風操篇》曰[③]:"昔侯霸之子孫稱其祖父曰家公,陳思王稱其父爲家父,母爲家母,潘尼稱其祖曰家祖:古人之所行,今人之所笑也。今南北風俗[④],言其祖及二親無云家者,田里猥人方有此言耳。凡與人言己世父,以次第稱之,不云家者,以尊於父,不敢家也。凡言姑姊妹女子子,已嫁則以夫氏稱之,在室則以次第稱之。言禮成他族,不得云家也。子孫不得稱家者,經字疑誤略之也[⑤]。"

鱣按:《賓退録》:"顔之推北齊人,逮今幾七百年,稱家祖者復紛紛皆是,名家望族亦所不免。家父之稱,俗輩亦多有之,但家公、家母之名少耳。山簡謂'年幾三十,不爲家公所知',蓋指其父,非祖也。"

354 兒子 《史記・齊悼惠王世家》:"高后兒子畜之。"《漢書・高帝紀》:"鄉者夫人兒子皆以君。"

鱣按:《史記・張釋之傳》:"教兒子不謹。"《魏志・王昶傳》書戒兄子及子曰:"郭伯益弘曠不足,輕貴有餘,不願兒子爲之;徐偉長不治

① "俊"下《世説・賞譽》有"乂"。
② 直,《三國志・蜀書・張裔傳》作"澤"。
③ "風操篇"爲陳鱣所加。
④ 今,原訛作"及",據陳鱣改。
⑤ 經,《顔氏家訓・風操》作"輕"。

名高,惟道是務,願兒子師之;劉公幹性行不均,少所拘忌,不願兒子慕之;任孝先淳粹履道[①],內明外恕,願兒子遵之。"《晉·玄傳》:"常懷成敗之計,爲兒子作慮。"《劉曜載記》崔岳曰:"吾既無兄弟之累,身又薄祜,未有兒子。"

355 孩兒 《書·康誥》傳:"愛養人如安孩兒赤子。"《後漢書·公孫述傳》:"孩兒老母,口以萬數。"

鱣按:《鼂氏客語》:"范純夫引疾乞歸,太母宣諭曰:'昨日孩兒再三留他,可諭與且爲孩兒留,未可求去。'"《南部新書》:"陳嶠暮年獲一第,鄉里以儒家女妻之,合巹之夕,自成詩云:'彭祖尚年八百歲,陳郎猶是小孩兒。'"

356 子息 《戰國策》:"老臣賤息舒旗[②]。"《史記·高祖本紀》:"臣有息女,願爲季箕帚妾。"此"息"字所出也。《北史·魏太武帝紀》:"詔自三公已下至於卿士,其子息皆詣太學,其百工伎巧騶卒子息,常習其父兄所業[③],不聽私立學校。"唐《契苾明碑》後題"孤子息特進上柱國、涼國公嵩立"。

鱣按:魏武帝《與楊文宣書》:"念卿父息之情,同此悼楚。"李密《陳情表》:"門衰祚薄,晚有兒息。"《南史·周盤龍傳》:"小人弱息,當得一子。"《齊民要術》:"乃畜牛羊,子息萬計。"賈島詩:"寡妻無子息。"

357 稱世父、叔父爲伯、叔 古人以伯叔爲長幼之稱,伯父、伯兄、伯舅、伯姊、伯子,皆伯也;叔父、叔舅、叔子,皆叔也。"叔兮伯兮、將伯助予",皆儕輩之稱。漢以前未有稱諸父爲伯叔者,魏晉以後乃有之。《晉書·庾峻傳》:"君二父孩抱經亂,獨至今日,尊伯爲當世令器。"二

① 孝,《三國志·魏書·王昶傳》作"昭"。
② 旗,《戰國策·趙策四》作"祺"。
③ 常,《北史·魏太武帝紀》作"當"。

父謂伯父與父也。《南史·江祏傳》:“江廞年十二,聞收至,謂家人曰:‘伯既如此,無心獨存。’”《劉顯傳》:“族伯瓛儒學有重名。”《梁宗室傳》:“伯爲天子,父作揚州。”《康絢傳》:“伯元隆,父元撫。”《魏書·楊昱傳》:“尊伯性剛不伏理。”此稱伯父爲伯也。《晋書·鄭袤傳》:“賢叔大匠,垂稱于陽平。”《王湛傳》:“卿家痴叔死未。”《王徽之傳》:“亡叔一時之標。”《謝玄傳》:“亡叔臣安。”《南齊書·竟陵王子良傳》:“北瞻吾叔,前望吾兄。”《南史·沈昭略傳》:“家叔晚登僕射,猶賢於尊君以卿爲初蔭。”《徐孝嗣傳》:“賢叔若同,無今日之恨。”此稱叔父爲叔也。

鱣按:《顔氏家訓·風操篇》:“古人皆呼伯父、叔父,而今世多單呼伯、叔。”

358 稱妾母曰姨　今人稱本生之妾母曰姨。考《南史》:“齊衡陽王鈞所生母區貴人病,左右以五色餅飴之,不肯食,曰:‘須待姨差。’”又:“晋安王子懋母阮淑媛病危篤,請僧行道。有獻蓮華供佛者,子懋流涕禮佛曰:‘若使阿姨因此和勝,願諸佛令華竟齋不萎。’”則其來已久矣。

鱣按:《爾雅》:“妻之姊妹曰姨。”《釋名》:“母之姊妹曰姨。”《通典》引袁準論曰:“《左傳》臧宣叔娶于鑄而卒,繼室以其侄,穆姜之姨子也。以《爾雅》言之,穆姜不得言姨,此緣妻姊妹之姨因相爲姨也。”此稱妾母爲姨,緣母之姊妹曰姨。姨本姊妹,俱事一夫之稱也。

359 叔母曰嬸　張耒《明道雜錄》云:“經傳中無嬸、妗二字,嬸字乃世母字二合呼,妗乃舅母字二合呼也。”案:今人但呼叔母爲嬸,嬸乃叔母二字之合耳。周必大《歸廬陵日記》:“過廿妗、廿八妗宅。”

長生案:見吕祖謙《紫薇雜記》。

鱣按:《紫薇雜記》:“吕氏母母受嬸房中婢拜,嬸見母母房婢拜即荅。”

360 家兄 《魏略》:"文帝常言:'家兄孝廉,自其分也。'"《吴志·諸葛恪傳》注引《江表傳》[①]:"諸葛亮書與陸遜曰:'家兄年老而恪性疏。'"《晋書》:"庾翼與王羲之書云:'忽見足下答家兄書。'"《羲之傳》。《謝玄傳》:"家兄不改其樂。"《何充傳》:"家兄在郡定佳。"《魏書·李崇傳》:"家兄聞此,必重相報。"《北史·楊休之傳》[②]:"家兄亦不知吾是才士也。"

鱣按:《晋書》魯褒《錢神論》:"見我家兄,莫不驚視。"又《苻堅載記》:"慕容泓起兵,與堅書曰:'資備大駕奉送家兄皇帝。'"

361 家姊 《顔氏家訓》引蔡邕書集:"呼其姑女爲家姑家姊。"《北史·高道穆傳》:"家姊行路相犯,深以爲愧。"

鱣按:《列女傳》:"袁次陽取馬季長女,問曰:'賢姊未嫁,而卿先行,有何汲汲乎?'荅曰:'家姊有宋伯姬之風。'"

362 家叔 《三國志·諸葛恪傳》:"近見家叔父表陳與賊争競之計。"《南史·沈昭略傳》:"家叔晚登僕射。"陶淵明《歸去來詞序》:"家叔以余貧苦,遂見用爲小邑。"

鱣按:《吴志·諸葛恪傳》:"近見家叔父表。"家叔父,謂孔明也。《南史·沈昭略傳》:"王晏嘗戲昭略曰:'賢叔可謂吴興僕射。'昭略曰:'家叔晚登僕射。'"賢叔,猶今稱令叔也。

363 舍弟 《能改齋漫録》:"兄稱弟曰舍弟,亦有所本。《魏志·鍾繇傳》注[③]:"魏文帝《與鍾繇書》曰:'是以令舍弟子建,因荀仲茂時從容喻鄙旨。'"

鱣按:杜子美《得舍弟消息》詩:"遥憐舍弟存。"《司馬氏書儀》荅

---

① "吴志諸葛恪傳注引"爲陳鱣所加。

② 楊,當爲"陽"。

③ "魏志鍾繇傳注"爲陳鱣所加。

人慰問狀云:“兄曰家兄,弟曰舍弟。”

364 令兄、令弟 令兄、令弟之稱,蓋本於《詩・角弓》“此令兄弟”語。《北史・楊約傳》:“令兄之弟果堪大用。”《宋書・廬江王禕傳》:“司徒休仁等并各令弟。”謝靈運《酬從弟惠連》詩:“末路值令弟。”杜子美詩亦稱其弟曰“令弟”,如“令弟草中來”,送從弟亞也;“令弟尚爲蒼水使”,送鄉弟韶也;“令弟雄軍佐”,過行軍六弟宅也。今惟稱人之弟則曰令弟。

鱣按:蘇籀《欒城遺言》:“貢父常謂公所爲訓辭曰:‘君所作强于令兄。’”應亨《贈四王冠》詩:“濟濟四令弟,妙年踐二九。”薛稷《餞許州司馬》詩:“令弟與名兄,高才振西京①。”

365 稱兄曰哥 白居易《祭浮梁大兄文》稱“大哥”。明皇《與寧王憲書》稱“大哥”,又有《同玉真公主過大哥園池》詩。

鑑案:亦見《廣韵》。

鱣按:張九齡《詩序》:“上幸寧王第,叙家人禮,上曰:‘大哥好作主人。’”《酉陽雜俎》帝亦呼寧王爲“寧哥”。

366 同胞 《漢書・東方朔傳》:“同胞之徒,無所容居。”蘇林曰:“胞音胞胎之胞,言親兄弟。”

鱣按:《北史・齊昭帝紀》:“同胞共氣,家國所憑。”

367 堂兄弟 《舊唐書・中宗紀》:“封堂兄左金吾將軍,鬱林郡公千里爲成紀郡王。”《通典》載宋庾蔚之說:“今人謂從父昆弟爲同堂。”又案:《通典》有“同堂姊、堂姑、堂外甥、堂姨舅”之稱,蓋六朝人猶稱“同堂”,唐時省去“同”字。

鱣按:《魏書・公孫同慶傳》:“邃叡爲從父兄弟,祖季真云:‘二公

---

① 西,《全唐詩》卷九三作“兩”。

孫同堂兄弟耳。'"《北齊書·孝昭紀》:"謂趙郡王叡曰:'須拔是我同堂兄弟。'"

368 宗兄　王維詩:"舍弟官崇高,宗兄此削髮。"

鱣按:《禮記·曾子問》:"其辭于賓曰:'宗兄宗弟宗子,在他國使某辭。'"

369 族長　《士喪禮》:"族長莅卜。"

鱣按:《士喪禮》:"族長莅卜。"注:"族長,有司掌族人親疏者也。"

370 稱妻曰内人　案:《檀弓》:"公父文伯之喪,内人皆行哭失聲。"注云:"内人,妻妾。"非專言妻也。《周禮·内宰》:"歲終,則會内人之稍食。"注:"内人,主謂九御。"又《内小臣》:"正内人之禮事。"《閽人》:"凡内人無帥則幾其出入。"《寺人》:"掌王之内人之戒令。"皆指九御也。《南史·蔡景歷傳》:"陳高祖崩,景歷躬共宦者及内人别營斂服[①]。"《唐書》:"邢文偉上孝敬皇帝云:'三朝之後,與内人獨居。'"歐陽公《歸田録》:"太祖於禁中見内人鏡背有乾德之號。"杜甫詩曰:"内人紅袖泣。"張祜詩曰:"内人已唱春鶯囀。"凡此類皆指宫人。而崔令欽《教坊記》:"伎女入宜春院謂之内人。"則又通於伎人之承應者矣。《南史》:"徐勉在袁昂處宴,求昂出内人傳杯。"梁簡文帝有《咏内人晝眠》,又《夜遣内人還後舟》,又《見内人作卧具》。徐君蒨有《初春携内人行戲》,又《共内人夜坐守歲》詩。大率皆謂妾御爾。今人則專稱妻爲内人矣。

鱣按:《南史·梁廬陵王續傳》:"元帝送李氏還荆州,世所謂西歸内人者。"

371 稱妻曰兒母　《公羊傳》:"陳乞曰:'常之母。'"注:"常,陳乞

---

① 别,《南史·蔡景歷傳》作"密"。

子。重難言其妻,故云爾。"疏曰:"正以妻者己之私,故難言之。似若今人謂妻爲兒母之類是也。"

鱣按:《禮記·檀弓》:"子思曰:'是爲伋也妻者[①],是爲白也母,不爲伋也妻者,是不爲白也母。'"

372 稱妻曰渾家 稱妻曰渾家,見鄭文寶《南唐近事》史虚白詩:"風雨揭却屋,渾家醉不知。"尤袤《淮民謡》:"無錢買刀劍,典盡渾家衣。"

鱣按:《續燈錄》引宋人語:"渾家送上渡頭船。"《元典章》:"萬户千户裏有底渾家孩兒,也要依例當差。"

373 稱妻曰室人 《詩》:"室人交遍讁我。"箋云:"在室之人。"如《賓之初筵》所云"室人入又"耳,非專指其婦也。《禮記·昏義》:"和於室人。"注:"室人謂女妐、女叔、諸婦也。"是新婦謂其同室之人,猶《詩》云"宜其家人"也。《列子》:"歸而告之室人,室人謂夢認人鹿[②]。"江淹有《悼室人》詩,似爲夫指婦之稱矣。

鱣按:《江文通集·悼室人》詩:"佳人永暮矣,隱憂遂歷茲。"白樂天詩《題慕巢尚書云室人欲爲置一歌者非所安也》

374 夫婦相稱曰外内 夫婦相稱曰"外、内",晋魏以前無之,如秦嘉、顧榮皆有《贈婦》詩,不云贈内也。梁徐悱有《贈内》詩,又有《對房前桃樹咏佳期贈内》詩,其妻劉氏有《答外》詩。"内、外"之稱,起於是矣。

鱣按:《白氏長慶集》有《贈内》詩,又有《代内子和兄嫂》詩[③]。

375 小妻 今人稱妾爲小妻。按:《漢·枚乘傳》:"乘在梁時,取皋母爲小妻。"《外戚傳》"許后姊孊與定陵侯淳于長私通,因爲之小

---

① 《禮記正義》卷六無"是"字。

② 認,《列子·周穆王》作"彻"。

③ 和,《白氏長慶集·代内子賀兄嫂》作"賀"。

妻”是也。又《漢書・元后傳》:“好酒色,多取傍妻。”《後漢書・光武紀》:“奴婢下妻。”又:“依托爲人下妻。”是亦稱“傍妻、下妻”矣。

鑑案:《說文》:“嫛,奢也。一曰小妻也。”

鱣按:《漢書・外戚恩澤侯表》:“陽都侯張彭祖,爲小妻所殺。”《孔光傳》:“定陵侯淳于長坐大逆誅,長小妻迺始等六人,皆以長事未發覺時弃去,或更嫁。”《後漢書・竇融傳》:“融女弟爲大司空王邑小妻。”又《宗室四王三后傳》[1]:“趙惠王乾居父喪,私聘小妻。”又《梁王暢傳》:“臣小妻三十七人,其無子者,聽還本家。”孫鑛謂小妻之稱,起自范史。非也。

376 稱子婦曰媳 劉跂《學易集》有《穆府君墓志》云:“女嫁唐誦,我姑之媳。”

鱣按:陳同甫《荅朱元晦書》:“巧媳婦做不得無麵餺飥。”

377 夫之兄曰伯 按:《爾雅・釋親》:“婦稱夫之兄爲兄公,夫之弟曰叔。”兄公之公,或書作妐,讀爲鍾,《玉篇》之容切。《容齋三筆》云:“婦人呼夫之兄爲伯,於書無所載。嘗爲弟婦作青詞云:‘頃因兄伯出使,夫婿從行。’偶憶《爾雅》,改爲兄公。”是“兄伯”之稱沿自宋代矣。

鱣按:《五代史補》:“李濤弟澣娶婦竇氏,出參濤,濤答拜,澣曰:‘新婦參阿伯,豈有答禮。’”據此知婦人稱夫之兄爲伯,宋代已前有之矣。

378 夫之弟曰小叔 《釋親》云:“夫之弟爲叔。”《史記・蘇秦傳》:“見季子位高金多也。”譙周曰:“蘇秦字季子。”《索隱》曰:“按:其嫂呼小叔爲季子耳,未必即其字。”

鱣按:《釋名》:“叔,少也,幼者稱也。叔亦俶也,見嫂俶然却退也。”《北夢瑣言》引諺云:“小舅小叔,相追相逐。”

---

① 后,《後漢書・宗室四王三侯列傳》作“侯”。

379 娘子 《北史・祖珽傳》:“老馬年十歲,猶號騮駒;奸耳順,尚稱娘子。”《唐書》:“平陽昭公主引精兵萬人,號‘娘子軍’。”又:“楊太真得幸宫中,號‘娘子’,儀體與皇后等。”周必大《茶山啓殯祝文》稱“皇妣安人王氏二十七娘子”,此稱其母曰娘子也。朱文公《祭劉氏妹》稱“亡妹五十六娘”,是娘之稱輕於娘子矣。《温公書儀》:“古稱父爲阿郎,母爲娘子。”《裴氏書儀・與妻書》:“某狀通幾娘子足下,於禮亦似未妥。若無封邑,宜稱其字爲是。”

鱣按:《韓昌黎集》有《祭周氏二十娘子文》。李昌符《婢僕詩》:“誰道那家娘子臥[①]。”

380 小娘子 宋世以“小娘子”女子未嫁者之稱。吴自牧《夢粱錄》“議親弟幾位娘子”,黄魯直《求親啓》“賢第幾小娘”,又《求魏氏親啓》“賢第三十九娘子”,孫仲益《求親啓》“令愛小娘”,江程萬《繫臂啓》“令女小娘子”,劉屏山聘啓“令女小娘”,又稱“令小娘子”,又啓“令妹小娘子”,楊廷秀聘啓亦稱“某人小娘子”。劉應李《翰墨全書》婚啓式“第幾院令愛小娘子”,女家草帖式“本宅幾位幾小娘子”。

長生案:《昌黎集・祭女挐文》稱“小娘子”。《搜神記》:“只此小娘子,便是大夫冤家。”

鱣按:《霍小玉傳》李益呼小玉曰“小娘子”。蘇子瞻《爲子邁求昏啓》:“伏承令子第二小娘子。”《歐陽文忠集・答連元禮書》:“承賢郎小娘子見過。”

381 女子稱姐 《能改齋漫録》:“婦女以姐爲稱,子也切,近世多以女兄爲姐,蓋尊之也。”劉應李《翰墨全書》:“婚禮,女告廟祝文,稱女孫第幾姐。”

---

① 誰,《全唐詩》卷八七〇作“推”。

鱣按:《文選·繁休伯〈與魏文帝箋〉》:"史妠謇姐名倡。"李注:"蓋亦當時之樂人。《説文》曰'嫭'字,或作姐,古假借也。"

382 稱妻之兄弟曰舅 《唐書·朱延壽傳》:"楊行密妻,延壽姊也。行密曰:'得舅代我,無憂矣。'"《五代史·四夷附録》:"蕭翰之妹嫁德光,契丹呼翰爲國舅。"《元史·忠義傳》:"桂完澤與其妻弟金德爲賊所執,完澤呼曰:'金舅,男子漢即死,不可聽賊。'"并梁玉繩《瞥記》所引。予按:《釋親篇》:"姊妹之夫爲甥,妻之兄弟爲甥。"①謂我舅者,我謂之甥,既互稱甥,亦可互稱舅矣。乃後世妻之兄弟獨得舅名,蓋從其子女之稱,遂相沿不覺耳。晋人每稱婿爲郎,世俗因有郎舅之語。諺云:"至親莫如郎舅。"

鱣按:《通鑑·唐昭宗紀》:"朱延壽謀頗泄,楊行密詐爲目疾,謂夫人曰:'吾不幸失明,諸子皆幼,軍府事當悉以授三舅。'夫人屢以書報延壽。"胡注:"夫人,即延壽姊也,延壽第三。"

383 家主 今鄉村小民呼某妻曰"家主婆",人皆嗤其俚俗。然《南史·張彪傳》:"章昭達迎彪妻便拜,稱陳文帝教迎爲家主。"是"家主"之稱不爲無本也。

鱣按:《禮記·坊記》:"家無二主。"《墨子·兼愛篇》:"家主獨知愛其家,而不知愛人之家。"

384 女婿 《王莽傳》:"引光女婿甄邯。"《後漢書·楊震傳》:"留意少子,乞還女婿。"《三國志·趙達傳》:"女婿昨來。"《賀齊傳》:"張雅與女婿何雄。"

鱣按:《左傳》:"趙穿公婿池爲質焉。"杜注:"公婿池,晋君之女

---

① 釋親篇姊妹之夫爲甥妻之兄弟爲甥,《文選樓叢書》本、長沙龍氏刻本作:《尒疋·釋親篇·妻黨》云:"姑之子爲甥,舅之子爲甥,妻之兄弟爲甥,姊妹之夫爲甥。"

壻。"《韓非子》:"女壻公孫[①],與民同門。"《漢書·淮陽憲王欽傳》:"張博女壻京房。"《晋書·衛玠傳》:"婦公冰清,女壻玉潤。"《世說·文學篇》:"君輩勿爲爾,將受困寡人女壻。"

385 子壻 《史記·張耳陳餘傳》:"禮甚卑,有子壻禮。"《劉敬傳》:"冒頓在,固爲子壻。"《後漢書·吴漢傳》:"述遣子壻史興。"柳子厚《祭楊憑詹事文》自稱"子壻",稱憑"丈人"。

鱣按:《漢書·陳餘傳》:"體甚卑,有子壻禮。"

386 丈人 《野客叢書》:"丈人字,俗以爲婦翁之稱,僕觀《三國志》裴松之注'獻帝舅車騎將軍董承'句,謂'古無丈人之名,故謂之舅'。松之,宋元嘉時人,呼婦翁爲丈人,已見此時。"大昕按:裴氏注云:"董承,漢靈帝母董太后之侄,於獻帝爲丈人。古無丈人之名,故謂之舅也。"裴所云"丈人"者,唐人謂之表丈人,今人所謂表叔也。王氏據以爲婦翁之稱,誤矣。柳子厚祭其婦翁楊憑文稱"丈人",而自稱"子壻",蓋唐人乃有此稱。

鱣按:《能改齋漫録》:"婦翁曰丈人,本于《史記·匈奴傳》:'漢天子,我丈人行也。'"又按:《鷄肋編》:"獨稱妻父丈人,自柳宗元呼楊詹事爲丈人始。"

387 丈母 顔之推《家訓》云:"中外丈人之婦,猥俗呼爲丈母。士大夫謂之王母、謝母。"是凡丈人行之婦,并稱丈母也。《通鑑》:"韓滉謂劉玄佐曰:'丈母垂白,不可使更帥諸婦女往填宫也。'"注:"滉與玄佐結爲兄弟,視其父爲丈人行,故呼其母謂之丈母也。"今則惟以妻母爲丈母矣。《爾雅》:"妻之母爲外姑。"[②]

鱣按:《猗覺寮雜記》:"今專偁外姑曰丈母,柳子厚有祭楊詹事丈

---

① 女,《韓非子·亡徵》作"公"。
② 此處《文選樓叢書》本、長沙龍氏刻本有"常生案:此亦見《猗覺寮雜記》"。

人獨孤氏丈母文,則知唐已如此。"

388 姨母 《漢書·霍光傳》:"光諸女遇太后無禮。"服虔曰:"光諸女自以於上官太后爲姨母,遇之無禮。"《通典》:"晋袁準《論》曰:'從母,時俗所謂姨母者也,姊妹相謂爲姨,故其子謂之姨子,其母謂之姨母。'"

鱣按:《左氏·襄三十二年傳》[①]:"穆姜之姨子也。"杜注:"穆姜姨母之子,與穆姜爲姨兄弟。"孔疏:"據父言之謂之姨,據母言之當謂之從母[②],但子效父言,亦呼爲姨。"

389 姊婿 《後漢書·耿秉傳》:"天子姊婿。"《晋書·荀顗傳》:"幼爲姊婿陳群所賞。"

鱣按:《北史·齊神武紀》:"初養于同產姊婿鎮岳隊尉景家。"

390 姊夫 《釋名》:"兩婿相謂曰亞。言并來女氏,則姊夫在前,妹夫在後,亦相亞也。"《漢書·霍光傳》:"延見姊夫昌邑關内侯。"《吴志·吕蒙傳》:"依姊夫鄧當。"《蜀志·來敏傳》:"敏隨姊夫奔荆州。"《晋諸公贊》:"甄德以世祖姊夫,是以遂貴當世。"

鱣按:《晋書·郄愔傳》:"與姊夫王羲之,并有邁世之風。"《閔王承傳》:"湘東太守鄭澹,王敦姊夫也。"《石勒載記》:"與姊夫張越與諸將蒲博,戲言忤勒。"《世説·賞譽篇》[③]:"金谷中蘇紹最勝,紹是石崇姊夫,蘇則孫,愉子也。"《□□篇》[④]:"張敏曰:'秦子羽雖有姊夫之尊,然少而狎焉。'"

391 妹夫 《漢書·王子侯表》:"陸侯延壽坐知女妹夫亡命,笞二

① 三十二,當爲"二十三"。
② 母,《春秋左傳正義》卷三五作"子"。
③ 賞譽,當爲"品藻"。
④ 所引出自《世説新語·排調》注。

百,首匿罪,免。"《魏志・袁紹傳》注引謝承《後漢書》[①]:"胡母班,王匡之妹丈。"《三國志・孫奐傳》:"壹之妹夫也。"《魏書・宋繇傳》:"妹夫張彦。"《宋弁傳》:"弁父叔珍,李敷妹夫。"

鱣按:《晋書・賈后傳》:"后詐有身,取妹夫韓壽子慰祖養之。"《裴憲傳》:"東海王越盾妹夫也。"《李特載記》:"特弟庠與妹夫李含等,以四十騎歸趙廞。"《北史・崔昂傳》:"崔昂直臣,魏收才士,婦兄妹夫,俱省罪過。"

392 姑夫 《蜀志・李恢傳》:"姑夫爨習爲建伶令。"《南史・范雲傳》:"六歲就其姑夫袁叔明讀《毛詩》。"《北史・楊愔傳》:"道人姑夫,死也。"

鱣按:《五代史記・唐王淑妃傳》:"石敬瑭兵犯京師,妃謂太后曰:'事急矣,宜少避,以俟姑夫。'"是婦人呼小姑之夫亦曰姑夫也。

393 友婿曰連襟 今人稱友婿曰連襟,蓋有所本。馬永卿《懶真子録》:"江北人呼僚婿曰連袂,又呼連衿。"洪文敏《容齋三筆》載:"從兄在泉幕,淮東使者,其友婿也,發京狀薦之,爲作謝啓曰:'襟袂相連,夙愧末親之孤陋;雲泥懸望,分無通貴之哀憐。'皆用杜詩。上句乃用《李十五丈》云:'孤陋忝末親,等級堪比肩。人生意氣合,相與襟袂連。'此事適著題,而與前《送韋書記》詩句,偶可整齊用之。"然則宋人已有此稱也。《能改齋漫錄》:"李參政昌齡家女多得貴婿,參政范公仲淹、樞副鄭公戬,皆自小官布衣選配,爲連袂。"

鱣按:《爾雅》:"兩婿相謂曰亞。"郭注:"今江東人呼爲僚婿。"《漢書・嚴助傳》:"家貧爲友婿富人所辱。"注:"師古曰:'友婿,同門之婿。'"

394 表兄 《舊唐書・崔湜傳》"湜表兄周利貞",又《酷吏傳》"利

① "魏志袁紹傳注引"爲陳鱣所加。

貞即湜之表兄"。權德輿《戲贈表兄崔秀才》詩、《别表兄韋卿》詩見《萬首唐人絕句》。李衛公《與某侍郎帖》自稱"從表兄",稱其人爲"侍郎十九弟"。《鄴侯外傳》:"在表兄鄭叔則家。"《北夢瑣言》:"釜戴山前鹿又鳴,此際多應到表兄。表兄不是嚴家子,合是三兄與四兄。"是唐人稱表兄也見《太平廣記》。

鱣按:《宋史·魏野傳》:"大中祥符初,帝祀汾陰,野與李瀆并薦。瀆即野中表兄也。"

395 表弟 《宋史·文同傳》:"蘇軾,同之從表弟也。"朱文公《祭劉共父樞密文》自稱"從表弟"。

鱣按:《唐語林》:"狄仁杰爲相,有盧氏堂姨居午橋南别墅,仁杰嘗雪後休假,候盧氏安否,適見表弟挾弧矢,携雉兔來歸,羞味進於堂上。顧揖仁杰,意甚輕傲。仁杰因啓曰:'某今爲相,表弟有何欲,願悉力從其意。'姨曰:'吾止有一子,不欲令事女主。'仁杰慚而退去。"杜子美詩:"他鄉惟表弟,來往莫辭遙[①]。"

396 表侄 《舊唐書·楊慎矜傳》:"慎矜與鉷父瑨中外兄弟,鉷即表侄。"杜子美有《送重表侄王砅評事使南海》詩。《太平廣記》記崔圓事,有"表丈人、表侄"之稱。"表丈人"即今所謂表伯叔也。朱文公爲徽猷閣待制劉子羽撰《神道碑》,自稱"從表侄"題於結銜之上,又《祭汪尚書文》自稱"從表侄"。

鱣按:唐彭王《徐浩碑》末題:"表侄前河南府參軍張平題諱[②]。"《歐陽文忠集·與謝希深書》稱"從表侄某頓首百拜"。

397 中表 《後漢書·鄭太傳》:"明公將帥,皆中表腹心,周旋日久。"《三國志·管寧傳》:"中表愍其孤貧。"《晋書·山濤傳》:"與宣

① 來,《全唐詩》卷二二六作"還"。

② "平"下唐彭王《徐浩碑》有"叔"字。

穆后有中表親。"《庾亮傳》:"臣于陛下,后之兄也。姻婭之嫌,實與中表骨肉不同。"《列女傳》:"禮儀法度,爲中表所則。"《宋書・自序》:"中表孤貧悉歸焉。"《南史・沈慶之傳》:"悉移親戚中表於婁湖。"《王志傳》:"九歲,居所生母憂,哀容毁瘠,爲中表所异。"《王泰傳》:"由是中表异之。"《裴子野傳》:"子野於任昉爲從中表。"又:"外家及中表貧乏,所得奉悉給之。"《傅季珪傳》:"宋武帝之外弟,以中表歷顯官。"《周書・賀蘭祥傳》:"與護中表,少相親愛。"祥爲宇文護姑子。《北史・盧玄傳》:"度世推計中表,致其供恤。"《崔昂傳》:"高德正是其中表。"《劉芳傳》:"崔先於芳有中表之敬[①]。"愚按:中表猶言内外也。姑之子爲外兄弟,舅之子爲内兄弟,故有中表之稱。

鑑案:《隋書・經籍志》有盧懷仁《中表實録》二十卷、高諒《表親譜》四十卷。《費鳳别碑》:"中表之恩情,兄弟與甥舅。"

鱣按:《世説・方正篇》[②]:"裴令公歲請二國租錢數百萬,以恤中表之賢者[③]。"《宋書・翟法傳》[④]:"雖鄉親中表,莫得見也。"

398 友朋相稱兄弟 《三國志》臧洪謂袁紹曰:"洪親見呼張陳留爲兄,則洪府君亦宜爲弟。"又馬良《與諸葛亮書》稱亮爲"尊兄"。《蜀記》關羽稱徐晃爲"大兄"。《江表傳》吕蒙稱魯肅爲"大兄"。《南史》王僧綽謂中書侍郎蔡興宗曰"弟名位應與新建齊",又荅江湛曰"弟亦恨君不直",范蔚宗謂何尚之:"弟就死之後,猶望君照此心也。"

長生案:《後漢書・趙壹傳》壹報皇甫規書曰:"實望仁兄,昭其縣遲。"又傅咸《贈何劭王濟》詩:"吾兄既鳳翔,王子亦龍飛。"

鱣按:《江表傳》:"魯肅拊吕蒙背曰:'吾謂大弟但有武略耳。'"下

---

① 先,《北史・劉芳傳》作"光"。
② 方正,當爲"德行"。
③ 賢,《世説・德行》作"貧"。
④ 翟法,當爲"翟法賜"。

文"蒙曰:'大兄今論,何一稱穰侯乎?'"

399 外甥 《後漢書·种暠傳》:"河南尹田歆外甥王諶,名知人。"《范滂傳》:"滂外甥西平李頌。"《三國志·王凌傳》:"外甥令狐愚。"《諸葛恪傳》:"恪外甥都鄉侯張震。"

長生案:《釋名》:"妻之昪弟曰外甥,甥者生也。"此與《爾疋》同,與後世异。

鱣按:《詩》"展我甥兮"疏:"莊公威儀技埶如此,又實是齊之外甥。"此以外孫爲外甥。

400 外孫 《史記·游俠傳》:"郭解,善相人者許負外孫也。"

鑑案:《尔疋》:"女子子之子爲外孫。"又《儀禮·喪服》"外孫"注:"女子子之子。"故《詩》"展我甥兮"毛傳:"外孫曰甥。"

鱣按:《史記·吕后紀》:"高后爲外孫魯元王偃年少孤弱。"《漢書·司馬遷傳》:"外孫平通侯楊惲。"

401 祖先 《三國志·毛玠傳》:"祖先有罪。"《參同契》:"孫紹祖先。"

鱣按:《史記·三王世家》:"祖者,先也。"

402 家長 《詩》"侯主侯伯"毛傳云:"主,家長也。"《漢書·昭帝紀》:"令民得以律占租。"如淳曰:"律,諸當占租者家長身各以其物占,占不以實,家長不身自書,皆罰金二斤,沒入所不自占物及賈錢縣官也。"

鑑案:《墨子·天志上篇》:"若處家得罪於家長,猶有鄰家所避逃之。"又《管子·立政篇》:"若在家長子弟臣妾屬役賓客[①],則里尉以譙於游宗,游宗以譙於什伍,什伍以譙於長家。""長家"蓋即家長。

鱣按:賈子《匈奴篇》:"家長以上,固必衣綉。"《魏武帝·禁絕火令》:"令到人不得寒食,若犯者家長半歲刑。"

---

① 家長,《管子·立政》作"長家"。

403 親戚 《左傳》:“親戚爲戮,不可以莫之報也。”《孟子》:“人莫大焉亡親戚君臣上下。”《史記》:“堯二女不敢以貴驕事舜親戚,甚有婦道。”《曲禮》:“兄弟親戚稱其慈也。”《正義》云:“親指族內,戚言族外。”

鑑案:《左傳》:“封建親戚,以蕃屏周室。”《史記》:“箕子者,紂親戚也。”

鱣按:《禮記·曲禮》:“兄弟親戚稱其慈也。”疏:“親指族內,戚指族外。”《大戴禮·保傅篇》:“天子無恩于親戚,不惠于庶民。”《國語·周語》:“親戚補察。”《戰國·秦策》:“富貴則親戚畏懼。”《史記·孟嘗君傳》:“記君所與客語,問親戚居處。客去,孟嘗君已使使存問,獻遺其親戚。”《管子·侈靡篇》:“親戚之愛,性也。”《吴越春秋·勾踐入臣外傳》:“不阿親戚。”

404 親家 《荀子·非相篇》:“弃其親家而欲奔之者,比肩并起。”《續漢書·禮儀志》:“百官、四姓親家婦女。”王符《潛夫論》:“權臣必以親家。”《魏末傳》:“王淩少子明山投親家食,親家告吏。”《三國志》注。《隋書·李穆傳》:“吾宗社幾傾,賴親家公而獲全耳。”《房陵王勇傳》:“劉金驎,諂佞人也,呼定興作親家翁。”《輟耕錄》:“凡男女締姻者,兩家相謂曰親家,此二字見《唐·蕭嵩傳》。今北方以親字爲去聲。按:盧綸作《王駙馬花燭》詩云‘人主人臣是親家’,則是亦有所祖。親家又曰親家翁。”引《五代史》馮道事。不知隋以前已有“親家翁”之稱矣。

長生案:《後漢書·應奉傳》注:“《汝南記》:‘至親家李氏堂,令人以他辭請朗。’”又《隋書·李渾傳》帝謂宇文述曰:“吾宗社幾傾,賴親家公獲全耳。”

鱣按:《唐書·蕭嵩傳》:“子衡,尚新昌公主,嵩妻入謁,帝呼爲親家。”

405 親眷 《三國志·毛玠傳》:“親自詣玠,屬所親眷。”

長生案:鮑照《别庾郎中》詩:“已經江海别,復與親眷違。”

鱣按:《新唐書·宰相世系表》:"東眷裴,西眷裴,中眷裴,三裴同出自陽平吉平侯茂。"

406 眷屬 《史記·樊噲傳》:"大臣誅諸吕、告須媰屬[①]。"索隱云:"媰音眷。"《南齊書·江斅傳》:"傍無眷屬。"

鱣按:白樂天詩"繞身新眷屬,舉目舊鄉關",又"詩家眷屬酒家仙",又"梓潼眷屬何年别",又《自咏》詩"眷屬幸團圓"。

407 忝眷 《水東日記》載南宋景定中鄭氏婚書,主婚人稱"忝眷",下署銜名。

鱣按:《爾雅》:"忝,辱也。"《韓昌黎集·送楊少尹序》:"予忝在公卿後。"

408 鄉親 《晉書·阮籍傳》:"於是鄉親共喻之。"《皇甫謐傳》:"鄉親勸令應命。"《魏舒傳》:"不爲鄉親所重。"《陶潛傳》:"其鄉親張野及周旋人羊松齡等或有酒邀之。"《宋書·文五王傳》:"薦致鄉親,遍布朝省。"《北史·令狐整傳》:"率鄉親二千餘人。"

長生案:《宋書·翟法傳》又云[②]:"雖鄉親中表,莫得見也。"

鱣按:王建詩:"錢唐蘇小是鄉親。"方千詩:"闕下見鄉親。"

409 家屬 《史記·陳涉世家》:"誅趙王將相家屬。"《五宗世家》:"徙王勃以其家屬處房陵。"《吕不韋列傳》:"其與家屬徙處蜀。"《淮南王列傳》:"皆徙其家屬朔方之郡。"《平準書》:"賈人有市籍者,及其家屬,皆無得籍名田,以便農。"《漢書·地理志》:"家屬徙焉。"《盧綰傳》:"詐論它人,以脱勝家屬,綰悉將其宫人家屬騎數千居長城下。"《淮陽王欽傳》:"因爲博家屬徙者求還。"《後漢書·安帝紀》:"客死無家屬。"《朱暉傳》:"與外氏家屬從田閒奔入宛城。"《第五倫傳》:"遂將家屬客河東。"《桓譚傳》:"皆徙家屬于邊。"《劉般

---

① 告,《史記·樊酈滕灌列傳》作"吕"。

② 翟法,當爲"翟法賜"。

傳》:“即將家屬東至洛陽。”《楊終傳》:“家屬徙邊。”《逢萌傳》:“歸將家屬浮海。”《蔡邕傳》:“遂攜將家屬。”《三國志·張邈傳》:“留超將家屬屯雍丘。”《公孫度傳》:“乃將家屬入於海。”《邴原傳》:“原將家屬入海。”《管寧傳》:“遂將家屬浮海還郡。”《田疇傳》:“疇盡將其家屬及宗人三百餘家居鄴。”《司馬朗傳》:“將家屬還本縣。”《毌丘儉傳》:“私出將家屬逃走。”《吴三嗣主傳》:“李勖及徐存家屬皆伏誅。”《潘夫人傳》:“紹興家屬送本郡廬陵[1]。”《全夫人傳》:“尚將家屬徙零陵。”《吕蒙傳》:“得羽及將士家屬。”《韓當傳》:“將母家屬部曲男女數千人。”《孫靜傳》:“靜將家屬與策會于錢塘。”《陸遜傳》:“將家屬來者,使就料視。”《王蕃傳》:“徙蕃家屬廣州。”

鑑案:《管子·立政篇》:“凡過黨,其在家屬,及於長家。”

鱣按:《宋史·范沖傳》:“司馬光家屬皆依沖所,沖撫育之。”

410 家口 《宋書·元凶傳》:“劭欲殺三鎮士庶家口。”《北史·崔巨倫傳》:“并竊家口以歸。”《裴矩傳》:“驍果之徒,盡無家口。”《楊愔傳》:“罪止一身,家口不問。”

長生案:家口,即《孟子》“八口之家”、《管子》“十口之家”。《南史·張敬兒傳》:“迎家口悉至下都[2]。”《北史·盧同傳》:“遣賊家口三十人,并免家奴爲良。”

鱣按:《隋書·刑法志》:“逃亡者皆死,而家口籍沒。”又:“家口之配沒者,悉官酬贖。”《北史·李密傳》:“百官家口,盡在東都。”《唐律》:“緣坐家口,雖已配沒,罪人得免者免。”《疏議》:“謂反逆人家口,合緣坐沒官。”張平叔《鹽法議》:“家口親族,遞相隱占。”

411 房分 《魏書·太武五王傳》:“往世房分,留居京者,得上品通官。”

---

① 興,《三國志·潘夫人傳》作“與”。

② 至下,《南史·張敬兒傳》作“下至”。

長生案:《漢書·石奮傳》"入子舍"師古注曰:"諸子之舍,若今言諸房矣。"

鱣按:《魏書·孝静帝紀》[①]:"止坐文暢一房。"《唐書·中宗紀》:"大赦,惟徐敬業一房不在免限。"《新唐書·宰相世系表》:"楊氏有越公房,李氏分隴西、趙郡二支。隴西有四房,趙郡有六房。"

412 過房 《元史·刑法志》:"諸乞養過房男女者,聽;奴婢過房良民者,禁之。"

鱣按:《歐陽文忠集·荅曾子固簡》:"閭閻俚巷,過房養子,乞丐异姓之類。"

413 居父母憂稱孝子 《後漢書·靈帝紀》:"市賈民爲宣陵孝子者數十人,皆除太子舍人。"《蔡邕傳》:"今虚僞小人,本非骨肉,而群聚山陵,假名稱孝。桓思皇后祖載之時,東郡有盜人妻者,亡在孝中。"後漢石刻,如《武梁碑》云:"孝子仲章、季章、季立。"《种氏石虎》云:"孝子种覽元博所造。"《三國志·諸葛恪傳》:"有孝子著縗衣入其閣中。"《晋書》:"王綏父愉爲殷桓所捕,綏未測存亡,在都有憂色,居處飲食,每事貶降,時人每謂爲'試守孝子'。"《南齊書·周盤龍傳》:"我若不沒虜,則應破虜。兒不作孝子,便當作世子也。"《卞彬傳》:"外閒有童謠云:'可憐可念尸著服,孝子不在日代哭。'"《南史·宋明恭王皇后傳》:"帝欲加鴆害,令太醫煮藥,左右止之曰:'若行此事,官便作孝子,豈得出入狡獪。'"

鑑案:《禮·雜記》:"祭稱孝子孝孫。"劉熙《釋名》:"祭曰卒哭,止孝子無時之哭也。期而小祥,孝子除首絰也[②]。又期而大祥,孝子除練服也[③]。閒月而禫,孝子之意澹然衰也[④]。"

---

① 所引見於《北史·爾朱文暢傳》《北齊書·爾朱文暢傳》。
② 絰,《釋名·釋喪制》作"経"。
③ 練,《釋名·釋喪制》作"缞"。
④ 潭,《釋名·釋喪制》作"澹"。

鱣按:《詩》:"假哉皇孝[①],綏予孝子。"《禮・雜記》注"祭稱孝子孝孫":"祭,吉祭也,謂自卒哭以後之祭也。吉則申孝子心,故祝辭云孝也。"[②]此不指居喪而言。《孝經》:"生事愛敬,死事哀戚。生民之本盡矣,死生之義備矣,孝子之事親終矣。"此居喪在其內。

414 爲人後者稱其父爲世叔、叔父 古禮:爲人後者,爲其父母降服期,無改稱世父、叔父之義。惟《漢晋春秋》載審配與袁譚書云:"昔先公廢絀將軍以續賢兄,上告祖靈,下書譜牒,先公謂將軍爲兄子,將軍謂先公爲叔父。"見《三國志・袁紹傳》注。此是一證,然本初溺愛少子,以致敗亡,未必稽於典禮也。

鱣按:《儀禮・喪服》:"爲人後者爲其父母報。"雷次宗注:"雖受族于人,猶存父子之名。"汪德輔曰:"或謂爲人後者,當易其父母之名,從所後者,是未考于禮也。蓋父母之服當降,使明所後者重而已,非遂以爲當變其親也,親不當變,則名不可得而易。經曰:'爲人後者爲其父母報。'此其名之見于經,未嘗易也。經既不易,則凡爲人後者,生曰本親父母,沒曰考妣,禮之正也。"

415 男女皆稱處子 《孟子》:"逾東家墻而摟其處子。"趙邠卿云:"處子,處女也。"《潛夫論・交際篇》:"使處子雖苞顔閔之賢,苟被褐而造門,人猶以爲辱而恐其復來,况其實有損者乎。"又云:"富貴雖新,其勢日親;貧賤雖舊,其勢日除。此處子所以不能與官人競也。"《後漢書・逸民傳・論》:"處子耿介,羞與卿相等列。"束皙《補白華詩》:"堂堂處子,無營無欲。"李善云:"處子,處士也。"此皆男子之稱也。

鑑案:《莊子》:"藐姑射之山,有神人居,綽約若處子。"亦即《司馬法》所云"始如處女"也。故潘岳《射雉賦》云:"來若處子。"此指女而言。

① 孝,《詩經・周頌・雝》作"考"。

② "祭吉祭乜謂自卒哭以後之祭也吉則申孝子心故祝辭云孝也"是孔疏。

鱣按:張平子《思玄賦》:"處子懷春,精魂回移。"李善注引《莊子》,又引《毛詩》曰:"有女懷春。"李白詩:"學劍越處子,超騰若流星。"

416 官人 《潛夫論·交際篇》:"今使官人雖兼桀、跖之惡,苟結駟而過士,士猶以榮而歸焉。"又云:"此處子所以不能與官人競也。"杜田《杜詩博議》謂"官人乃隋唐間語"[①],引《北史·梁彦光傳》,《舊唐書》高祖、武宗紀可證[②]。不知漢人已有此語。

鱣按:《御覽·文士傳》:"棘嵩見陸雲作《逸民賦》,嵩以爲丈夫出身,不爲孝子,則爲忠臣,必欲建功立策,爲國宰輔,遂作《官人賦》以反之。"《北史·梁彦光傳》:"訴訟官人,千變萬端。"《唐書·高祖紀》:"官人百姓,賜爵一級。"

417 徒弟 陳後山《挽胡士彦》詩:"徒弟三千子,聲名四十春。"[③]

鑑案:高誘《吕覽注》:"徒謂弟子也。"又《華嚴音義》引司馬彪《莊子注》同。此"徒弟"所出。

鱣按:《吕覽·誣徒篇》"視徒如己"高誘注:"徒謂弟子也。"

418 友生、晚生 朱存理《鐵網珊瑚》録貞溪諸名勝詞翰,皆元時筆札也。其紙尾署名,有云"晚契生紫陽方回頓首拜",有云"眷生張端莊肅奉書",有云"友生王逢頓首再拜",有云"臨川晚學生邾堅肅呈",有云"鄉末惟善上",有云"友弟錢應庚再拜",有云"眷晚生邵亨貞頓首九拜",有云"契弟邵亨貞再拜",有云"友弟亨貞書",有云"東郭姻末錢抱素稽首拜呈"。今"友生、友弟"之稱,惟以施之門下士[④],而"契生、契弟"絶無稱者。

---

① 語,原無,據《文選樓叢書》本、長沙龍氏刻本補。
② 光,原訛作"先"。
③ "挽胡士彦、聲名四十春"爲陳鱣所加。
④ 稱,原作"稱稱";以,原無,據《文選樓叢書》本、長沙龍氏刻本删、補。

長生案:《邵氏聞見錄》:"吴内翰點狀元及第歸[1],謁范文正曰:'某晚生,偶得科第,願授教。'"至"友生",見《詩》:"雖有兄弟,不如友生。"

鱣按:《詩》:"矧伊人兮,不求友生。"《楚詞・九辯》:"廓落兮羈旅,而無友生。"陶淵明詩:"臨流别友生。"《晋書・載淵傳》:"今後進晚生,目不睹揖讓之儀。"《隋書・薛濬傳》:"晚生早孤,不聞詩禮。"《陳書・陸瑜傳》:"晚生後學,匪無墻面。"

419 小生　《漢書・朱雲傳》:"小生乃欲相吏耶?"師古曰:"小生,謂其新學後進。"《張禹傳》:"新學小生,亂道誤人,宜無信用。"唐宋人有自稱"小生"者,元微之云"小生自審不能過之",又云"小生于章句中櫟櫨榱桷之材,盡曾量度",李陽冰云"斯翁之後,直至小生",韓昌黎詩"嗟我小生值强伴",蘇東坡云"小生有令嚴鼙鼓"云云,皆自謙之詞也。元人傳奇賓白稱"小生",本此。

鱣按:《韓昌黎集・與孟東野聯句》:"小生何足道。"朱晦翁《和劉秀野》詩:"小生自愧衰頽早。"《歐陽文忠集・答連君錫書》:"小生學非師授,性且冥蠢。"

420 家生子　吴人稱僕之子爲家生子。按:《漢書》注:"奴產子猶今人云家生奴也。"白樂天詩:"蒼頭碧玉盡家生。"柳子厚《與蕭翰林書》:"家生小童自然嘵嘵,晝夜滿耳。"

長生案:"免驪山徒人奴產子",見《陳勝傳》。

鱣按:《漢書・陳勝傳》:"秦令少府章邯,免驪山徒人奴產子。"師古注:"奴產子,猶云家生奴也。"《法苑珠林》:"庸嶺有大蛇爲患,都尉令長求人家生婢子及有罪家女祭之。"

421 漢子　《輟耕錄》:"今人謂賤丈夫曰漢子。按:北齊魏愷自散騎常侍遷青州刺史[2],固辭。文宣帝大怒曰:'何物漢子,與官不就!'"

---

① 吴内翰點,《邵氏聞見錄》卷八作"賈内翰黯"。

② 刺,《南村輟耕錄》卷八作"長"。

鑑案:此條亦見《老學庵筆記》,又陶九成引成式《廬陵官下記》有“研朱漢子”之語。

鱣按:《北齊書·魏澹傳》[①]:“何物漢子,與官不就!”《北史·邢劭傳》:“宣武以劭言告崔暹道:‘此漢不可親信。’”《詢芻錄》:“漢武征匈奴,二十餘年。馬畜孕重墮隕罷極[②],聞漢兵莫不畏者,稱爲漢子,又曰好漢。”《老學庵筆記》:“今謂賤丈夫曰漢子,蓋始于五胡亂華時,承平時有宗室名宗漢者,自惡人犯其名,謂漢子曰兵士。”

422 小的 今奴婢下人自稱“小的”,即宋時所謂“小底”也。《宋史》有“入内小底、内班小底、内殿直小底、騎御馬小底”[③]。《吴越備史》亦有“入内小底”。《遼史》有“近侍小底、承應小底、筆硯小底”。

長生案:《宋史會要》:“至道二年九月,帝閲試所擇兵士驍騎,試射,中六十人,以殿前小底爲軍額。”又《晋公談録》:“皇城使劉承規在太祖朝爲黄門小底。”

鱣按:周煇《北轅録》:“小底入報,傳旨免禮。”《金史傳論》:“金人所謂寢殿小底猶周之綴衣。”

423 奴才 《晋書·載紀》:“劉元海曰:‘穎不用吾言,遂自奔潰,真奴才也。’”《水經注》:“李特至劍閣,嘆曰:‘劉氏有如此地而面縛於人,豈不奴才也?’”《晋書》作“庸才”。《北史·爾朱榮傳》:“葛榮之徒,本是奴才。”

鱣按:《晋書·劉曜載記》:“若賊氏奴才,安敢欲希顗非分[④]!”《顔氏家訓》:“貴游子弟,當離亂之後,朝市遷革,失皮而露質,當此之時,誠奴才也。”

---

① 澹,當爲“愷”。
② 隕,《詢芻録》作“殰”。
③ 底,原訛作“的”,據《文選樓叢書》本、長沙龍氏刻本改。
④ 顗,《晋書·劉曜載記》作“覬”。

424 丫頭 《輟耕録》:“吴中呼女子之賤者曰丫頭。劉賓客《寄贈小樊》詩:‘花面丫頭十三四,春來綽約向人時。’”

鱣按:《輿地志》:“弋陽有大石如人首而岐,名丫頭岩。或題詩云:‘何不梳妝便嫁休,長教人唤作丫頭。’”《蘆浦筆記》:“彭仲衡《丫頭岩》詩:‘説著丫頭便痴絕。’”

425 腖子 《輟耕録》:“腖子,賤娼濫婦之稱。”

鑑案:丁度《集韵》从女,作“婊”。

鱣按:《集韵》:“婊,女字也。”《漢書·景十三王傳》:“背尊章嫖以忽。”孟康曰:“嫖音匹昭反。”漢時止作“婊”字。

426 佃户 《晋書·王恂傳》:“魏氏給公卿已下租牛客户數各有差,自後小人憚役,多樂爲之。貴勢之門動有百數。又太原諸部亦以匈奴胡人爲田客,多者數千。武帝踐位,詔禁募客。”《食貨志》:“官品第一至于第九,各以貴賤占田,又得蔭人以爲衣食客及佃客。其應有佃客者,官品第一第二者,佃客無過五十户。第三品十户,第四品七户,第五品五户,第六品三户,第七品二户,第八第九品一户。”

鱣按:《説文》:“畋,平田也。”《書·□□》“畋爾田”孔疏[①]:“治田謂之畋,今人以營田求食謂之畋[②]。”《宋提刑洗冤集録》:“自以親密人或地客佃客出官。”

427 客作 《魏志·管寧傳》注[③]:“《魏略》:‘焦先飢則出爲人客作,飽食而已,不取其直。’”《能改齋漫録》云:“江西俚俗駡人曰‘客作兒’。”吴氏但引宋人詩,不知漢魏已有此語也。

鑑案:《漢書·匡衡傳》[④]:“邑大姓多書,衡乃與客作,而不求價。”

① □□,當爲“多方”。
② 《尚書正義》卷一七“畋”下有“食”字。
③ “魏志管寧傳注”爲陳鱣所加。
④ 所引出自《太平御覽》卷六一九引《西京雜記》。

又《高士傳》:"夏馥入林慮山中,爲冶工客作。"

鱣按:《北齊書·邢卲傳》袁翻告人云:"邢家小兒嘗客作章表,自賣黄紙[①],寫而送之。"

428 你　《隋書·李密傳》:"共你論相殺事,何須作書語耶?"《五行志》:"武平元年,童謡曰:'狐截尾,你欲除我我除你。'二年,童謡曰:'和士開,七月三十日,將你向南臺。'"《北史·李幼廉傳》:"我教你好長史處。"《許善心傳》:"我好欲放你。"《隋書》同。《突厥傳》:"你能作幾年可汗?"《廣韵》:"你,乃里切。秦人呼傍人之稱。"[②]

鱣按:《北史·李密傳》:"宇文化及瞋目大言曰:'與你論相殺事,何須作書傳雅語!'"羅隱《謁文宣王廟代荅詩》:"吾今尚自披蓑笠,你等何須讀典墳。"《蓺苑雌黄》:"唐時有'遮莫你古時五帝,何如我今日三郎'語。"按:你即尔之轉語。

429 木匠　《論衡·量知篇》:"能斫削柱梁謂之木匠,能穿鑿穴坎謂之土匠。"

鑑案:陶穀《清异錄》:"木匠總號運斤之藝。又曰手民、手貨。"

鱣按:王銍《續雜俎》:"自做得六事,其一曰木匠帶枷。"

430 酒保　《史記·欒布傳》:"賃傭于齊,爲酒人保。"《漢書·欒布傳》:"爲酒家保。"孟康云:"酒家作保庸也,可保信,故謂之保。"《後漢書·杜根傳》:"爲宜城山中酒家保。"注:"《廣雅》云:'保,使也。'言爲人傭力保任而使也。"《鶡冠子·天則篇》[③]:"酒保先貴食者。"注:"酒保,貨酒者也。"

長生案:《後漢書·李燮傳》又作"變名姓爲酒家傭",傭即保也。

---

① 賣,《北齊書·邢卲傳》作"買"。

② 此處原有"長生案廣韵你秦人呼旁人之稱",陳鱣作删除記號。《文選樓叢書》本、長沙龍氏刻本無此"長生案"。

③ "天則篇"爲陳鱣所加。

鱣按:《鶡冠子・世兵篇》:"伊尹酒保,太公屠牛。"《史記・刺客傳》注亦云"伊尹,酒保"。

431 厨子 厨子、火頭皆宋時語,見《夢粱錄》。

長生案:《南史・何承天傳》:"東方曼倩發憤于侏儒,遂與火頭倉子稟賜不殊[①]。"

鱣按:《夢粱錄》:"凡分茶酒肆,賣下酒食品,厨子謂之量酒博士師公。"今猶呼厨子爲師公。

432 坐婆 今婦人免身時,必有養娘扶持,俗云坐婆。按:《六一居士集》記宮婢韓蟲兒事云:"召醫官産科十餘人,坐婆三人。""坐婆"之名始見於此。《輟耕錄》:"世謂穩婆曰老娘。"穩婆即坐婆也。

鑑案:《倦游錄》:"苗振就館職,晏相曰:'宜稍温習。'振曰:'豈有三十年爲老娘而倒綳孩兒者乎?'"則謂穩婆爲老娘,其來舊矣。

433 水手 《通典》:"江南百姓不習河水,皆轉顧河師水手,更爲損費。"

鑑案:《大業雜記》:"龍舟下一重,長秋内侍及乘舟水手以青絲大絛繩六條,兩岸引進。"東坡詩:"便合與官充水手,此生何止略知津。"

434 房客 蘇東坡詩:"蒜山幸有閑田地,招此無家一房客。"

435 富翁 《論衡・初稟篇》:"富家之翁,貲累千金,生有富骨,治生積貨,至於年老,成爲富翁矣。"

436 義父母、義子孫 《會稽志》:"俚俗有義父母、義子孫、義兄弟。"

長生案:《洛陽伽藍記》:"隱士趙勉云[②]……汝南王聞而异之,拜爲義父。"

---

① 倉,《南史・何遜傳》作"食"。
② 勉,《洛陽伽藍記・景興尼寺》作"逸"。

恒言録卷四

仕宦類

437 閣老　《唐書·百官志》:"中書舍人以久次者一人爲閣老,判本省雜事。"

鑑案:李肇《國史補》:"宰相相呼爲堂老,兩省相呼爲閣老。"杜子美《將赴成都草堂途中寄嚴鄭公》詩:"生理祇憑黄閣老。"

鱣按:《唐書·楊綰傳》:"綰爲中書舍人,故事,舍人年久者爲閣老,其公廨雜料皆取五之四[①],綰悉均給之。"《通鑑》王涯謂給事中鄭肅韓佽曰:"二閣老不用封敕。"是唐稱給事中亦爲閣老也。

438 修撰　《唐書·百官志》:"史館修撰四人,掌修國史。"又:"開元八年,麗正殿加修撰、校理、判正[②]、校勘官。"《文獻通考》:"修撰之名始於唐。"

長生案:《舊唐史》:"裴坦常爲史館修撰。"

鱣按:《事物紀原》:"唐明皇開元八年,始置修撰于集賢殿。天寶後它官兼史職者,亦曰'史館修撰'。"《賓退録》:"集賢殿修撰,舊多以館閣久次者爲之,自有常僚超授要任[③],未至從官者亦除修撰,時人遂

---

① 皆,《新唐書·楊綰傳》作"獨"。
② 判,《新唐書·百官志》作"刊"。
③ 自有,《賓退録》卷二作"有自"。

有冷撰熱撰之目。"

439 檢討 《唐書・百官志》:"集賢院增修撰官、校理官、待制官、留院官、知檢討官。"

長生案:《舊唐書》王彥威以淹識典禮,由太常卿特令補檢討。

鱣按:《唐六典》"修撰官校理官"注:"又有留院官、檢討官,皆以學術别敕留之。"《容齋隨筆》:"國朝館閣之選,官卑者曰館閣校勘、史館檢討,均謂之館職。"《文山紀年錄》:"登第後,爲國史院編修官、實錄院檢討官。"

440 都堂 《通典》:"尚書省都堂居中,左右分司。"自注:"舊唐書令有大廳[①],當省之中,今謂之都堂。"按:唐宋時以尚書省爲都堂,明時各處巡撫皆帶都察院堂上官銜,世亦稱爲都堂,名同而實異也。

鱣按:李華《尚書都堂瓦松》詩:"華省秘仙踪,高堂露瓦松。"韋承貽《試策夜潛記》詩:"褒衣博帶滿塵埃,獨自都堂納卷回。"《玉海》:"紹興三十年,上以'玉堂'二字親灑宸翰,賜翰苑,周麟之請依淳化故事,就都堂宣示宰執刻石。"羅隱詩:"臘雪都堂試,春風汴水行。"

441 三法司 《通典》:"事有大者則詔下尚書刑部、御史臺、大理寺同案之。亦謂此爲'三司推事'。"今以刑部、都察院、大理寺爲三法司,蓋出於此。

長生案:《商子・定分篇》:"天子置三法官。"而《魏書・長孫道生傳》:"道生廉約,身爲三司,而衣不華飾,食不兼味。"

鱣按:《禮記・王制》:"王命三公參聽之,三公以獄之成告于王。"注:"王使三公復與司寇及正共平之,重刑也。"後世三司法是其遺意。

442 州尊 《蜀志・秦宓傳》:"宜一來,與州尊相見。"州尊謂州

---

① 唐,《通典》卷二二《職官四》"尚書省"注作"尚"。

牧劉璋也。

鑑案:白居易詩:"身爲百口長,官是一州尊。"

鱣按:《周禮·地官之屬》:"州長,每州中大夫一人。"《國語》注:"長猶尊也。"

443 巡檢 《通典》:"中郎將各四人,分掌諸門,以時巡檢。"《北史·司馬子如傳》:"以北道行臺,巡檢諸州,守令已下。"

鱣按:《北史·魏孝靜帝紀》:"詔遣使巡檢河北流遺飢人[①]。"《張彝傳》:"每有所巡檢,彝常充其選。"

444 貴州 《蜀志·杜微傳》:"猥以空虚,統領貴州。"《晋書·周浚傳》:"貴州雖武,豈能獨平江東。"《江統傳》:"貴州人士有堪應此者否?"《張軌傳》:"吾視去貴州如脱屣耳。"

鱣按:《蜀志·張裔傳》孫權問:"貴土風俗何以乃爾乎?"

445 貴郡 《晋書·潘京傳》:"貴郡何以名武陵?"

鱣按:《水經注》引《武陵先賢傳》:"趙偉問潘京:'貴郡何以名武陵?'。"崔善爲《荅王無功》詩:"頒條忝貴郡。"

446 尊府 《後漢書·朱穆傳》:"皆托之尊府。"《南史·庾蓽傳》:"府是尊府,州是蓽州。"

鱣按:《晋書·石勒載記》:"三考修成,顯升台府。"

447 上司 漢人稱三公爲上司。《後漢書·劉愷傳》:"今上司缺職,未議其人。"又云:"皆去宰相,復序上司。"《楊震傳》:"吾蒙恩居上司。"皆謂三公也。《史弼傳》:"若承望上司,誣陷良善。"《三國志·崔林傳》:"以不事上司,左遷河閒太守。"《晋書·華譚傳》:"與上司多忤。"《范甯傳》:"府以統州,州以監郡,郡以莅縣,如令互相領帖,則是

---

① 遺,《北史·魏孝靜帝紀》作"移"。

下官反爲上司。"是上官通稱上司矣。

鑑案:陸雲《荅兄平原》詩:"仍世上司,芳流慶純。"鍾會《移蜀將吏士民檄》:"位爲上司,寵秩殊异。"則晋時猶不以爲上官通稱。

鱣按:陶弘景《十賚文》:"賚爾香爐一枚,熏六副之,可以騰烟紫閣,昭感上司。"

448 老爺 今百姓稱官府曰老爺。爺者,呼父之稱。以是稱者,尊之也。《宋史・宗澤傳》:"北方聞其名,常尊憚之,對南人言必曰'宗爺爺'。"《岳飛傳》:"金所籍兵相謂曰:'此岳爺爺軍。'争來降附。"《孟宗政傳》:"金人呼爲'孟爺爺'。"《元史・董摶霄傳》:"我董老爺也。"

鱣按:孫穀祥《野老紀聞》[①]:"狄青爲樞密使,怙惜士卒,每得衣糧,皆負之曰:'此狄家爺爺所賜。'"

449 卑職 今官吏見所屬上司,自稱卑職。按:《元史・河渠志》有"卑職參詳"及"卑職至真州"等語,知箋牘公移相沿久矣。

長生案:《元文類》陳天祥《論盧世榮奸邪狀》曰:"卑職等在内外百司之間,伺察非違,知無不糾。"鱣按:《南史・沈炯傳》[②]:"冀郎署之薄官,止邑宰之卑職。"

450 履歷 《封氏聞見記》:"朝廷百司諸廳皆有壁記,原其作意,蓋欲著前政履歷而發將來健羡也。"《宋史・選舉志》:"詔臨軒所選官吏并送中書門下,考其履歷,審取進止。"《職官志》:"嘉定十二年詔:兩經作令滿替者,實歷九考、有政聲無過犯、舉員及格,改官人特免再作知縣,許受簽判或幹官,以當知縣履歷。"

鑑案:《魏書・源子恭傳》:"據其履歷清華,則家累應不輕,今來

① 孫穀祥,當爲"王楙"。
② 南史,當爲"陳書"。

歸化,何其孤迥。”

鱣按:《宋史·雷德驤傳》:“可令德驤錄京朝官履歷功過之狀,以便引對。”《盧知原傳》:“以官秩次第履歷總爲一書,功過殿最,開卷瞭然。”《石豫傳》:“左膚爲御史,履歷與豫略同。”

451 官銜 《舊唐書·食貨志》:“官銜之內,猶帶此名。”白樂天詩:“官銜俱是客曹郎。”

長生案:《家語·禮運篇》:“官有銜[1],職有序。”王肅注:“銜,治也。”《封氏聞見記》:“官銜之名,當是選曹補授,須存資歷,聞奏之時,先具舊官名品于前,次書擬官于後,使新舊相銜不斷,故云。”

鱣按:《因話錄》:“韓皋爲京兆尹,時久旱求雨,縣官讀祝文,稱官銜誤呼先相公名。”李商隱詩:“官銜同畫餅。”

452 鄉貫 《隋書·食貨志》:“其無貫之人,不樂州縣編户者,謂之浮浪人。”《唐書·選舉志》:“以所試雜文、鄉貫、三代名諱送中書門下。”《舊唐書·職官志》:“凡户之兩貫者,先從邊州爲定,次從關內,次從軍府州。若住者[2],各從其先貫焉。”

鱣按:《魏書·盧同傳》:“其實官正職者,亦列名貫。”《北史·韓麒麟傳》:“往年校比户貫,租賦輕少。”

453 脚色 《宋史·選舉志》:“局官等人各置脚色。”周必大《奉詔錄》[3]:“偶檢永寧脚色,見其方是秉義郎。”又《奏議》:“先令吏房取見本人脚色。”所云“脚色”者猶今之履歷也。

鑑案:《朝野類要》:“初入仕,必具鄉貫、三代名銜,謂之脚色。”

鱣按:《北史·杜銓傳》:“楊素驚杜正元之才,奏屬吏部,選期已

---

① 銜,《孔子家語·禮運》作“御”,注同。

② 住,《舊唐書·職官志》作“俱”。

③ 奉,周必大《文忠集》卷一四六作“奏”。

過,注色令還。"朱徽公《荅任行父書》:"休致文字,不知要錄白繳申脚色之類否。"

454 公文 《後漢書・劉陶傳》:"但更相告語,莫肯公文。"《魏略》:"公文下遼東。"《三國志・公孫度傳》注。《舊唐書・職官志》:"凡施行公文應印者,監印之官考其事目無差,然後印之。"

長生案:《三國志・趙儼傳》:"公文下郡,綿絹悉以還民。"又《北史・蘇綽傳》:"所行公文,綽皆爲之條式。"

鱣按:《世説・政事篇》:"王劉與林公共看何驃騎,驃騎看文書不顧之。"《唐律》:"諸戎仗非公文出給,而輒出給者,主司徒二年。"

455 見任見音現 《後漢書・陳忠集》[①]:"尚書見任,重於三公。"

鱣按:《宋書・謝晦傳》:"臣等見任先帝,垂二十載。"

456 議處 《晋書・刑法志》:"刑書之文有限,而舛違之故無方,故有臨時議處之制。"

鱣按:《史記・魯仲連傳》:"故定計審處之。"

457 起復 《晋書・卞壼傳》:"遺繼母憂[②],既葬,起復舊職,累辭不就。元帝遣中使敦逼,壼箋自陳云云。帝以其辭苦,不奪其志。服闋,爲世子師。"《通典》:"武德二年,崔善爲奏:比爲時多金革,頗遵墨絰之義,丁憂之士,例從起復,無識之輩,不復戚容。如不糾劾,恐傷風俗。"又:"中書舍人歐陽通起復本官。每入朝,必徒跣至城門外,然後著靴襪而朝。在省則席地藉藁,非公事不言,亦未啓齒。國朝奪情者多矣,唯通能合其禮[③]。"《五代史・劉岳傳》:"初,鄭餘慶嘗采唐士庶吉凶書疏之式,雜以常時之禮,爲《書儀》兩卷。明宗見其有起復之

① 集,當爲"傳"。
② 遺,《晋書・卞壼傳》作"遭"。
③ 其,《通典》卷七十二作"典"。

制，嘆曰：‘儒者所以隆孝弟而敦風俗，且無金革之事，起復可乎？’乃詔刪定之。”古人云“起復”者，即後世所謂奪情也，今以服闋爲起復，失之矣。

鑑案：《南史》“蕭坦之居母喪，起復爲領軍將軍”，此亦指奪情而言。至《宋史》“向子諲坐言者降三官[①]，起復知潭州”，則今之所謂“起復”矣。

鱣按：《唐書·蘇瓌傳》：“景雲中瓌薨，詔頲起復爲工部侍郎，頲抗表固辭。”又《張九齡傳》：“尋丁母喪歸鄉里。二十一年十一月，起復拜中書侍郎、同中書門下平章事。九齡固辭，不許。”[②]《通鑑·唐順宗紀》：“王叔文用事，既而有母喪，韋執誼多不用其語，叔文乃日夜謀起復。”《憲宗紀》：“盧從史遭父喪，朝廷無起復之命，乃賂宦官請討王承宗，以冀起復。”《昭宗紀》：“韋貽範爲相，多受人賂，許以官，遭母喪去位，日爲債家所噪，乃日夜謀起復。”《朝野類要》：“已解官持服而朝廷特擢用者，名起復。”即奪情也。歐陽永叔撰《晏元獻神道碑》：“遷著作郎，丁父憂去官，已而真宗思之，即其家起復，爲淮南發運使[③]。”

458 事故　《周禮·小行人》：“凡此五物者，治其事故。”五物謂札喪、凶荒、師役、福事、禍灾也。《唐會要》：“太和八年，御史臺奏：常參官，舊例，每月請兩日事故假，今許請三日。”韓退之《上張僕射書》：“非有疾病事故，輒不許出。”

鱣按：白樂天詩：“自去年來多事故，從今日去少交親。”

459 交代　《漢書·元后傳》“交代之際”，《蓋寬饒傳》“及歲盡交代”。《後漢書·班超傳》“與超交代”，《傅燮傳》“與燮交代”。《白虎

① 者，原訛作“古”，據《文選樓叢書》本、長沙龍氏刻本改。
② 十一月，《舊唐書·張九齡傳》作“十二月”；原無“九齡固辭不許”。
③ 爲淮南發運使，《歐陽文忠公集·晏元獻神道碑》作“命淮南發運使具舟送之京師”。

通》:"萬物所交代之處也。"王伯厚云:"'交代'出《蓋寬饒傳》。"

鱣按:《風俗通義・山澤篇》:"岱者長也,萬物之始,陰陽交代。"白樂天《送陝府王大夫》詩:"他時萬一爲交代,留取甘棠三兩枝。"

460 條陳 《漢書・李尋傳》:"臣謹條陳所聞。"

鱣按:《後漢書・張堪傳》:"悉條列上言。"《廣雅》:"列,陳也。"

461 引見 《漢書・兩龔傳》"徵爲諫大夫,引見",《于定國傳》"引見丞相御史",《佞幸傳》"引見東廂",《張敞傳》"天子引見敞",《王商傳》"單于來朝,引見白虎殿"。《後漢書・趙熹傳》:"即徵熹引見,入爲太僕。"此皆天子引見臣下也。而《後漢書》范升奏記王邑曰:"願蒙引見,極陳所懷。"《儒林傳》:"右扶風瑯琊徐業,亦大儒也,聞玄諸生,試引見之。"《三國志・臧洪傳》:"邈即引見洪,與語,大异之。"則"引見"之語通於儕輩矣。

鱣按:《陳書・虞寄傳》:"遣寄還朝,及至,即日引見。"

462 告示 《荀子》:"仁者好告示人。"王伯厚云:"'告示'出《荀子》。"《後漢書・賈琮傳》:"即移書告示。"《三國志・吕凱傳》:"重承告示。"

長生案:《後漢書・隗囂傳》:"騰書隴蜀,告示禍福。"

鱣按:《晋書・天文志》:"人君有瑕,必露其慝,以告示焉。"《册府元龜》:"張琇殺人報仇,明皇謂九齡等曰:'道路喧議,故須告示。'"

463 本章 《漢書・王嘉傳》:"上于是定躬、寵告東平本章。"

鱣按:《獨斷》:"凡群臣上書于天子者有四名,一曰章。""章者,需頭,稱稽首,上書謝恩、陳事,詣闕通者也。"

464 保舉 《三國志・何夔傳》:"又可修保舉故不以實之令。"

鑑案:陶弘景《華陽頌》:"動静顧矜錄,不負保舉恩。"

鱣按:《宋史・選舉志》:"保舉堪將令者[1]。"司馬君實疏:"使之結

① 令,《宋史・選舉志三》作"領"。

罪保舉。”

465 迴避 《漢書·趙廣漢傳》:“見事風生,無所迴避。”《蓋寬饒傳》:“刺舉無所迴避。”《後漢書·光武紀》:“吏雖逗留迴避。”《劉陶傳》:“有敢迴避,與之同罪。”

鱣按:《漢書·逸民傳》:“或迴避以全其道。”《後漢書·桓典傳》:“執政無所迴避。”

466 關防 曹植《文皇帝誄》:“願衰絰以輕舉兮[1],迫關防之我嬰。”《宋史·選舉志》:“乃命諸郡關防于投卷之初。”

鑑案:《明太祖實録》:“朕初于文籍設關防印記者,本以絶欺蔽,防奸僞,特一時權宜爾。果正人君子,焉用是爲?”此則印記之始。

鱣按:《隋書·酷吏傳》:“庫狄士文爲貝州刺史,凡所住宿,禁家僮無得出入,名曰關防。”[2]羅隱《定遠樓》詩:“近日關防雖弛柝,舊時闌檻尚侵雲。”

467 常川 今章奏公文多用之。予見明《永樂實録》有“常川操練”之語。

鱣按:曹植《洛神賦》:“浮長川而忘返。”常、長同聲通用,“常川”言如川流之不息也。

468 仰 孔平仲《雜記》:“今公家文字用仰字,《北史》時已有此語。《北齊·孝昭皇帝紀》詔定三恪‘禮儀體式亦仰議之’。”予按:《楊椿傳》“仰所在郡縣,四時以禮存問安否”;《祖珽傳》“奉并州約束,須五經三部,仰丞親檢校催遣”;《趙修傳》“其家宅作徒,即仰停罷”,亦上行下之詞也。

鱣按:《魏書·盧同傳》“表言‘仰本軍印記其上’”,此在齊孝昭

---

① 願,《三國志·魏書·文帝紀》注引《文帝誄》作“顧”。

② 不見於今本《隋書·酷吏傳》。

之前。

469 差楚皆切　《晋書·潘岳傳》:"又差吏掌主,依客舍收錢。"《王羲之傳》:"上命所差,上道多叛","家户空盡,差代無所。"《北史·畢義雲傳》:"兼差臺吏二十人。"《蠕蠕傳》:"計沃野、懷朔、武川鎮,各差二百人,令當鎮軍主監率,給其糧仗,送至前所。"按:《爾雅·釋詁》:"差,擇也。"《詩》:"既差我馬。"毛公亦訓爲擇,本是采擇之義。今以出使爲差,蓋本於此。

鱣按:《匡謬正俗》:"或問曰:今官曹文書科發士馬謂之爲'差'者何也? 荅曰:《詩》云'既差我馬',毛傳:'差,擇也。'蓋謂揀擇取强壯者。今云'差科'取此義,亦言揀擇取應行役者爾。"

470 稟　《書·説命篇》:"臣下罔攸稟令。"《左氏傳》:"稟命則不威。"《後漢書·皇后紀》:"内外諮稟,事同成人。"《吴漢傳》:"裨將虜掠不相承稟。"

長生案:《晋書·王渾王濬傳·論》:"上稟廟堂,下憑將士。"《宋史·石保吉傳》:"臣受命禦患,上稟成算。"此後世用稟所自。

鱣按:《宋書·劉穆之傳》:"内外諮稟,盈階滿室。"《魏書·郭祚傳》:"承稟注疏,特成勤劇。"

471 參　《唐書·百官志》有"常參官、六參官"。《能改齋漫録》:"下見上謂之參,蓋始於戰國時也。《戰國策》:'秦王欲見頓弱,頓弱曰:臣之義不參拜,王能使臣無拜,即可矣。'"明代始有"參劾、糾參"之語,今竟以參當劾字矣。

長生案:《漢書·天文志》:"太歲在巳,太初在參、罰。"參罰之義取此。

鱣按:《南史·姚察傳》:"又敕于朱華閣長參。"《北史·薛慎傳》:"仍令首領每月一參。"

472 調《廣韵》:“徒吊切,選也。” 《漢書・匡衡傳》:“衡射策甲科,以不應令,除爲太常掌故,調補平原文學。”師古注:“調,選也。”《後漢書・宗均傳》[①]:“調補辰陽長。”按:古人所云“調”者只是試選之義,唐時進士任子初授官,皆稱調,非如今人以更換爲調也。張端義《貴耳錄》:“仕之不稱者,許郡將或部使者兩易其任,謂之對移。”此即《漢書》所云“换”也“换縣”見《薛宣傳》。宋時尚稱“移”不稱“調”。

鑑案:《後漢書・馬融傳》:“融頌奏,忤鄧氏,滯於東觀,十年不得調。”

鱣按:《漢書・薛宣傳》:“平陵薛恭,鉅鹿尹賞,久郡用事,宣即以令奏賞與恭換縣,二人視事數月而兩縣皆治。”《晋書・平原王幹傳》:“有所調補,必以才能。”

選舉類

473 狀元 進士第一人稱狀元,自唐以來未之有易。予嘗讀周益公《省齋文集》有《回第二人葉狀元適啓》《回第三人李狀元寅仲啓》,是第二人、第三人亦稱狀元也。《摭言》:“狀元與同年相見後,便請一人爲錄事,舊例率以狀元爲錄事”,“狀元已下,到主司宅門下馬,綴行而立。”

鱣按:《酉陽雜俎》:“李固言擢狀元,詩賦有‘芙蓉人鏡’之目。”鄭谷《登第》詩:“好是五更殘酒醒,耳邊聞喚狀元聲。”《宋史・吕大忠傳》:“馬涓以進士舉首入幕府,自稱狀元,大忠謂曰:‘狀元云者,及第未除官之稱也。既爲判官,則不可。’”《塵史》:“神宗廷試進士,焚香祝曰:‘願得忠孝狀元。’及唱名,乃鄭獬也。”

474 榜眼 《宋史・陳若拙傳》:“當時以第二人及第者爲榜眼,若拙素無文,故目爲瞎榜。”王元之《送弟三人朱嚴先輩從事和州》詩有

① 宗,當爲“宋”。

云:“榜眼科名釋褐初。”是第三人亦稱榜眼也。

鱣按:《二老堂雜識》:“高宗中興以來,十放進士,其榜眼官職,往往過于狀元。”

475 科第 《摭言》有《統序科第》一篇,又云:“三百年科第之盛。”

鑑案:《通典》:“初,秀才科第最高,試方略策五條,有上上、上中、上下、中上凡四等。”

鱣按:韓退之詩:“連年收科第,若摘頷下髭。”白樂天詩:“忽憶前年科第後,此時鷄鶴暫同群。”又:“科第門生滿霄漢,歲寒少得似君心。”元稹詩:“前年科第偏年少,未解知羞最愛狂。”

476 科甲 《揮麈錄》:“韓忠獻億既薨[①],仲文、子華、玉汝相繼再中科甲。”

鱣按:《金史・裴滿亨傳》:“章宗諭之曰:‘惟爾繇科甲進,且先朝信臣。’”

477 同年 《唐國史補》:“進士互相推敬,謂之先輩,俱捷謂之同年。”漢時稱同舉孝廉者曰同歲生。

長生案:《唐書》[②]:“憲宗問李絳曰:‘人于同年固有情乎?’”

鑑案:《通鑑》:“令狐楚與皇甫鎛同年進士,故鎛引楚爲相。”

鱣按:《風俗通義》南陽五世公與段遼叔“同歲”,又與蔡伯起“同歲”,吴斌與韓演“同歲”。《後漢書・李固傳》:“有同歲生得罪于梁冀。”《三國・魏志・武帝紀》:“與韓遂父同歲孝廉。”《唐書・許孟容傳》:“李絳與孟季同舉進士爲同年。”劉禹錫《送人赴舉詩序》:“今人以偕升名爲同年友,其語熟見,搢紳者皆道焉。”杜荀鶴《試後别人》

---

① 獻,《揮麈後錄》卷五作“憲”。

② 唐書,當爲“資治通鑑”,見《資治通鑑・唐憲宗元和七年》。

詩:"同年俱是長安客[①]。"

478 座主 《唐國史補》:"有司謂之座主。"張籍《寄蘇州白使君》詩:"登第早年同座主。"《摭言》:"會昌三年,奉宣旨,不欲令及第進士呼有司爲座主。"

鑑案:《舊唐書·令狐峘傳》:"衢州刺史田敦,峘知舉時進士門生也。聞峘來,喜曰:'始見座主。'迎謁之禮甚厚。"又《全唐詩話》:"會昌三年十二月二十二日,中書覆奏,奉宣旨,不欲令及第士呼有司爲座主[②]。"

鱣按:劉克莊《跋陸放翁帖》:"余大父著作爲京教,考浙漕試,明年考省試,吕成公卷子皆出本房,家藏大父與成公往還真迹,大父則云'上覆伯恭兄',成公則云'拜覆著作丈',猶未呼座主作先生也。"

479 狀頭 《摭言》:"張又新時號'張三頭',謂進士狀頭、弘詞敕頭、京兆解頭。"鄭合敬詩:"最是五更殘醉醒[③],時時聞喚狀頭聲。"

鑑案:《説儲》:"唐崔元翰中京兆解頭、禮部狀頭、弘詞敕頭、制科三等敕頭。"

鱣按:《酉陽雜俎》:"李固言擢狀頭詩賦,有'芙蓉人鏡'之目。"《通鑑·唐僖宗紀》:"朕若應擊球進士舉,須爲狀頭。"《南部新書》:"李翱典郡,有進士盧儲投卷,翱女見卷曰:'此人必爲狀頭。'李選以爲婿,來年果狀頭及第。《催妝》詩曰:'昔年將去玉京游,第一仙人許狀頭。'"

480 解元 唐時諸州解送進士,居首者謂之解元,亦曰解頭。《摭言》有《争解元》一篇:"江西鍾傳於考試之辰設會供帳,解元三十

① 俱,《全唐詩》卷六九三作"多"。
② "第"下《全唐詩話》卷四有"進"字。
③ 此句《全唐詩》卷七七六《及第後宿平康里詩》作"好是五更殘酒醒"。

萬,解副二十萬。”

鱣按:《摭言・久方及第論》:“或解元永黜,或高等尋休。”

481 探花 《摭言》:“狀元與同年相見後,便請一人爲録事,其餘主宴、主酒、主樂、探花、主茶之類,咸以其日辟之。”

長生案:《天中記》:“唐進士杏園初會,謂之探花宴,以少俊二人爲探花使,遍游名園,若他人先折得名花,則二人被罰。”

鱣按:李綽《秦中歲時記》:“進士杏園初宴,謂之探花宴,差少俊二人爲探花使。”《雲麓漫鈔》:“世目第三人爲探花郎。”《通俗編》云:“《漫鈔》作在紹興時,蓋自罷擇少年之後,遂以其名歸之第三人矣。”

482 謄録 《文獻通考》:“大中祥符八年,始制謄録院”,“景祐四年,詔開封府國子監及别頭試,封彌謄録如禮部。”

長生案:《能改齋漫録》:“仁宗時有糊名考核之律,雖號至公,然未絶其弊。其後袁州人李夷賓上言,請别加謄録,因著爲令。”又《宋・選舉志》:“謄録院始置于祥符八年。”《澠水燕談録》:“廷試彌封謄録始于景德、祥符之閒。”

鑑案:《唐書・選舉志》:“元和十三年,禮部侍郎奏復考功别頭試。”“别頭試”者,即今之迴避卷也。

鱣按:賈昌朝疏:“有封彌謄録法則公卷可罷。”

483 卷子 《文獻通考》:“策論逐場旋考,則卷子不多。”

鑑案:柯維騏《宋史新編》:“理宗朝科目之弊,曰傳義、曰换卷、曰易號、曰卷子出外、曰謄録滅裂。寶慶二年,詔防戢焉。”

鱣按:《蘆浦筆記》載《趙清獻公充御試官日記》有“編排諸科卷子”,又“考到諸科卷子”。

484 鼎甲 《唐國史補》:“四姓惟鄭氏不離滎陽,有岡頭盧、澤底李、土門崔,家爲鼎甲。”薛廷珪《授韋韜光禄卿制》:“鼎甲華宗。”是

“鼎甲”爲望族之稱。今人以進士第一甲者爲鼎甲,未審起於何時。按:《唐摭言》:“韋甄及第年,事勢固萬全矣,然未知名第高下,志在鼎甲。”又:“于梲廣明初,崔厚侍郎榜,貴主力取鼎甲。”則唐時固有此稱也。蓋唐制明經有甲乙丙丁四科,進士則甲乙二科。然武德以來,明經唯有丁第,進士唯有乙科,故甲科爲鼎甲,非于甲科又分等也。宋時始分爲三甲,其後增至五甲。李心傳《繫年録》:“黄貢舉進士,爲四川類省試榜首,用鼎甲恩授職。”

鱣按:戴埴《鼠璞》云:“《蔡寬夫詩話》但言‘期集,所擇少年爲探花’,而今獨以稱鼎魁,不知何義。”是宋時又以鼎甲爲鼎魁。

485 秀才 《風俗通》:“孫卿有秀才,善爲《詩》《禮》《易》《春秋》之學。”此《太平御覽》所引,今本《風俗通》無之。《史記·賈生傳》:“吴廷尉爲河南守,聞其秀才,召置門下。”《儒林傳》:“即有秀才异等,輒以名聞。”洪容齋曰:“秀才之名,自宋魏後,實爲貢舉科目之最。今人聞以稱之,輒指爲輕己。閲《北史·杜正玄傳》:‘隋開皇十五年,舉秀才,試策高第。曹司以策過左僕射楊素,素怒曰:“周孔再生,尚不得爲秀才,刺史何忽妄舉?”乃以策抵地,不視。時海内惟正玄一人舉秀才,曹司重以啓素。素志在試退正玄,乃使擬相如《上林賦》、王褒《聖主得賢臣頌》、班固《燕然山銘》、張載《劍閣銘》《白鸚鵡賦》,曰:“我不能爲君住宿,可至未時令就。”正玄及時并了。素讀數過,大驚曰:“誠好秀才!”命曹司録奏。’蓋其重如此。正玄弟正藏,次年舉秀才。《唐書·杜正倫傳》云:‘隋世重舉秀才,天下不十人,而正倫一門三秀才,皆高第。’乃此也。”《容齋三筆》。

長生案:《管子·小匡篇》:“農之子常爲農,樸野而不慝,其秀才之能爲士者,則足賴也。”

鱣按:楊慎《蓺苑卮言》引趙武靈王“吴越無秀才”之語[①],云屬二

① 所引見於《升庵集》卷五十《秀才》、《丹鉛總録》卷十《秀才》。

字所起。考其原文,乃云"秀士",非"秀才"也。又按:東漢諱"秀",改爲"茂才",至桓帝時謠云"舉秀才,不知書",則作"秀才"。

486 監臨 《漢律》:"吏受所監臨,以飲食免。"《景帝紀》。又有"見知故縱、監臨部主之法"。《史記・張耳陳餘傳》:"監臨天下諸將。"

鑑案:"監臨部主之法",見《漢書・刑法志》。又《晋陽秋》:"劉弘爲荆州都督諸軍事,詔以弘婿夏侯陟爲襄陽太守,乃荆屬郡也。弘表陟姻親,舊制不得相監臨。"

鱣按:《漢書・刑法志》:"條定法令,作見知故縱、監臨部主之法。"《唐律》:"諸稱監臨者,統攝案驗爲監臨。"

487 監試 《後漢書・和熹皇后紀》:"躬自監試。"《三國志・司馬朗傳》:"監試者以其身體壯大,疑朗匿年。"

鱣按:《魏志・司馬朗傳》:"監試者异之。"

488 覆試 《後漢書・黄瓊傳》:"覆試之作,將以澄洗清濁,覆實虚濫,不宜改革。"

鱣按:《後漢書・黄瓊傳》:"左雄前議舉吏,先試之於公府,又覆試之於端門。"

489 題目 《論衡・正説篇》:"正題目粗粗之説,以照篇中微妙之文。"《吴書》:"薦述後進,題目品藻,曲有條貫。"《三國・步騭傳》注。《晋書・山濤傳》:"甄拔人物,各爲題目。"此"題目"二字之始也。《梁書・武帝紀》:"中大通五年,行幸同泰寺,設四部大會,高祖升法座,發《金字摩訶波若經》題。"《陳書・高祖紀》:"永定二年,輿駕幸莊嚴寺,發《金光明經》題。"《唐摭言》:"神龍元年,方行三場試,故常列詩賦題目於榜中","高郢就府解後,試官别出題目,曰《沙洲獨鳥賦》。"

鑑案:《三國志・臧霸傳》裴注:"武帝百官名不知誰撰,皆有題目。"又《南史・王僧虔傳》:"往年取《三國志》聚床頭,百日許,汝曾未窺其題目。”

鱣按:《書·大禹謨》正義:“史將錄禹之事,故爲題目之詞。”又按:《北史·念賢傳》:“行殿初成,未有題目。”《世說·政事篇》:“凡所題目,皆如其言。”《賞譽篇》:“時人欲題目,高坐而未能。”

490 破題 《摭言》:“韋彖《畫狗馬難爲功賦》,其破題曰:‘有丹青二人,一則矜能於狗馬,一則誇妙於鬼神。’”“裴令公居守東洛,夜宴半酣,公索聯句,時公爲破題。”

長生案:李肇《國史補》:“李程試《日五色賦》,既出闈,楊於陵見其破題云:‘德動天鑒,祥開日華。’許以必擢狀元。”

鱣按:《石林詩話》:“駱賓王《靈隱寺》詩惟破題‘鷲嶺鬱岧嶤,龍宫隱寂寥’是宋之問作,下皆賓王作。”

491 搜檢 《南齊書·豫章王嶷傳》:“搜檢皆已亡去。”《梁書·賀琛傳》:“家家搜檢,其細已甚。”《南史·郭祖琛傳》[①]:“搜檢奸惡,不避强禦。”

鱣按:《北史·封偉伯傳》:“搜檢經緯,上《明堂圖說》六卷。”《通考》:“長興四年禮部貢院奏立條件曰:懷挾書策,舊例禁止。自今後入省門搜得文書者,不論多少,准例扶出,殿將來兩舉。”

法禁類

492 罪名 《漢書·刑法志》:“二千石官以其罪名當報之。”

鱣按:《唐書·□□志》[②]:“時所律起自魏文侯師李悝,然皆罪名也。”《唐律》:“犯廟社禁苑罪名。”《疏議》:“本條各有罪名。”

493 干證 《宋史·刑法志》:“詔:諸鞫獄追到干證人,無罪遣還者,每程給米一升半,錢十五文。”

---

① 琛,《南史》卷七十作“深”。
② 所引見於《晉書·刑法志》。

鱣按:《州縣提綱》:"二競干證俱至,即須剖决,干證未備,未免留人。"

494 緣坐 《隋書·刑法志》:"其緣坐則老幼不免。"

鱣按:《書·甘誓》:"予則拏戮汝[①]。"疏:"殷周以後其罪或相緣坐。"《唐律》:"緣坐家口,雖已配沒,罪人得免者亦免。"《疏議》:"謂反逆人家口合緣坐沒官。"《唐書·刑法志》:"祖孫與兄弟緣坐俱配沒。"

495 招 《舊唐書·哀帝紀》:"敕:僞稱官階人泉州晋江縣應鄉貢明經陳文巨招伏罪款,付河南府决殺。"《宋史·刑法志》:"品官命婦在禁,别具單狀。合奏案者,具情款招伏奏聞。"又云:"監勒招承,催促結款。"

鱣按:《州縣提綱》:"考掠苦楚,勒其招伏。"又:"主吏有勒囚招狀者。"《宋提刑洗冤集録》:"不得定作無憑檢驗,招上司問難,須子細定當痕損致命處。"

496 供 《宋史·刑法志》:"據文及甫等所供言語。"又云:"或以供款未圓而不呈。"

鱣按:《州縣提綱》:"各于一處隔問責供,頃刻可畢。"劉克莊《書考》詩:"考中供狀是吟詩。"

497 款 《説文》:"款,意有所欲也。"《詩》"老夫灌灌"毛傳:"灌灌猶款款也。"疏云:"言日至誠款實而告之[②]。"是款爲誠實之義。凡讞獄者欲得其實情,故《隋書·刑法志》:"凡繫獄者不即荅款,應加測罰。"《魏書·李崇傳》:"各自款引。"《宋書·范蔚宗傳》:"倉卒怖懼,不即首款。"《梁書·何遠傳》:"就立三七日不款。"《北史·蘇瓊傳》:"悉獲實驗,賊徒款引。"《辛公義傳》:"罪人聞之,咸自款伏。"其

① 拏,《書·甘誓》作"孥"。

② 日,《毛詩正義》卷十七之四作"已"。

荅款之詞，謂之款案，《宋史·刑法志》"孝宗臨軒慮囚，率先數日令有司進款案披閱"是也。今人以一事爲一款，雖不涉獄訟者亦謂之款，失其義矣。

長生案：《文選注》引《字林》："款，誠也。意有所欲。"又《一切經音義》引《蒼頡》："款，誠重也，至也。"

鱣按：《南史·范蔚宗傳》："孔熙先望風納款[①]，辭氣不撓。"元稹《臺中鞫獄》詩："死款依稀取，鬥辭方便刪。"

498 忤逆　《淮南·齊俗訓》："不犯禁而失[②]，不忤逆而進。"《後漢書·伏湛傳》"忤逆天心"，《郅惲傳》"忤逆陰陽"，《陳蕃傳》"忤逆者中傷"，《楊秉傳》"有忤逆於心者，必求事中傷"。《三國志·高堂隆傳》："豈憚忤逆之灾。"

鑑案：忤，《說文》作"啎"："啎，逆也。"《漢書·劉向傳》集注："忤，猶逆也。"

鱣按：《說文》："啎，屰也。屰，不順也。从干下凵屰之也。"《玉篇》："屰，今作逆。"《释名》："午，忤也，陰氣从下上與陽相忤逆也。"《一切經音義》引《聲類》："忤逆不遇也。"

499 偷盜　《漢書·張敞傳》："長安市偷盜尤多。"《後漢書·虞詡傳》："人偷盜者次之。"

長生案：《淮南子·道應篇》："偷者，天下之盜也。"

鱣按：《後漢書·虞詡傳》："其攻劫者爲上，傷人偷盜者次之。"《論衡·荅佞篇》："偷盜與田商同知。"即"智"字。

500 夾帶　《宋史·食貨志》："嚴立輒逾疆至夾帶私鹽之禁。"

鱣按：《五代會要·鹽鐵雜條》："每年人户蠶鹽，并不許將帶一斤

① 納，《南史·范曄傳》作"吐"。
② 失，《淮南·齊俗訓》作"人"。

兩入城[①]。"又:"不得將帶入末鹽地界。"將帶,即夾帶也。

501 寃枉 《書・梓材》傳:"無令見寃枉。"《後漢書・虞延傳》:"譖延多所寃枉。"仲長統《昌言》:"寃枉窮困,不敢自理。"《三國志・步騭傳》:"張于廷尉,民無寃枉。"

長生案:《廣雅・釋言》:"寃,枉也。"

鱣按:《北齊書・文苑傳》:"吊幽魂之寃枉。"

502 寃屈 《楚詞・懷沙》:"撫情效志兮,寃屈而自抑。"《北史・隋宗室諸王傳》:"面申寃屈。"《論衡・變動篇》[②]:"二子寃屈,太史公列記其狀。"

長生案:《漢書》武帝紀、息夫躬傳小顔集注皆言:"寃,屈也。"《說文》:"寃,屈也。从兔从冖,兔在冖下,不得走,益屈折。"

鱣按:《說文》:"寃,屈也,从兔从冖,兔在冖下,不得走,益曲折也。"

503 罪過 《周禮・秋官・大司寇》:"凡民民之有罪過[③],而未麗於法,而害於州里者。"《荀子》:"遠罪過者也。"《史記・秦始皇本紀》:"以罪過連逮。"《呂后本紀》:"誣以罪過。"《蒙恬列傳》:"求其罪過,舉劾之。"《信陵君列傳》:"自言罪過。"《漢書・蕭望之傳》:"及言許史子弟罪過。"《王吉傳》:"坐在國時不舉奏之罪過[④]。"

長生案:《後漢書・班超傳》亦云:"塞外吏士,本非孝子順孫,皆以罪過徙補邊屯。"此皆就官司而言。至《北史・長孫晟傳》:"晟見牙中草穢,責令染干除之,染干曰:'奴罪過。'"又《由吾道榮傳》:"戒本

① "斤"下《五代會要・鹽鐵雜條》有"一"字。
② "變動篇"爲陳鱣所加。
③ 民民,《周禮・秋官・大司寇》作"萬民"。
④ 之,《漢書・王吉傳》作"王"。

恒岳仙人[①],有少罪過,爲天官所讁。”則已如今人之私言矣。

鑑案:《易》:“君子以赦過宥罪。”

鱣按:《北齊書·朗基傳》:“基爲潁川太守,清慎無所營求,唯頗令寫書,潘子義遺之書曰:‘在官寫書,亦是風流罪過。’”

504 保辜 《唐律》:“諸保辜者,手足毆傷人限十日,以他物傷者二十日,以刃傷者三十日,折跌肢體及破骨者五十日。”史游《急就章》:“疻痏保辜謕呼號。”師古曰:“保辜者各隨其狀輕重,令毆者以日數保之,限内致[②],則坐重辜也。”《公羊傳》:“鄭伯髡原何以名?傷而反,未至乎舍而卒也。”注:“古者保辜,君親無將,見辜者,辜内當以弒君論之,辜外當以傷君論之。”疏云:“其弒君論之者,其身梟首,其家執之;其傷君論之者,其身斬首而已,罪不累家,《漢律》有其事。”

鑑案:《説文》:“嫴,保任也。”

鱣按:《公羊·襄七年傳》疏:“保辜者亦依《漢律》,律文多依古事。”《唐律疏議》:“凡是毆人,俱立辜限。”“有罪者保辜并準此。”

505 和奸 《通典》:“有亭長奸部人者,縣言‘和奸’。”謝夷吾。

鱣按:《唐律》:“和奸無婦女罪名。”《疏議》:“和奸謂彼此和同者。”《五代會要》:“其犯和奸者,男子婦人并準律科斷。”

506 仵作 宋時,執役葬事者謂之仵作,方勺《泊宅編》“近歲除直秘閣者尤多[③],運判蔣彝應副朱冲葬事得之,號‘仵作學士’”是也。今制州縣設仵作,專司檢驗民人鬥毆死傷,蓋沿明代之稱。

鱣按:《宋提刑洗冤集録》:“凡疑難檢驗及兩争之家稍有事力,須選慣熟仵作人,有行止、畏謹守分、貼司,并隨馬行。”

---

① 戒,《北史·由吾道榮傳》作“我”。

② “致”下脱“死”,見史游撰、顔師古注《急就章》。

③ 勺,原訛作“宅”,據陳鱣改;泊,原訛作“伯”,據陳鱣、長沙龍氏刻本改。

507 苦主 《元史・刑法志》:"諸殺人者死,仍於家屬徵燒埋銀五十兩給苦主。"謂被殺之家屬也,今俗猶沿此稱。

鱣按:《宋提刑洗冤集録》:"凡血屬入狀乞免檢,多是暗受凶身買和,套合①。""血屬"即苦主,"凶身"即今所説凶手也。

508 一起 今官司審理詞訟,每一案謂之一起。考《元史・刑法志》:"諸捕盜官,盜賊三限不獲,强盜三起,竊盜五起,各笞一十七;强盜五起,竊盜十起,各笞二十七;强盜十起,竊盜十五起,各笞三十七。"則起數之稱,其來久矣。

長生案:《齊書・崔懷慎等傳・論》:"澆風一起,人倫毁薄。""一起"與一案雖别,然語言之流弊固自有始。

鱣按:《易》:"訟必有衆起。"《禮記・孔子閑居》:"君子之服之服之也②,猶有五起焉。"注:"君子習讀此詩,起此之義,其説有五也。"《荀子・賦篇》:"三俯三起,事乃大已。"注:"言三起之後事乃畢也。"

509 不知情 《漢書・楊雄傳》③:"雄不知情,有詔勿問。"《鮑宣傳》:"宣不知情。"宋子京謂"情"上疑有"其"字,蓋未讀《漢律》也。《後漢書・孔融傳》:"《漢律》:與罪人交關三日已上,皆應知情。"

鱣按:《酉陽雜俎》:"李子長爲政,欲知囚情。"《唐律》:"知情者同罪,不知情者各減家人罪五等。"

510 犯禁 《周禮・司門》:"凡財物犯禁者舉之。"《川澤》:"犯禁者執而誅戮之。"④《淮南・齊俗訓》:"不犯禁而入。"

鑑案:《大戴禮・曾子立事篇》:"不犯其禁。"

鱣按:《周禮・司稽》:"掌巡市而察其犯禁者,與其不物者而搏

① "合"下脱"公吏入狀",見《洗冤集録》卷一。
② 之服之服,《禮記・孔子閑居》作"之服"。
③ 楊,《漢書》卷八七下作"揚"。
④ 《周禮・地官》"澤"作"衡"、"戮"作"罰"。

之。"《史記・游俠傳》:"儒以文亂法,而俠以武犯禁。"《管子・版法篇》:"雖犯禁而可以得免。"

511 犯夜 《通典》:"更鋪失候,犯夜失號。"《唐律》:"諸犯夜者笞二十,閉門鼓後、開門鼓前行者,皆爲犯夜。"《疏》引《宫衛令》:"五更三籌,順天門擊鼓,聽人行。晝漏盡,順天門擊鼓四百槌訖,閉門。後更擊六百槌,坊門皆閉,禁人行。"

鱣按:《晋書・王承傳》:"遷東海太守,有犯夜者,爲吏所拘,承問其故,答曰:'從師受書,不覺日暮。'"杜子美詩:"醉歸應犯夜,可怕執金吾。"

512 賭錢 《廣雅》:"賭,賜也。"《通俗文》:"錢戲曰賭。"《一切經音義》引。韋曜《博弈論》:"至或賭及衣物。"《抱朴子》:"予素惡賭博,而今盛行此戲。"《唐律》:"諸博戲賭財物者,各杖一百","賭飲食者,不坐。"《疏》云:"謂即雖賭錢,盡用爲飲食者,亦不合罪。"

鑑案:顔氏《漢書注》:"博,六博也。揜,意錢之屬也,皆戲而賭取財物。"李善《文選注》引《埤蒼》亦云:"賭,賜也。"此《廣雅》之所出。

鱣按:《文選注》引《埤蒼》:"賭,賜也。賭,丁古切。賜,記被切。"《説文》無"賭"字,疑"睹"之俗字,又疑作"都"。《隋書・經籍志》:"梁有《騎馬都格》一義[①]。"《藝文類聚・藏鈎》引《風土記》:"一藏爲一籌,三籌爲一都。"

貨財類

513 錢財 《莊子・庚桑楚》[②]:"錢財不積,則貪者憂。"《史記・張儀傳》:"親兄弟同父母,尚有争錢財。"《漢書・江都易王非傳》:"受人錢財。"《薛宣傳》:"賊取錢財數十萬。"

鱣按:韓退之《代張籍與李浙東書》:"家無錢財,寸步不能自致。"

① 義,《隋書・經籍志》作"卷"。
② "庚桑楚"爲陳鱣所加。所引出自《莊子・徐無鬼》。

514 財物 《史記・龜策傳》:"能得名龜者,財物歸之。"《荀子》:"重財物而制之","財物貨寶,以大爲重","百事廢,財物屈","禮者以財物爲用","通流財物,粟米無有滯留","使國家足用,而財物不屈。"《淮南・原道訓》:"散財物,焚甲兵。"

鱣按:《周禮・澤虞》:"使其地之人守其財物。"《禮記・禮運》:"因其財物而制其義焉爾。"①《史記・項羽紀》:"沛公居山東,貪財好色。今入關,財物無所取,婦女無所幸。"《急就篇》:"遠取財物主平均。"注:"言遠方之輸賦稅者,或以雜物充之。"

515 財利 《淮南・氾論訓》:"惑于財利之得。"

鱣按:《周禮・合方氏》:"掌達天下之道路,通其財利。"《韓詩外傳》:"興仁義而賤財利。"《韓非・主道篇》:"臣制財利曰壅。"《史記・管晏傳》:"分財利多自與。"楊惲《報孫會宗書》:"明明求財利,常恐困乏者,庶人之事也。"《大戴禮・子張問入官篇》:"財利之生微矣。"

516 財帛 《漢書・外戚傳》:"財帛之省。"

鱣按:諸葛亮《新書》:"得其財帛不自寶。"

517 寶貝 《京氏易傳》:"木入金鄉居寶貝。"木華《海賦》:"積太顛之寶貝。"

鑑案:《元史・百官志》:"諸路金玉人匠總管府,秩正三品,掌造寶貝金玉。"《易》"億喪貝"干寶注:"貝,寶貨也。"

鱣按:《說文》:"古者貨貝而寶龜。"《易林・比之噬嗑》:"寶貝南金,爲吾福攻。"

518 經紀 《能改齋漫録》:"江西人以能幹運者爲'作經紀',唐已有此語。滕王元嬰與蔣王皆好聚斂,太宗嘗賜諸王帛,敕曰:'滕叔、

① 所引出自《禮記・禮器》,制,原作"致"。

蔣兄自能經紀,不須賜物。'"予按:《北史·盧文偉傳》:"經紀生資,常若不遺[①],致財積聚,承候寵要,餉遺不絕。"則北魏人已有此語。"經紀"二字見《淮南子》。

鑑案:《禮記·月令》:"毋失經紀。"《荀子·儒效篇》:"然而通乎財萬物、養百姓之經紀。"

鱣按:《淮南·俶真訓》:"夫道有經紀條貫。"《内經·陰陽别論》:"四時陰陽,盡有經紀。"

519 營生 陸機樂府:"善哉膏粱士,營生奥且博。"《南齊書·蕭景先傳》:"力少,更隨宜買粗猥奴婢充使,不須餘營生。"

鑑案:《莊子·大宗師》釋文引崔注:"常營其生爲生生。"

鱣按:《列子·天瑞篇》:"吾又安知營營而求生非惑乎?"《文選·陸士衡〈君子有所思行〉》:"善哉膏粱士,營生奥且博。"《五臣注》翰曰:"言富貴食此精肥之士,營生深奥且博矣。"

520 盤纏 蕭千巖《樵夫》詩:"一擔乾柴古渡頭,盤纏一日頗優游。歸來澗底磨刀斧,又作全家明日謀。"

鑑案:《文獻通考》:"長興元年見錢每貫十文[②],秆草每束一文盤纏。"

鱣按:方回《聽航船歌》:"三日盤纏無一錢。"

521 鋪陳 《周禮·司几筵》注:"鋪陳曰筵。"《太師》注:"鋪陳今之政教善惡。"《禮記·儒行》注:"鋪陳往古堯舜之善道,以待聘召。"

長生案[③]:《後唐史》:"上賜宰相李愚錢百緡,鋪陳物十三件。"此見史之始。

---

① 遺,《北史·盧文偉傳》作"足"。
② 十,《文獻通考》卷四《田賦》作"七"。
③ "案"爲陳鱣所加。

鱣按:白樂天詩:"六蓺互鋪陳[①]。"

522 開市 《易林・升之大壯》:"開市作喜,建造利事。"

鱣按:《南史・沈麟士傳》:"開門教授居成市。"

523 交易 《易》:"交易而退,各得其所。"

鱣按:《孟子》:"何爲紛紛然與百工交易?"《易林・震之无妄》:"各抱所有,交易貲賄。"《豐之賁》:"交易貲賄,函珠懷寶。"

524 產業 《韓非子》:"外不事利其產業。"《史記・蘇秦傳》:"周人之俗,治產業。"《漢書・高帝紀》:"不能治產業。"《東方朔傳》:"以予貧民無產業。"《疏廣傳》:"頗立產業基址。"

鱣按:左思《咏史詩》:"陳平無產業,歸來翳負郭。"《隋書・刑法志》:"詔有糾告者,沒賊家產業以賞糾人。"

525 糧食 《左傳》:"楚師遼遠,糧食將盡。"《孟子》:"師行而糧食。"《淮南・道應訓》:"糧食未及乏絕也。"《漢書・朱買臣傳》:"治樓船,備糧食。"

鱣按:《管子・國蓄篇》:"耒耜械器鍾鑲糧食畢取鐈于君[②]。"《漢書・高帝紀》:"往來苦楚兵,絕其糧食。"《荀子・榮辱篇》:"糧食大侈,不顧其後。"

526 市井 《孟子》:"在國曰市井之臣。"《國語》:"處商就市井。"《莊子・徐無鬼篇》:"商賈無市井之事則不比。"

長生案:《白虎通論》:"言因井爲市,故曰市井。"應劭《風俗通》:"言人至市有所鬻賣者,當于井上洗濯,令潔,乃到市也。"《後漢書・循吏傳》:"白首不入市井。"注引《春秋井田記》云:"因井爲市,交易而退,故稱市井。"

---

① 蓺,《全唐詩》卷四二四作"義"。
② 鐈,《管子・國蓄》作"贍"。

鱣按:《管子・小匡篇》:"處商必就市井。"房注:"立市必四方,若造井之制,故曰市井。"《史記・平準書》:"市井之子孫,亦不得仕宦爲吏。"《信陵君傳》:"朱亥笑曰:'臣乃市井鼓刀屠者。'"《漢書・貨殖傳》:"商相與語財利于市井。"《後漢書・馮衍傳》:"委積之臣,不操市井之利。"

527 放債 《容齋五筆》:"今人出本錢以規利入,俗語謂之放債,又名生放。予考之,亦有所來。《漢書・谷永傳》云:'至爲人起責,分利受謝。'顔師古注:'言富賈有錢,假托其名,代之爲主,放與他人,以取利息而共分之。'此'放'字所起也。"

鱣按:《周禮・泉府》:"凡民之貸,與其有司辨之,以國服爲之息。"注:"鄭司農云:'貸者從官借本賈也,故有息,使民弗利,其所賈之國所出爲息也。'"《戰國・齊策》:"後孟嘗君出記,門下諸客[1]:'誰習會計,能爲文收責于薛者乎?'"按:"責"即債之正字,收債與放債相應也。

528 賒 《周禮・泉府》:"凡賒者,祭祀無過旬日,丧紀無過三月。"鄭司農云:"賒,貰也。"《後漢書・劉盆子傳》:"少年來沽者,皆賒與之。"

長生案:《史記・高祖紀》:"常從王媪武負貰酒。"顔注引韋昭曰:"貰,賒也。"二字互爲訓。

鱣按:《周禮・司市》:"以泉府同貨而斂賒。"鄭注:"民無貨則賒貰而予之。"《説文》:"賒,貰買也。"《玉篇》:"賒,不交賣也。"

529 裝載 《詩・出車》箋:"召御夫使裝載物而往。"《三國・吴志・孫綝傳》[2]:"皆令裝載。"

鱣按:《吴志・孫綝傳》:"敕中營精兵萬餘人,皆令裝載,武庫兵器,咸令給與。"

---

① "門"前《戰國策・齊策四》有"問"字。

② "吴"爲陳鱣所加。

530 費用　《荀子・禮論篇》[①]:"孰知夫出費用之所以養財也。"

鑑案:《漢・翼奉傳》:"國家之費當數代之用。"

鱣按:《說文》:"費,散財用也。"《史記・禮書》:"孰知夫輕費用之所以養財也。"

531 多餘　《莊子・列御寇篇》:"多餘之嬴。"

鱣按:《列子・黄帝篇》:"羹之貨無多餘之嬴。"

532 平分　《史記・穰苴列傳》:"身與士卒平分糧食。"

長生案:謝靈運《撰征賦》:"總九流以貞觀,協五材而平分。"又《楚詞・九辨》[②]:"皇天平分四時兮,竊獨悲此凜秋。"

鱣按:傅休奕陽《陽春賦》[③]:"雖四時之平分,何陽節之清淑。"何遜詩:"卉木落平分[④]。"

533 抽分　《宋史・食貨志》:"或有貨物,則抽分給賞。"

鱣按:《通考》:"關市之税,有敢藏匿物貨爲官司所捕獲,沒其三分之一,以其半畀捕者,販鬻而不由官路者罪之,有官須者,十取其一,謂之抽稅。"

534 脚錢　羅願《新安志》:"稱脚錢者,每貫出錢五十,以備解發。"

長生案:《朝野僉載》:"監察御史李畬請祿米,送至宅。母問脚錢幾,令史曰:'御史例不還脚車錢。'母令送脚錢,以責畬。"

鱣按:《豹隱紀談》:"吴俗重至節,互送節物,顏侍郎度有詩譏之云:'脚錢費盡渾閑事,原物多時却再歸。'"

535 運脚　《通典》:"其運脚出庸調之家,任和顧送達。"

---

① "禮論篇"爲陳鱣所加。

② "九辨"爲陳鱣所加。

③ 傅休奕陽,《藝文類聚》卷三《歲時上》作"湛方生懷"。

④ 落,《藝文類聚》卷四《歲時中》作"荷"。

鑑案:《舊唐書·食貨志》:"江淮等苦變造之勞,河路增轉輸之弊,每計其運脚,數倍加錢。"

鱣按:《唐書·宣宗紀》:"各回戈到鎮,度支差脚支送。"《張建封傳》:"宦者主宫市,抑買人物,進奉門户及脚價銀。"

536 利市 "利市"之語,陶九成謂出於《易·説卦》傳,然《説卦》實以"近利"爲句,"市三倍"爲句。市三倍者,猶言賈三倍也。案:《左氏傳》:"爾有利市寶賄。"《易林·觀之離》[1]:"入門笑喜,與吾利市。"此兩字連用之始。歐陽公《集古録》:"今俚俗賣茶肆中,多置一甆偶人,云是陸鴻漸,至飲茶客稀,則以茶沃此偶人,祝其利市。"《北夢瑣言》:"夏侯孜未偶,伶俜風塵,時人號曰'不利市秀才'。"《摭言》:"以京兆爲榮美,以同華爲利市。"又曰:"同華解最號利市[2]。"

鱣按:《易林·大過之恒》:"載喜抱子,與利爲市。"《晋之需》:"離河三里,敗我利市。"《睽之既濟》:"先易後否,告我利市。"《歸妹之否》:"去河三里,敗我利市。"《既濟之升》:"跌蹪未起,後失利市。"薛能《謝寄茶》詩:"惜恐被分緣利市。"

537 生活 "生活"字本出《孟子》,今人借作家計用。《魏書·胡叟傳》:"我此生活,似勝焦先。"《南史·臨川王宏傳》:"阿六,汝生活大可。"《北史·祖瑩傳》:"文章須自出機杼,成一家風骨,何能共人同生活也。"《尉景傳》:"與爾計生活孰多。"

鱣按:《文子·道德篇》:"自天子以下至于庶人,各自生活。"《史記·日者傳》:"當視其所以好,好苟含生活之道[3],因而成之。"《易林·明夷之恒》:"曠然大通,復更生活。"《世説·賞譽篇》:"諸江皆

① "觀之離"爲陳鱣所加。
② 號,《唐摭言》卷二作"推"。
③ 苟含,《史記·日者傳》作"含苟"。

復,足自生活。”《北史・胡叟傳》:“我此生活,殊勝焦先[①]。”

538 帳簿 《漢書・武帝紀》:“太初元年,受計於甘泉宫。”師古曰:“受郡國所上計簿也,若今之諸州計帳。”《後漢書・光武紀》:“遣使奉計。”注:“計謂人庶名籍,若今計帳。”《北史・蘇綽傳》:“始制文案程式,朱出墨入,及計帳户籍之法。”《隋書・食貨志》:“文帳出入,復無定簿。”《舊唐書・職官志》:“兵曹參軍事二人,掌兵士簿帳差點等事。騎曹參軍事掌馬驢雜畜簿帳,及牧養支料草粟等事。”《唐書・百官志》:“句會功課及畜養帳簿。”又云:“在署爲簿,在寺爲帳。”

鑑案:《唐書・百官志》:“又以男女之黄、小、中、丁、老爲之帳簿。”

鱣按:《周禮・遺人》疏:“當年所税多少,總送帳于上。”《小司徒》:“大比則受邦國之比要。”注:“要謂其簿。”《禮記・王制》:“司會以歲之成質于天子。”疏:“若今時先申帳目。”《北史・高恭之傳》:“秘書圖籍多致零落,詔令道穆總集帳目。”《後周書・裴政傳》:“趙元愷造職名帳,未成,劉榮云:‘但須口奏,不必造帳。’及太子問帳安在,元愷曰:‘劉榮謂不須造帳。’”

539 店 《晋書・阮修傳》:“以百錢挂杖頭,至酒店,便獨酣暢。”員興宗《記采石瓜州大戰始末》:“道旁茶坊酒店,官軍閑坐。”《夢粱録》:“汴京熟食店,張挂名畫,所以勾引觀者,留連食客。”

長生案:《古今注》:“店,置也,所以置貨鬻物也。”宋《讀曲歌》:“飛龍落藥店。”《南史・劉休傳》:“休婦王氏妒,明帝聞之,令于宅後開小店,使王氏親賣皂筴埽帚以辱之。”又《隋書・李德林傳》:“并覓莊店作替。”又:“取高阿那肱衛國縣市店八十堰,爲王謙宅作替。”

鱣按:《南史・邵陵王綸傳》:“百姓并關閉邸店不出。”《北史・楊

① 殊,《北史・胡叟傳》作“似”。

伯醜傳》:"向西市東壁門南第三店,爲我買魚作鱠。"杜子美詩:"野店山橋送馬蹄。"白樂天《華州》詩:"春風敷水店門前。"又《羅敷水》詩:"野店東頭花落處。"又《寒食》詩:"寒食棗糰店。"《歸田錄》:"京師食店買酸餸者[①],皆大書牌榜於通衢。"《東坡集·與秦太虛書》:"又有潘生者,作酒店樊口。""店"即坫之俗字。《逸周書·作雒》云:"咸有四阿反坫。"孔晁注:"坫,外向之室。"今之"店"蓋取外向之義也。"坫"之作"店",猶"莊"之作"庄"耳。又宋《讀曲歌》:"登店買三葛[②]。"又:"契兒向高店。"

540 行 《舊唐書·食貨志》:"其百姓有邸店行鋪。"又:"自今已後,有因交關用欠陌錢者,宜但令本行頭及居停主人牙人等檢察送官。"《都城紀勝》:"市肆謂之行者,因官府科索而得此名,不以其物大小,但合充用者,皆置爲行。"

鑑案:《周禮·肆長》疏:"一肆立一長,使之檢校一肆之事,若今行頭者也。"《文獻通考》:"熙寧六年,納免行錢,方得在市賣易,不赴官自投行者有罪。"

鱣按:《盧氏雜說》:"織綾錦人李某,投官錦行不售,吟詩云:'莫教官錦行家見,把此文章笑向他。'"《傳燈錄》:"寰普云:'耕夫製玉漏,不是行家作。'"

541 鋪 《舊唐書·食貨志》:"其百姓有邸店行鋪。"又:"若一家内別有宅舍店鋪,并須計用在此數。"又:"先於淄青兖鄆等道管内置小鋪。"唐李涉詩:"都市廣場開大鋪。"宋有米鋪、肉鋪、香鋪、藥鋪見《夢粱錄》。

---

① 買,《歸田錄》卷二作"賣"。

② 買,《樂府詩集》卷四六作"賣"。

長生案:唐張籍詩:"得錢只了還書鋪[①]。"

鱣按:張籍詩:"長安多病無生計,藥鋪醫人亂索錢。"《宋史·禮志》[②]:"開禧後,兵興追擾,百色行鋪不復舉矣。"

542 牙 《舊唐書·食貨志》:"市牙各給印紙,人自買賣[③],隨自署記。有自貿易不用市牙者,給其私簿。"《盧杞傳》:"市主人牙子各給印紙。"

長生案:《舊唐書·安祿山傳》:"祿山爲互市牙郎。"

鱣按:《劉貢父詩話》:"駔儈爲牙,世不曉所謂,道原云:'本謂之互,即互市耳。'"

---

① 書,原訛作"詩",據《文選樓叢書》本、長沙龍氏刻本改。

② 宋史,當爲"宋史新編"。

③ 自,《舊唐書·食貨志》作"有"。

恒言錄卷五

俗儀類

543 晬日　《廣韵》:“晬,周年子也。”顔真卿《玄靖先生碑》:“晬日獨取《孝經》,如捧讀焉。”《顔氏家訓》:“江南風俗,兒生一期,爲製新衣,盥浴裝飾,男則用弓矢紙筆,女則刀尺針縷,并加飲食之物及珍寶服玩,置之兒前,觀其發意所取,以驗貪廉愚智,名之爲試兒。”

長生案:《東京夢華録》:“生子至來歲生日謂之周晬。”[①]則宋時已不獨江南爲然矣。

鱣按:《玉壺野史》:“曹彬周晬日,左手提戈,右手取俎豆。”

544 乳名　《宋史·選舉志》:“漕司并索乳名、訓名各項公據,方許收試。”

鱣按:《宋史·選舉志》:“凡無官宗子應舉,初生則用乳名給據,既長則用訓名。”

545 重身　《詩》:“大任有身。”傳:“重,身也[②]。”箋云:“重謂懷孕也。”正義云:“以身中復有一身,故云重也。”陸德明云:“重,直勇反,又直龍反。”

---

① 以上四處“晬”原作“晬”,據《廣韵》隊韵、《全唐文》卷三四〇、《東京夢華録》卷五等改。

② 重身,《毛詩正義》卷十六之二作“身,重”。

長生案:《素問》:"問岐伯曰:'婦人重身,毒之奈何。'"

鑑案:《說苑·修文篇》:"取禽不麛卵,不殺孕重者。"《漢書·匈奴傳》:"孕重墮殰。"

鱣按:《内經·痿論篇》[①]:"黄帝問曰:'婦人重身,毒之何如?'岐伯曰:'有故無殞,亦無殞也。'"王砯注:"上'無殞'言母必全,'亦無殞'言子亦不死也。"

546 喫茶 女子受聘,謂之喫茶。蓋起於明代,宋以前未之聞也。《七修類稿》:"種茶下子,不可移植,移植則不復生。故女子受聘謂之喫茶。又聘以茶爲禮,取其從一之義[②]。"

鱣按:《老學庵筆記》:"辰、沅、靖州蠻男女未嫁娶者聚而踏歌,歌曰:'小娘子,葉底花,無事出來喫盞茶。'"據此知"喫茶"爲許嫁之義,已起于宋時矣。今俗語云:"一家女子不喫兩家茶。"

547 妝奩 《文獻通考》:"僞蜀時,部民凡嫁娶皆籍其帷帳妝奩之數,估價抽税。"

鱣按:《唐書·高宗紀》:"詔天下嫁女者,所受財皆充所嫁女之資裝,其夫家不得受陪門之財。"

548 花燭 《封氏聞見記》:"近代婚嫁有障車、下婿、却扇及觀花燭之事。"

鑑案:劉孝綽詩:"欲寄同花燭。"何遜詩:"如何花燭夜。"徐陵詩:"今宵花燭泪。"庾子山詩:"洞房花燭明。"恐六朝時已有。

鱣按:《士昏禮》:"從車二乘,執燭前馬。"蓋即花燭之權輿。《南史·羊侃傳》:"侍婢百餘人,俱執金花燭。"《容齋隨筆》載一詩:"洞房花燭夜。"

---

① 痿論篇,當爲"六元正紀大論篇"。

② 取,《七修類稿》卷四六作"見"。

549 改醮、再醮　《晋書·李密傳》:"母何氏改醮。"《南史·孝義傳》:"守寡,執志不再醮。"《北史·羊烈傳》:"一門女不再醮。"《李諤傳》:"五品以上妻妾不改醮。"

鱣按:《唐律》:"諸毆傷前夫之子者[①]。"《疏議》:"謂改醮之婦,携子適人。"《説文》:"醮,冠娶禮祭也。"《廣雅》:"醮,祭也。"《士冠禮》:"若不禮則醮用酒。"注:"酌而無酬酢曰醮。"《禮記·昏義》:"父親醮子而命之迎。"注:"醮之禮,如冠醮與?其异者,于寢耳。"是醮屬男子,且冠昏皆有醮子禮也。《士昏禮記》:"父醴女而俟迎者。"然則女子再嫁,當稱再醴矣。

550 周年　《晋書·禮志》:"泰始二年八月詔曰:'此上旬,先帝弃天下日也,便以周年。'"

鱣按:《留青日札》:"周年即期年,唐明皇諱隆期[②],故改爲周年。"

551 除靈　《南齊書·豫章王嶷傳》:"葬後除靈,可施吾常所乘轝扇繖。"《南史·沈洙傳》:"爲至月末除靈,内外即吉?"

鱣按:《陳書·沈洙傳》:"此月晦即是再周,主人弟息見在此者,爲至此月尚未除靈[③]。"朱文公《家禮》有"大祥徹靈座"文。

552 承重　即持重也。"持重"見《儀禮·喪服傳》《漢書·金日磾傳》。唐人避高宗諱嫌名,改"持"爲"承"。宋楊杰撰《劉之道墓志》云:"遭祖母喪,乞解官承重服。開國以來,嫡孫有諸叔而承重服者,自之道始。"

鑑案:《通典》有晋庾純等《適孫爲祖承重議》。

鱣按:《穀梁傳·昭二十三年》"尹氏立王子朝"疏:"繼無承重,宜

---

① "傷"下《唐律疏議》卷二三有"妻"字。

② 期,《留青日札》卷十五作"基"。

③ 此句《陳書·沈洙傳》作"爲至月末除靈,内外即吉"。

擇立其次。"

553 七七 《北史・胡國珍傳》:"詔自始薨至七七,皆爲設千僧齋。"《孟欒傳》:"七日,靈太后爲設二百僧齋。"《孫靈暉傳》:"南陽王綽死後,每至七日至百日,靈暉恒爲請僧設齋行道。"《舊唐書》:"姚崇遺令,從初七至終七,任設七僧齋。"

鑑案:唐李習之《去佛齋説序》:"故温縣令楊垂撰集《喪儀》,其一篇云《七七齋》,以其日送卒者衣服于佛寺,以申追福。翺以此事傷禮,故論而去之。"

鱣按:《北齊書・武成帝紀》:"帝寵和士開,將幸晋陽,而士開母死,帝聽其過七日後續發。"

554 煞 今俗喪家於八九日後謂之煞回,子孫親戚都出避外舍,或有請僧道作道場,具牲酒祠鬼,謂之接煞。"煞"字讀如去聲,蓋用道士家言,謂人死後數日魂魄來返故宅,有煞神隨之,犯者必有灾咎。其説誕妄已甚。案:顔之推《家訓》:"偏傍之書,死有歸煞。子孫逃竄,莫肯在外[①]。畫瓦書符,作諸厭勝。此乃儒雅之罪人,彈議所當加也。"則北齊已有之。《宣室志》:"俗傳人之死凡數日,當有禽自柩中而出者曰'殺'。"

鱣按:《三國志》:"魏皇女卒,爲避衰,故車駕幸摩陂,陳群諫不聽。"《吹劍録》:"唐太常博士李才百,已歷言雌煞雄煞之分。"又按:"殺"字道書作"煞"。

555 填諱 周必大《跋初寮王左丞贈曾祖》詩末題"通直郎田橡填諱"。又《元温州路總管陳所學壙志》"子逢祥等述",末題"庚友丁卯科進士、奉訓大夫、前江西等處儒學提舉楊維禎填諱"。大昕案:《唐彭

---

① 外,《顔氏家訓・風操》作"家"。

王傳徐浩碑》末題:"表侄前河南府參軍張平題諱。"[1]則唐人已有之,但云"題諱",不云"填諱"耳。

鱣按:《太史公自序》:"喜生談,談生遷。"李翺《皇祖實録》:"考諱楚金。"《顔氏家廟碑》:"公諱惟貞,字叔堅。"皆自填諱。都穆《聽雨紀談》:"嘗見宋時墓石,乃子志父,其諱處字字皆略草,與志文之字不倫,後書曰:'某人書,諱字亦如之。'乃知諱爲其人親書。"

556 神道　《能改齋漫録》:"葬者墓路稱神道,自漢已然矣。《襄陽耆舊傳》云:'習郁爲侍中,時從光武幸黎丘。與帝通夢,見蘇山神,光武嘉之,拜大鴻臚。録其前後功,封襄陽侯,使立蘇嶺祠,刻二石鹿,挾神道,百姓謂之鹿門廟,或呼蘇嶺山爲鹿門山。'然歐公《集古跋尾》云:'右漢《楊震碑》,首題云《故太尉楊公神道碑銘》。'乃知立碑墓路而稱以神道,始漢無疑。"

鑑案:程大昌《演繁露》:"《李廣傳》:'丞相李蔡得賜冢地,盗取三頃賣之,又盗取神道外壖地一畝,葬其中。'世之言神道者始此。又:'霍光塋起三土闕,築神道。'神道,言神行之道也。"

鱣按:《漢書·高惠文功臣表》:"戚國侯李信成,坐爲太常丞相侵神道爲隸臣。"《後漢書·中山簡王傳》:"大爲修冢塋開神道。"注:"墓前開道建石柱以爲標,謂之神道。"

557 行狀　《能改齋漫録》:"自唐以來,未爲墓志銘,必先有行狀,蓋南朝以來已有之。案:江淹爲《宋建太妃周氏行狀》,任昉、沈約、裴子野皆有行狀。"俞文豹《吹劍録》謂[2]:"古今志婦人者,止曰碑曰志,未常稱行狀。近有鄉人志其母曰行狀,不知何所據。"文豹蓋未見江淹文爾。予案:裴松之注《魏志》引《先賢行狀》,不知何人所撰,必出於魏晋閒也。章懷注

[1] 《金石萃編》卷一〇四"傳"作"傅"、"平"下有"叔"字。
[2] 謂,長沙龍氏刻本作"云"。

《後漢書》亦引之。《野客叢書》引《吴志》"周條等甄别行狀上疏"云云,謂"行狀之名所由始"。

鑑案:《漢書注》應劭言:"謠言者,掾屬令史都會殿上,主者大言某州郡行狀。"此"行狀"之始。

鱣按:《南史·袁昂傳》:"臨歿,敕諸子不得上行狀。"《北史·邢臧傳》:"爲甄琛行狀,世稱其工。"《文章緣始》:"漢丞相倉曹傅朝幹作《楊伯原行狀》[①]。"

558 祠堂 《漢書·張安世傳》:"將作穿復土,起冢祠堂。"《龔勝傳》:"勿隨俗動吾冢,種柏作祠堂。"《文翁傳》:"吏民爲立祠堂。"《後漢書·西南夷傳》:"光武徵文齊爲鎮遠將軍,於道卒,詔爲起祠堂。"又:"益州太守張翕,政化清平,得夷人和。卒,詔書嘉美,爲立祠堂。"《桓典傳》:"相王吉以罪被誅[②],典獨弃官收斂歸葬,爲立祠堂。"《方術傳》:"趙炳東入章安,令惡其惑衆,收殺之,人爲立祠堂於永康。"

長生案:《霍光傳》:"盛飾祠堂[③],輦閣通屬永巷。"

鱣按:王逸注《楚詞·天問·序》:"屈原見楚先王之廟及公卿祠堂,畫天地山川神靈奇詭之狀,因書壁而呵問之。"《後漢書·清河王慶傳》:"欲爲母宋貴人作祠堂,不敢上言,常以爲沒齒之恨。"《魏略》:"明帝東征,過賈逵祠,詔埽除祠堂,有穿漏者補治之。"

559 配社 《後漢書·孔融傳》:"融爲北海相,郡人甄子然、臨孝存知名早卒,融恨不及之,及命配食縣社。"此猶今之鄉賢祠。《後漢書》:"宋登爲潁川太守,市無二價,道不拾遺。病免,卒於家,汝陰人配社祀之。"《晋書·陸雲傳》:"補浚儀令,去官。百姓追思之,圖畫形象,配

---

① 《文章辨體序說》引《文章緣始》"朝"作"胡"、"伯原"作"原伯"。

② 《後漢書·桓典傳》"相"前有"國"字。

③ 堂,《漢書·霍光傳》作"室"。

食縣社。”此猶今之名宦祠。

鱣按:《韓昌黎集·送楊少尹序》:“古之所謂鄉先生没而可祭于社者,其在斯人歟?”

560 素食 《漢書·霍光傳》:“昌邑王服斬縗,亡悲哀之心,廢禮誼,尻道上不素食。”師古曰:“素食,菜食無肉也。”《王莽傳》:“每有水旱,莽輒素食,太后遣使者詔莽曰:‘聞公菜食,憂民深矣。今秋幸孰,公勤于職,以時食肉,愛身爲國。’”是以菜食爲素食,由來久矣。與《詩》“不素食兮”异義。《儀禮·喪服傳》:“既練,始食菜果,飯素食。”鄭注:“素猶故也,謂復平生時食也。”或疑素食即蔬食之義,則與菜果字複矣。

鑑案:《墨子》:“古之民未知爲飲食時,素食而分處。”

長生案:《詩》“素食”即《爾疋》“皋皋、琄琄,刺素食也”。鄭康成《禮注》:“素食,平常之食。”

鱣按:《匡謬正俗》:“素食是無肉[1],非平生食也,今俗謂桑門齋食爲素食,蓋古之遺語焉。”

561 葷 《説文》:“臭菜也。”《禮·玉藻》:“膳於君,有葷、桃、茢,於士去葷。”注:“葷,薑及辛菜也。”《士相見禮》:“夜侍坐,問夜,膳葷,請退可也。”注:“葷,辛物,葱薤之屬,食之以止卧。”《論語》:“不撤薑食。”孔安國注:“齊禁葷物,薑辛而不臭,故不去。”《莊子·人閒世篇》:“不飲酒,不茹葷。”《朱氏語類》:“不茹葷是不食五辛。”今人以肉食爲葷,非也。《續漢書·禮儀志》:“仲夏之月,以朱索連葷菜。”今俗以五日繫獨頭蒜佩之,即此意。

鱣按:《一切經音義》引《倉頡篇》:“葷,辛菜也。”《荀子·哀公

① 《匡謬正俗》卷三“肉”下有“之食”。

篇》:"志不在于食葷。"注:"葷,葱薤也。"《文選・嵇叔夜〈養生論〉》:"薰腥害目[①]。"李注:"《養生要》曰:'大蒜勿食,葷腥害目[②]。'《説文》曰:'蒜,葷菜也。'薰與葷同。"

562 放生 《列子・説符篇》:"邯鄲之民,以正月之旦獻鳩於趙簡子,簡子大悦,厚賞之。客問其故,簡子曰:'正旦放生,示有恩也。'客曰:'民知君之欲放之,競而捕之,死者衆矣。君如欲生之,不若禁民勿捕。捕而放之,功過不相補矣。'"

鱣按:《南史・梁武帝紀》[③]:"時謝微爲《放生文》,見賞于世。"《藝文類聚》:"梁元帝時,荆州有《放生亭碑》。"

563 斷屠 《北史・齊武成帝紀》:"詔普斷屠殺,以順春令。"《舊唐書・刑法志》:"斷屠日月反假日[④],并不得奏决死刑。"

鑑案:《隋書・禮志》:"祈雨不應,乃徙市禁屠,百官斷繖扇。"許觀《東齋記事》:"隋高祖仁壽二年詔:六月十三日是朕生日,宜令海内斷屠。"

鱣按:《唐會要》:"武德四年正月詔:自今以後,每年正月、五月九日,及每月十齋日,并不得行刑,所在公私斷屠釣。"[⑤]《唐書・武宗紀》:"會昌四年正月敕:三元日各斷屠三日。"《刑法志》:"武德二年詔:斷屠日不行刑。"

564 行香 《南史・王僧達傳》:"何尚之於宅設八關齋,大集朝士,自行香,次至僧達曰:'願郎且放鷹犬,勿復游獵。'"《舊唐書・職官志》:"凡國忌日,兩京大寺各二,以散齋僧尼。文武五品以上,清官

① 腥,《文選》卷五三作"辛"。
② 同上,見《文選・嵇叔夜〈養生論〉》注。
③ 梁武帝紀,當爲"謝微傳"。
④ 反,《舊唐書・刑法志》作"及"。
⑤ 《唐會要》卷四一"四"作"二","五月"衍。

七品以上皆集,行香而退。天下州府亦然。"

長生案:北魏靜帝常設法會,乘輦行香,高歡執爐步從。又《南史·齊宗室傳》:"魚復侯子響既自縊,上心怪恨,百日于華林作齋,上自行香。"

鱣按:《陳書·文學岑之敬傳》:"年十八,預重雲殿法會,時武帝親行香,熟視之敬,即日除太學限內博士。"《遺教經》:"比邱欲食,先燒香唄案,法師行香,定坐而講。"《西溪叢語》:"齊文宣天保元年制,每月朔行香。"《唐會要》:"天寶十七年敕[1],華、同等州僧尼道士,國忌日各就龍興寺、行道散齋。至貞元五年處州奏:'當州不在行香之數,乞同衢、婺等州行香。'有旨:'依。'"

565 團拜 《朱子語類》:"團拜須打圈拜,若分行相對,則有拜不著處。"《周益公集》:"得劉文潛運使書,記去年館中團拜人今作八處,感嘆成詩。"

鱣按:《周禮·□□》[2]:"環拜以鐘鼓爲節。"注:"賓客環列而拜。"按:"團拜"即環拜之遺制。

566 道場 《顔氏家訓·歸心篇》:"若能偕化黔首,悉入道場。"《通典》:"隋煬帝改郡縣佛寺爲道場。"是"道場"本寺院之别名也,今以作佛事爲道場。

鑑案:《宋書·謝靈運傳》:"欣見素以抱樸,果甘露於道場。"

鱣按:《梁書·處士庾詵傳》:"晚年尤遵釋教,宅内立道場。"《指月錄》:"智者禪師居天台,建大道場一十有二所。"又:"寶志禪師云:'終日拈香擇火,不知身是道場。'"

567 滿散 周益公、虞伯生集俱有滿散青詞。

---

① 天寶十七年,《唐會要》卷五〇作"開元二十七年"。

② □□,當爲"樂師"。

鱣按:白樂天《長齋月滿》詩:"明朝齋滿相尋去。"又《齋戒》詩:"散齋香火今朝散。"

568 度牒 陸放翁《爲行者雷印定求度牒疏》有"空手要七十萬錢"之語,則宋時一僧度牒直七百千錢也。東坡知杭州日,乞支度牒二百道,修完本州廨宇。又欲以度牒二百道,召募蘇、湖、常、秀人户,令於本州闕米縣分入中,斛㪷以優價入中,減價出賣,約可得二萬五千石,糶得一萬五千貫,是一度牒直米一百二十五石也。

長生案:《唐會要》:"天寶六載制:僧尼道士令祠部給牒。"

鱣按:《唐書·食貨志》:"安祿山反,楊國忠遣御史崔衆至太原,納錢度僧尼道士,旬日得百萬緡。明年,御史鄭叔清與宰相裴冕,又議度僧道收貲。"《事物紀原》:"《僧史略》曰:'度牒自南北朝有之,見《高僧傳》'名籍限局,必有憑由'。憑由,即今祠部牒也。"

569 醮 "漢建安二十四年,吴將吕蒙病,孫權命道士於星辰下爲請命。醮之法當本於此。顧況詩:'飛符超羽翼,焚火醮星辰。'姚鵠詩:'蘿磴静攀雲共過,雪壇當醮月孤明。'李商隱詩:'通靈夜醮達清晨,承露盤晞甲帳春。'趙嘏詩:'春生藥圃芝猶短,夜醮齋壇鶴未迴。'醮之禮至唐盛矣。隋煬帝詩:'迴步迴三洞,清心禮七真。'馬戴詩:'三更禮星斗,寸寸服丹霜[①]。'薛能詩:'符咒風雷惡,朝修月露清。'此言朝修之法也。然陳羽《步虚詞》云:'漢武清齋讀鼎書,内官扶上畫雲車。壇上月明宫殿閉,仰看星斗禮空虚。'漢武帝已如此。"高似孫《緯略》。

鑑案:宋玉《高唐賦》:"醮諸神,禮太一。"李善注:"醮,祭也。"則秦以前已有。

鱣按:《顔氏家訓·治家篇》:"符書章醮,亦無祈焉。"

① 寸寸,《緯略》卷九作"寸匕"。

570 紙馬 《夢粱録》:“歲旦在邇,紙馬鋪印鍾馗、財馬、迴頭馬等,饋與主顧[①]。”

鱣按:《事林廣記》:“漢以來有瘞錢,後里俗稍以紙寓錢。”《封氏聞見記》:“紙錢魏晋以來已有之,今自王公至士庶,無不用之。”《蚓庵瑣語》:“世俗祭祀,必焚紙錢甲馬。”

居處器用類

571 衙門 《晋書·王濬傳》:“臣衙門將軍馬潛。”《北齊書·宋世良傳》:“每日衙門虛寂[②],無復訴訟者。”

鱣按:《後漢書·袁紹傳》:“拔其牙門。”《封氏聞見記》:“近代謂府廷曰公衙。字本作牙,古掌武備者,象猛獸以牙爪衛,故軍前旗曰牙旗。近俗尚武,遂通呼公府爲牙門。”

572 轅門 《穀梁傳》:“置旃以爲轅門。”注:“轅門,印車以其轅表門。”

鑑案:《周禮·掌舍》:“掌王之會同之舍,設車宫轅門。”

鱣按:《漢書·項籍傳》:“諸侯將入轅門。”注:“張晏曰:‘軍行以車爲陳,轅相向爲門,故曰轅門。’”

573 公館 《禮記·雜記上》:“爲君使而死,公館復,私館不復。”注:“公館者,公宫與公所爲也。”

鱣按:《曾子問》:“公館與公所爲曰公館。”[③]“若今縣官舍也。公所爲,君所命使舍己者。”疏:“鮑遺問曰:‘注此云云,注《雜記》云公所爲,若今離宫別館也,此二説异何?’張逸荅曰:‘公館,若今停待者也,離宫是也。《聘禮》曰:卿館于大夫,大夫館于士。公命人使館

① 饋,原訛作“饌”,據陳鱣改。
② 虛,原訛作“盧”,據《文選樓叢書》本、長沙龍氏刻本改。
③ 此處應有“注”。

客,亦公所爲也。'"

574 聽事 聽事,今人所謂廳也。蓋官府聽事之所,乃有此稱。而私宅亦襲用之,相沿已久。《三國志・曹爽傳》注:"廳事前屠蘇壞,令人更治之。"《晋書・謝奕傳》:"遂携酒就聽事,引一兵帥共飲。"《北史・廣平王匡傳》:"光自造棺[①],置於聽事。"《楊播傳》:"兄弟旦則聚于廳堂。"《裴叔業傳》:"耿王可引上聽事。"《爾朱世隆傳》:"常使尚書郎宋遊道、邢昕在其宅聽事,東西别座,受納訴訟。"《夏侯道遷傳》:"夢見征虜將軍房世寶至其家聽事。"

長生案:《吴志・諸葛恪傳》:"所坐聽事屋棟中折。"

鱣按:《風俗通義・正失篇》:"孝明帝時王喬遷爲葉令,天下一玉棺於廳事前。"《世説・政事篇》:"陶公作荆州,時值積雪始晴,聽事前除雪後猶濕。"傅咸《黏蜂賦序》[②]:"櫻桃爲樹則多陰,爲果則先熟,故種之于廳事之前。"《隋書・鄭譯傳》:"譯猶坐廳事,無所關預。"《北齊書・蘇瓊傳》:"郡民趙穎得新瓜一雙,自來送,苦請,遂便爲留,仍置于廳事梁上。"《緗素雜記》:"丞相聽事門曰黄閣。"

575 屏風 《史記・孟嘗君列傳》:"屏風後常有侍史。"《周禮・掌次》"設皇邸"鄭司農云:"邸,後版也。"康成謂:"後版,屏風與?"平聲。《司几筵》:"王位設黼依。"注:"依,其制如屏風然。"

長生案:《覲禮》"依"鄭注:"如今綈素屏風也。"淮南王有《屏風賦》。

鑑案:《史記正義》引《燕丹子》:"八尺屏風,可超而越。"

鱣按:《西京雜記》:"武帝爲厠寶屏風,設于桂宫。"

576 甬道 《淮南・本經訓》:"甬道相連。"注:"甬道,飛閣複道也。"《史記・秦始皇本紀》:"自極廟道通酈山,作甘泉前殿,築甬

① 光,《北史・廣平王匡傳》作"先"。
② 蜂,《全晋文》卷五一作"蟬"。

道,自咸陽屬之。"應劭曰:"謂於馳道外築墻,天子於中行,外人不見。"案:今人以庭中中道爲甬道,其名通於上下,與高、應說异。

鱣按:《史記·秦始皇本紀》:"宫觀二百七十,複道甬道相連。"《高祖本紀》:"漢王軍滎陽南,築甬道屬之河。"《項羽本紀》:"九戰絶其甬道。"

577 屋脊 《釋名》:"屋脊曰甍[1]。"

鑑案:《南史·王琳傳》:"所居屋脊無故剝破。"

鱣按:《青箱雜記》:"漢柏梁殿灾,越巫上厭勝之法,起建章宫,設鴟魚之像于屋脊。"

578 炕 《北盟會編》:"環屋爲土床,熾火其下,相與寢食起居其上,謂之炕,以取其暖。"《日知録》云:"《舊唐書·高麗傳》:'冬月皆作長坑,下然煴火以取暖。'此即今之土炕也,但作'坑'字。"

長生案:朱弁《炕寢》詩:"禦冬貂裘敝,炕寢且跧伏。"

鱣按:《魏書·儒林·陳奇傳》:"游雅取奇所注《論語》《孝經》焚于坑内。奇曰:'公貴人,不乏樵薪,何乃然奇《論語》?'"《隋書·隱逸·張文詡傳》:"文詡曰:'吾昨風眩,落炕所致。'"《大金國志》:"穿土爲床,煴火其下,而寢食起居其上。"又云:"家無大小皆坐炕。"

579 凳本"登"字。《釋名》:"榻登,施大床之前、小榻之上,所以登床也。"蓋以登床得名,後人稍高之,以爲坐具耳。《類篇》:"凳,丁鄧切。《字林》:'床屬。'"

鑑案:凳,史皆作橙[2]。《晋書·王獻之傳》:"魏時淩雲殿榜未題,而匠者誤釘,乃使韋仲將懸凳書之。"又《晋陽秋》:"何無忌與高祖夜謀,其母置凳於屏風上窺之。"

---

① 甍,原訛作"薨",據長沙龍氏刻本改。

② 橙,《文選樓叢書》本、長沙龍氏刻本作"櫈"。

鱣按:《世説・□□篇》顧和外孫"瞑在凳下"[①]。《宋史・丁謂傳》:"謂已免相,次日早朝賜坐,左右爲設墩,謂曰:'有旨復平章矣。'乃更以杌進。""凳"即墩之俗字。《廣韵》:"凳,出《字林》。"

580 交椅　《宣和錄》記金人取內庫物,有"銀交椅二十隻"。後唐《定晋禪院碑》載裯禪師所用之物[②],有椅子三隻。《丁晋公談錄》:"竇儀雕起花椅子二,以備右丞及太夫人同坐。"王銍《默記》:"李後主入宋後,徐鉉見李,取椅子相待。"

長生案:《因話錄》曰[③]:"交椅謂之繩床[④],敵制也,歐公不御。"

鱣按:《楊文公談苑》:"咸平景德中,主家造檀香倚卓。"《宋史・后妃傳》:"劉貴妃與孟后朝太后,孟后設此椅,劉亦設此椅,左右不服。"《桯史》:"秦檜賜第,有參軍前褒檜功德,一伶以交椅從參軍。方拱揖就椅,忽墮其幞頭,露巾鐶,伶指問曰:'此何鐶?'曰:'二聖鐶。'伶曰:'爾但坐太師[⑤],此鐶掉在腦後何耶?'檜怒,下伶于獄。"

581 杌子　《通鑑長編》:"丁謂罷相,入對於承明殿,賜坐。左右欲設墩,謂顧曰:'有旨復平章事。'乃更以杌子進。"

長生案:錢世昭《錢氏私志》:"賢穆有荆雍大長公主金撮角紅藤下馬杌子。聞國初貴主乘馬,故有之。"

鱣按:《老學庵筆記》:"徐敦立言:'往時士大夫家婦女坐椅子兀子,則人皆談笑其無法度。'"《甲申雜記》:"湖南提刑唐稈謂,治平二年九月過長沙,一老人以扁舟載竹兀子就舟貨,見其竹如白牙,因買之。至四年攝事京局,因上馬,馬蹶,其兀壞,竹脚中破,內有雕刻字

① □□,當爲"夙惠"。凳,《世説新語・夙惠》作"燈"。
② 裯,原訛作"稠",據陳鱣改。
③ 因,原訛作"同",據陳鱣改。
④ 交,原訛作"文",據陳鱣改。
⑤ "師"下《桯史》卷七有"交椅"。

曰:‘某年月日造,某年月日破。’其字以朱塗之。”“兀子”即杌子也。

582 轎子 《宋史・曹輔傳》:“政和以來,帝多微行,乘小轎子。”《繫年要録》:“紹興三十年,詔今後奉使大金,使副不以兩府侍從,過界後并依常例坐車馬,不得妄於例外索覓轎子。”

鑑案:《默記》:“藝祖初自陳橋推戴入城,周恭帝即衣白襴,乘轎子出居天清寺。”

鱣按:淮南王安《諫擊閩越書》:“輿轎而越嶺[①]。”轎,即橋之别字。《史記・河渠書》:“山行乘橋。”

583 混堂 《至正直記》:“薩天錫善咏物賦詩,如《混堂》云:‘一笑相遇裸形國[②]。’”

鱣按:《七修類稿》:“吴俗甃大石爲池,穹幕以磚,後爲巨釜,令與池通,轆轤引水,穴壁而貯焉。一人專執爨,池水相吞,遂成沸湯,名曰混堂,榜其門則曰‘香水’。男子納一錢于主人,皆得入澡焉。”

584 米囤《廣韵》:“囤,小廩也,徒損切。” 今人稱藏米之地曰米囤。《釋名》:“囤,屯也,屯聚之也。”《水經注》:“昔武王伐紂,發巨橋之粟。服虔曰:‘巨橋,倉名,鉅鹿水之大橋也。’今臨側水湄,左右方一二里,中狀若丘墟,蓋遺囤故窖處也。”則此字其來古矣。

鑑案:《急就篇》作“笹”,顔師古注:“笹、篅皆盛米穀器,以竹簟席爲之,若泥塗之,則爲笹。笹之言屯也,物所屯聚也,織草爲之則曰篅。”

鱣按:《説文》:“笹,篅也。”“篅,目半竹圜以盛穀也[③]。”《淮南・精神訓》:“守其篅笹。”高注:“篅笹,受米穀器也。”

585 碓 《説文》:“碓,舂也。”《釋名》:“魚梁,水碓之謂也。”

---

① 越巔,《漢書・嚴助傳》作“隃嶺”。
② 遇,《至正直記》卷一作“過”。
③ 半,當爲“判”,見《説文解字》卷五竹部。

長生案:《急就篇》:"碓磑扇隤舂簸揚。"顔師古注:"碓,所以舂也。"

鱣按:《事物紀原》:"桓譚《新論》曰:'宓犠制杵臼之利,後世加巧,因借身踐碓而利十倍。'則碓蓋出于杵臼之遺法也。"

586 笆籬　《史記·張儀傳》:"苴蜀相攻擊。"徐廣引譙周曰:"益州天苴讀爲'苞黎'之'苞',音與'巴'相近,以爲今之巴郡。"《索隱》云:"苴音巴,謂巴蜀之夷自相攻擊也。注引'天苴'即巴苴也。譙周,蜀人,知天苴之音讀爲'巴犁'之'芭'。案:芭犁即織木葺所以爲葦籬也,今江南亦謂葦籬爲芭籬。"《廣韵》:"笆,有刺竹籬也。"笆字本从艸,《廣韵》始从竹。

鱣按:劉夢得詩:"溪中士女出笆籬。"白樂天詩:"上張幕屋庇,旁織笆籬護。"俱用俗笆籬字。

587 傘　《水經注》:"鹽井粒大者,方寸,中央隆起,形如張傘,故因名之曰傘子鹽。"

鑑案:傘即繖。《大唐六典》注引《通俗文》:"張帛避雨謂之繖蓋。"

長生案:"傘"始見于《南史》:"王籍以笠傘覆面[①]。"《魏書·裴延儁傳》:"山奴持白傘白幡[②]。"

鱣按:"傘"即縿之俗。《爾雅》"纁帛縿"郭注:"縿,衆旒所著。"《説文》:"縿,旌旗之游也。"相承作繖。《史記·五帝紀》注:"舜以兩繖自捍[③]。"《晋書·王雅傳》:"遇雨,請以繖入。"《南史》及《魏書》又變"繖"作"傘"。《歐陽文忠集·與梅聖俞簡》:"販傘者回,來索書,聊寫區區。"

---

① 籍,原訛作"縉",據陳鱣改。
② 奴,《魏書·裴延儁傳》作"胡"。
③ 繖,《史記·五帝本紀》作"笠"。

588 什物 《史記·舜本紀》:“作什器於壽丘。”《續漢書·五行志》:“民轉相驚走,弃什物。”《後漢書·梁竦傳》:“車馬兵弩什物巨萬計。”《梁商傳》:“什物二十八種。”《清河王慶傳》:“賜什物。”《龐参傳》:“衒賣什物。”《郭伋傳》:“賞賜車馬衣服什物。”《周景傳》:“贈送什物。”《劉般傳》:“賜穀什物。”《段熲傳》[1]:“廬帳什物。”《抱朴子·内篇》:“或什物盡於祭祀之費耗。”

鱣按:《索隱》:“什,數也,蓋人家常用之器非一,故以什爲數,猶今云什物也。”

589 筍 今木工築室作器,兩相合處,謂之鬥筍。《史記·孟子傳》:“持方枘,欲内圜鑿,其能入乎?”《索隱》云:“方枘是筍也,圜鑿是孔也。謂工人斲木,以方筍而内之圜孔,不可入也。”

鱣按:《考工》:“梓人爲筍簴。”鄭注:“樂器所懸,横曰筍,直曰簴。”

590 燈籠 《南史·宋本紀》:“壁上挂葛燈籠。”李心傳《繫年要録》:“知蜀州孫道夫在郡九年,遇事明了,州人目爲水晶燈籠。”

鑑案:《宋史·儀衛志》:“有打燈籠子親事官八十人。”

鱣按:《史記·陳涉世家》“夜篝火”注:“徐廣曰:‘篝者,籠也。’”《事物紀原》:“燈籠一名篝,然燭于内,光映于外,以引人步,始于夏時。”《輟耕録》:“至正中,遣官赴諸道問民疾苦,使者多納賄,百姓歌曰:‘官吏黑漆皮燈籠,奉使來時添一重。’”

591 雨具 《史記·仲尼弟子傳》:“昔夫子當行,使弟子持雨具。”《論衡·明雩篇》:“孔子出,使子路賫雨具。有頃,天果大雨。”

鱣按:《事物紀原》:“《事始》曰:凡雨具周已有。《左傳》:‘陳成子衣製衣杖戈[2]。’杜預注曰:‘製,雨衣也。’是矣。”

---

① 熲,原訛作“頬”,據《文選樓叢書》本、長沙龍氏刻本改。

② 製衣,《事物紀原》卷三作“製”字。

592 等子所以稱物者,俗作戥　李方叔《師友談記》:"秦少游言邢和叔嘗曰:'文銖兩不差,非秤上秤來,乃等子上等來也。'"

長生案:《皇祐新樂圖》有銖稱,其圖幹十分二十四銖爲一兩,正一面有星,一繫一盤,如民閒金銀等子者。

鱣按:其錘形如環。輔廣《孟子荅問》:"是從分金等子上說將來。"

593 抽替　孔平仲《雜說》:"俗呼抽替。《南史》:'殷淑儀有寵而斃,帝思見之,遂用抽替棺,欲見,輒引替睹尸。'"案:今《南史》作"通替",與平仲所見本异,要其義不异也。

長生案:《癸辛雜志》:"李仁甫爲《長編》,作木厨十二枚[①],每厨作抽替十二枚[②],每替以甲子志之。"

鱣按:"替"即屜之假字。庾信《鏡賦》:"暫設裛奩,還抽鏡屜。"正作"抽屜"。

594 篕音謳　《集韵》:"竹器,吴人以息小兒。"今俗語云"篕籃"也。

鱣按:《說文》:"篝,客也,可熏衣。"《廣雅》:"篝,籠也。"俗誤作"篕"。

595 燈㮇　《容齋五筆》:"俗語挑剔燈火之杖曰㮇。"他念切。《廣韵》:"火杖也。"

鱣按:《說文》:"栝,炊竈木。"《玉篇》:"栝,他念切。"别作"桥",《玉篇》:"桥,木杖也。"俗又作"㮇"。

596 螺鈿　《繫年要録》:"紹興初,徐康國爲浙漕,進螺鈿椅桌。"

鱣按:《泊宅編》:"螺填器本出倭國。"周密《駕幸張府記》:"高宗幸張循王府,王所進有螺鈿盒十具。"又《癸辛雜識》:"王檽諂賈似道,作螺鈿卓面屏風十副。"

① 十二枚,《癸辛雜志後集・修史法》作"十杖"。
② 十二,《癸辛雜志後集・修史法》作"二十"。

597 鑰匙牌匙一作鍉　《至正直記》:“宋季銅銙牌[①],或長三寸有奇,闊一寸,大小各不同,皆鑄‘臨安府’三字。而鑄錢貫[②],文曰‘壹佰文等’之類[③]。額有小竅,貫以致遠,最便於民。近有人取以爲鑰鍉牌者[④],亦罕得矣。”

鱣按:《史記·魯仲連傳》:“魯人投其籥。”《正義》:“籥,鑰匙也。”胡道周《續泉志》:“道周于有宋一代諸年號之外,又得銅牌,徑二寸許,其文爲‘臨安府行用準三百文省’。”

598 翦刀　《南史·范雲傳》:“巾箱中取翦刀。”

長生案:《爾雅》郭注:“南方人呼翦刀爲劑刀。”

鑑案:《釋名》[⑤]:“翦刀,翦,進也,所翦稍進前也。”

鱣按:《事物原始》引《古史考》:“剪,鐵器也,用以裁布帛,始于黄帝時。”

599 掃帚　《隋書·五行志》:“金作掃帚玉作把,淨掃殿屋迎西家。”

鑑案:《南史·劉休傳》:“休婦王氏妒,明帝聞之,令于宅後開小店,使王氏親賣皂筴掃帚以辱之。”

鱣按:《事物紀原》引《世本》:“少康作箕埽。”以埽塵蕆。

600 罐　汲水器也。蘇東坡詩:“蛟龍懶方臥,瓶罐小容偷。”

長生案:《酉陽雜組》[⑥]:“椰子大如甌盂,以白金裝之,以爲水罐子,珍奇可愛。”

鱣按:《事物紀原》引盧綝《匝四起事》:“晋惠帝征成都,帝渴,帳

---

① 銙,原作“錢”,據陳鱣改。
② 而,《至正直記》卷一作“面”。
③ “佰”原作“貫”,據陳鱣改。佰文,《至正直記》卷一作“佰之”。
④ 取,原作“收”,據陳鱣改。
⑤ 釋名,原作“逸雅”,據陳鱣改。
⑥ 組,當爲“俎”。

下齋五升銅罐取水,就飲之。"《齊民要術》:"柳罐,令受一石。"注:"罐小,用則功費。"罐,疑盥之别字。

601 甂甎 《廣雅》:"甓,甂甎也。"郭璞注《爾疋》亦以甓爲甂甎。

鱣按:《爾雅·釋宫》:"瓴甋謂之甓。"郭注:"甂甎也。"

602 壜 許渾詩:"橘邊估酒半壜空[1]。"《廣韵》:"壜,從含切,甀屬。"

鱣按:陸龜蒙詩:"石壜封寄野人家。"壜,疑罎之俗字。

603 箸瓶 《至正直記》:"宋季大家設席,几案必用箸瓶查斗,或銀或漆木爲之,以箸置瓶中。邀入座[2],則僕者移授客人。"

鱣按:《清异錄》:"焚香賴匙匕,室既密,爐既深,非運匕治灰,則淺深峻緩將焉托哉?匕之爲功審矣,命之曰'盧州大中丞'[3]。"

604 膏藥 《後漢書·段醫傳》[4]:"爲合膏藥,并以簡書封於筒中。"《南史·劉瓛傳》:"手持膏藥,漬指爲爛。"

鱣按:《尚書故實》:"盧元公鎮南海,疽發于鬢,氣息惙然。有一道士直來床前,謂曰:'本師知尚書病瘡,遣某將少膏藥來,可便付之。'遂取膏藥帖于瘡上,數日平復。"

605 藥渣 今人以煎藥滓爲"渣",蓋"柤"字之誤。案:《廣韵》"柤、渣"兩字并側加切,而義不同。"柤"字下訓"煎藥滓"。"渣"與溠同,乃"水名,出義陽",非藥滓也。

鱣按:《論語》"成於樂"集注:"消融其查滓。""查"即柤之别體。

606 壽器 《後漢書·后皇紀》[5]:"斂以東園畫梓壽器。"注:"稱壽器者,欲其久長也,猶如壽堂、壽宫、壽陵之類也。"《梁商傳》:"賜以

---

① 估,《丁卯集·夜歸驛樓》作"沽"。
② 邀,《至正直記》卷一作"遇"。
③ 丞,《清异錄》卷三作"正"。
④ 醫,當爲"翳"。
⑤ 后皇,當爲"皇后"。

東園朱壽之器。"注:"壽器,棺也。"

鱣按:《後漢書·楊賜傳》:"贈東園梓器。"《戴憑傳》:"詔賜東園梓器,錢[1]。"《杜樊川集·池州李使君沒後十一日處州新命始到哭以詩》云:"縉雲新令詔初行,纔是孤魂壽器成。"

607 棺材 《南齊·武十七王傳》:"都水辦數十具棺材。"《鎦祥傳》[2]:"以五百錢爲買棺材。"《南史·張敬兒傳》:"逃賣棺材中,以蓋加上。"《垣榮祖傳》:"被告作大形棺材盛仗,使鄉人載度江北。"

鱣按:《南史·齊宗室傳》:"令太醫煮椒二斛,并命辦數十具棺材。"

608 柴積積音祭 俞玉吾《月下偶談》:"吴人指積薪曰柴積,即《周禮·天官》'委積'之'積'。鄭氏云:'委積謂牢米薪芻。'《釋文》云:'積,子賜反。'"今讀如祭,《晋書·張華傳》:"園中茅積下得一白魚。"聲之轉[3]。

鱣按:《詩》:"此有不斂穧。"疏:"穧,禾之鋪而未束者。"《爾雅》:"穧,穫也。"郭注:"今以穫禾爲穧。"《説文》:"穧,穫刈也,一曰撮也。"《玉篇》:"穧,子計切。""柴積"疑作柴穧。

609 麩炭 《老學庵筆記》:"浮炭謂之麩炭,樂天詩云:'日暮半爐麩炭火。'浮炭,謂投之水中則浮故也。"

鱣按:《北夢瑣言》:"李茂貞燒京闕,優人安轡新云:'京人近日但賣麩炭便足一生。'"

610 篾竹皮也 《埤蒼》:"篾,析竹層也。"《書·顧命》:"敷重篾席。"鄭康成注:"篾,析竹之次青者。"又案:《禮記·喪服》"繫用靲"

① "錢"下《後漢書·戴憑傳》有"二十萬"。
② 鎦,《南齊書》作"劉"。
③ 轉,原訛作"傳",據陳鱣及《文選樓叢書》本、長沙龍氏刻本改。

注[①]:“軡,竹䉤也[②]。”疏:“謂竹之青可以爲繫者。”則篾與䉤非二物矣。

鱣按:篾爲篃之俗字。《説文》:“篃,筡也。”“筡,析竹笢也。”《一切經音義》引《聲類》:“篃,篾也,今中國蜀土人謂竹篾爲篃也。”音彌。鱣謂篃、篾一聲之轉,《聲類》蓋以俗字釋正字耳。

611 箍 《廣韵》:“箍,以篾束物,出《异字苑》。”

鱣按:宋儒語録:“有箍桶者精《易》,程明道兄弟就質所疑,應荅如響。”《五燈會元》:“雲峰悦見桶箍散,忽然開悟。”

612 簟讀如檀。析竹爲之,用以引舟。 宋程師孟詩:“風急輙先千浪破,岸欹能把一簟牽。”

鱣按:“簟”即笪之俗字。《方言》“筕篖”郭注:“江東呼笪音靼。”笪、簟一聲之轉。《齊東野語》:“舟子呼牽船之索曰‘彈子’,意謂吴諺耳。而鍾會呼捉船索爲百丈。趙氏注云:‘百丈者,牽船篾,内地謂之笪,音彈。’是知方言俗語皆有所據。”

613 牽去聲 方回《聽航船歌》:“雇載船輕載不輕[③],阿郎拽牽阿奴撑。”俗作“縴”字。《廣韵》:“縴,苦堅切,縹,惡絮。”非引舟之物也。

長生案:《南史・朱超石傳》:宋武北伐,超石董舟師入河,“陽軍人緣河南牽百丈[④],有漂度北岸者。”《增韵》曰:“挽舟索,一名百丈,本作掔。”《國》:“纏牽長。”[⑤]

鱣按:《晋書・孔嚴傳》:“東海王奕求海鹽,錢唐以水牛牽埭稅取錢直。”《南史・郭平原傳》[⑥]:“每見人牽埭未過,輙迅楫助之。”錢起

① 禮記喪服,當爲“儀禮・士喪禮”。
② 䉤,《儀禮注疏》卷三六作“箹”。
③ 船,《桐江續集・聽航船歌》作“錢”。
④ 陽,《南史・朱超石傳》作“時”。
⑤ 引文出自《戰國策・韓策三》,纏,原作“纆”。
⑥ 平原,《南史》卷七三作“原平”。

詩:"牽路沿江狹。"

614 爆仗 施宿《會稽志》:"除夕爆竹相聞,亦或以硫黄作爆藥,聲尤震厲,謂之爆仗。"《東京夢華錄》:"駕登寶津樓,諸軍百戲呈於樓下,忽作霹靂一聲,謂之爆仗,則烟火大起。"《朱子語類》:"雷如今之爆仗。"

鱣按:《武林舊事》:"西湖有少年競放爆仗。"又:"歲除爆仗有爲果子人物等類,殿司所進假屏風,内藏藥綫,一爇連百餘不絕。"

615 傀儡 《顔氏家訓·書證篇》:"俗名傀儡子,爲'郭氏禿'[①]。"《舊唐書·音樂志》:"窟磊子亦云魁磊子,作偶人以戲。"魁磊即傀儡也。

鱣按:《通典》:"窟磊子亦曰魁磊,作偶人以戲,本喪樂也,漢末始用之嘉禮。北齊後主尤所好,今閭中盛行。"

616 假面 《舊唐書·音樂志》:"《代面》出於北齊[②]。北齊蘭陵王長恭,才武而面美,常著假面以對敵。"

長生案:《漢書·禮樂志》[③]:"象人,可罷。"韋昭曰:"今之假面。"又《隋書·音樂志》:"禮畢者,本出晋太尉庾亮家。亮卒,其伎追思亮,因假爲其面。"

鱣按:《周禮》"方相氏黄金四目"以逐鬼。《後漢書·禮儀志》:"大儺之儀以木面爲儺。"又《北齊書》:"神武圍玉壁,出鐵面拒守。"薛道衡《戲場》詩:"假面飾金銀,盛服搖珠玉。"

617 馬桶 《夢粱錄》:"杭城户口繁夥,街巷小民之家多無坑厠,只用馬桶。每日自有出糞人蹇去,謂之傾脚頭。"

鑑案:《通雅》:"陳水南曰:'獸子者,褻器也,或以銅爲馬形,便于

---

① 《顔氏家訓·書證》無"氏"字。
② 代,《舊唐書·音樂志》作"大"。
③ "禮樂"爲陳鱣所加。

騎以溲也。俗曰馬子,蓋沿于此。'"

鱣按:《雲麓漫鈔》:"漢人目溷器爲'虎子',鄭司農注《周禮》有是言。唐人諱'虎'字改爲'馬',今人云'厮馬子'是也[①]。"

飲食衣飾類

618 稉糯稉亦作秔,糯古作稬。《廣雅》:"秈,稉也。""秫,稬也。"羅氏《爾雅翼》云:"稻有粘有不粘者。今人以粘者爲糯、不粘者爲秔,然在古則通得稻稌之名。《說文》曰'稻,稌也''沛國謂稻曰稬''秔,稻屬',是則直以稬爲稻耳。若鄭康成注《周禮》'稌,稉也',則稻是稉,然要之二者皆稻也。故《氾勝之》云:'三月種秔稻,四月種秫稻。'今人亦皆以二穀爲稻,若《詩》《書》之文,自依所用而解之。如《論语》'食夫稻',則稻是稉;《月令》'秫稻必齊',則稻是糯;《周禮》'牛宜稌',則稌是稉;《豐年》'多黍多稌,爲酒爲醴',則稌是糯。"

鱣按:《爾雅》釋文引《字林》:"秔,稻不粘者。秫亦作穤,黏稻也。"《宋書・陶潛傳》:"爲彭澤令,公田悉令種秫,妻子固請種秔,乃使二百五十畝種秫[②],五十畝種秔。"

619 點心 《能改齋漫錄》:"世俗例以早晨小食爲點心,自唐時已有此語。案:唐鄭傪爲江淮留後,家人備夫人晨饌,夫人顧其弟曰:'治妝未畢,我未及餐,爾可且點心[③]。'其弟舉甌已罄,俄而女僕請飯庫鑰匙,備夫人點心,傪詬曰:'適已給了,何得又請?'"

鱣按:《鷄肋篇》:"宣和間有孫賣魚者,館寶籙宮道院,上至院,微覺餒,孫出懷中蒸餅云:'可以點心。'"《揮麈錄》:"童貫謂賈讜云:'匆匆未能小款,翌午朝退[④],幸見過點心。'"《癸辛雜志》:"皐陵謂趙溫叔

---

① 厮,《雲麓漫鈔》卷四作"廁"。
② 百,《宋書・陶潛傳》作"頃"。
③ 可且,《能改齋漫錄・點心》卷二作"且可"。
④ 午,《揮麈後錄》卷八作"早"。

曰:'聞卿健啖,朕欲作小點心相請。'"

620 饅頭 饅本曼字。荀子《四時列饌傳》[①]:"春祠有曼頭餅。"束晳《餅賦》:"三春之初,陰陽交際,寒氣既濟,温不主熱,于時烹燕[②],則曼頭宜設。"并《初學記》。《廣韵》以"饅"爲糫之俗體。《類篇》:"饅頭,餅也。"蘇子由詩:"無人共喚饅頭[③]。"

鱣按:《初學記》又引荀氏《四時列饌傳》:"春祠有曼頭餅,夏以薄夜代曼頭。"俱作"曼"字。《南齊書・武帝紀》:"永明九年正月,詔太廟四時祭,薦起麪餅。"[④]注:"起麪,令之發酵也。"《歸田錄》:"晋束晳《麳賦》有饅頭、薄持、起溲、牢九之號,惟饅頭至今名存。"

621 餛飩 餛飩二字,見《十誦律》。《一切經音義》引《廣雅》:"餛飩,餅也。"《類篇》亦引《博雅》:"餛飩,餅也。"今《廣雅》無此文。

長生案:程大昌《演繁露》:"世言餛飩是渾氏屯氏爲之。"

鱣按:《武林舊事・冬至》:"享先則以餛飩。"《劍南詩》自注:"鄉俗歲日必用湯餅,謂之冬餛飩,夏餺飥[⑤]。""餛飩"蓋即渾敦之俗字。

622 麪 《説文》:"麪,麥末也。"

鑑案:九經無"麪"字。束晳《餅賦》:"重羅之麪,塵飛雪白。"《太平御覽》引《倉頡解詁》:"麪,細麩也。"

鱣按:《廣雅》:"糏謂之麪。"《玉篇》:"蜀以桄榔木屑爲麪。"《齊民要術》:"麥麪堪作餅飥。"《學齋佔畢》:"九經中無麪字,至王莽始有啖麪之文。"傅玄《七謨》:"蕤賓之時,麪游水而清。"

623 餻 《方言》:"餌謂之餻。"《釋名》:"餻,餌也。"《隋書・五行

---

① 子,《初學記》卷二六作"氏"。

② 寒氣既濟温不主熱于時烹燕,《初學記》卷二六作"寒氣既消,温不至熱,于時享宴"。

③ 喚,《文選樓叢書》本、長沙龍氏刻本作"嚼",《詩話總龜》卷三九作"喫"。

④ 武帝紀,當爲"禮志上"。起麪,《南齊書・禮志上》作"麪起"。

⑤ 夏,《劍南詩稿》卷三八作"年"。

志》:"七月刈禾尚好[①],九月喫餻正好。"

鱣按:"餻"即膏之俗字。《周禮·籩人》:"糗餌粉餈。"注:"謂此二物皆粉稻米黍所爲也。"疏:"今之餈餻之名出于此。"《一切經音義》引《蒼頡篇》:"粔𥹋,餅餌也。江南呼爲膏糫。"是"膏"即餻也,五經無餻字,詳見《邵氏聞見後録》。

624 糖 當作餹。《方言》:"餳謂之餹。"《釋文》:"餹,餳也。"

長生案:《易林》:"南箕無舌,飯多沙糖。"又《後漢書》馮敬通與婦弟任武達書,"販糖之妾"皆作"糖",疑誤。《廣雅》又作"餳"[②]:"餳,洋也,煮火消爛洋洋然也[③]。"

鱣按:《南齊書·傅炎傳》[④]:"賣針賣糖二老姆争團絲,炎乃縛絲于柱鞭之,密視有鐵屑,乃罰賣糖者。"

625 麪筋 施元之注蘇詩:"僧仲殊常啖蜜,豆腐、麪筋、牛乳之類皆以蜜漬之。客多不能下箸,惟東坡性亦嗜蜜,能與之共飽。"

鑑案:沈括《夢溪筆談》:"凡鐵之有鋼者,如麪中有筋,濯盡柔麪,則麪筋乃見。"又陸游《老學庵筆記》:"仲殊性嗜蜜,豆腐、麪筋皆用蜜漬。"

鱣按:《事物紺珠》:"麪筋,梁武帝作。"

626 白蒲棗 吴人謂棗之鮮者曰白蒲棗。案:《會稽志》:"蕭山縣有白蒲棗。"是宋時已有此稱也。

鱣按:《爾雅·釋木》:"櫅,白棗。"郭注:"即今棗子白熟。"

627 袴襠 《廣雅》:"幝無襠者謂之褌。"顔師古注《急就篇》云:

① 尚好,《隋書·五行志上》作"傷早"。

② 廣雅,當爲"釋名",見《釋名·釋飲食》。

③ 火,《釋名·釋飲食》作"米"。

④ 炎,當爲"琰"。下同。

"袴合襠謂之褌。""褌"與㡓同。

長生案:《南史》:"高昌國著縵襠袴。"

鱣按:《説文》:"絝,脛衣也。"相承作袴。《方言》:"絝,關西謂之袴。"《漢書·上官后傳》:"宫中使令皆爲窮袴。"師古曰:"窮袴,即今緄襠袴也。"

628 汗搨 襯衫也,京師人語。歐陽原功詞:"血色金羅輕汗搨。"古人謂之汗衣。《釋名》:"汗衣,近身受汗垢之衣也。"

鱣按:"搨"即裯之别字。《方言》:"汗襦,自關而西或謂之祇裯。"《事物紀原》:"《實録》曰:'漢高祖與項羽戰争之際,汗透中單,遂有汗衫之名。'"

629 裹脚 《釋名》:"偪,今謂之行縢,言以裹脚,可以跳騰輕便也。"

鑑案:《筆談》[①]:"樂府《雙行纏》,蓋婦人以襯襪中者,即今俗談裹脚也。"

鱣按:《戰國·秦策》:"行縢履蹻。"行縢,裹脚也。

630 鞾 《釋名》:"鞾,跨也,兩足各以一跨騎也。"《北史·齊任城王湝傳》:"有婦人臨汾水浣衣,有乘馬人换其新靴馳而去者,婦人持故靴詣州言王[②]。湝召居城諸嫗,以靴示之,紿曰:'有乘馬人於路被賊劫害,遺此靴焉,得無親屬乎?'一嫗撫膺哭曰:'兒昨著此靴向妻家。'如其語,捕獲之。"是男子婦人皆著靴也。

長生案:《齊高帝子豫章文獻王嶷傳》:"嶷不樂聞人過,左右投書相告,置靴中不視。"觀此則南齊已有靴矣。又《恩幸傳》:"梁嚴亶著靴上殿。"

鑑案:《學齋佔畢》:"鞾字不見於經,至趙武靈王變履爲鞾,至今服之。"

① 筆談,當爲"筆叢",指《少室山房筆叢》。

② 王,《北史》卷五一作"之"。

鱣按:《魏志》武帝與楊彪書云:"今遺足下織成花韡一兩。"《晋書・儒林・劉兆傳》:"有人著靴騎驢至門外。"《毛寶傳》:"寶與祖煥戰,流血滿靴。"韡、靴皆鞾之俗。《玉篇》:"鞾,靴也。靴,靸也,亦履也。"重文作"韡"。

631 褥 《釋名》:"褥,辱也,人所坐褻辱也。"

鑑案:《南史・柳慶遠傳》:"從父兄世隆謂曰:'吾昔夢大尉以褥席見賜,吾遂亞台司。'"

鱣按:《易林・家人之睽》:"安床厚褥,不歸久宿。"褥乃蓐之俗字。《爾雅》:"蓐謂之兹。"郭注引《公羊傳》曰:"屬負兹,兹者蓐席也。"《廣雅》:"蓐,薦也。"《左氏・文七年傳》:"秣馬蓐食。"杜注:"早食于寢蓐中。"晋李密《陳情表》"常在床蓐",猶作"蓐"字。邯鄲淳《魏受命述》:"臣抱疾伏蓐,作書三篇[①]。"

632 蘇 摯虞《决疑要注》:"凡下垂者爲蘇。"案:吴人讀"蘇"爲胥,故姑蘇曰姑胥。給縷下垂謂之胥頭,即古之流蘇也鬚鬚字吴人却讀如蘇,胥、蘇二音本相轉。

鱣按:《文選・左太沖〈吴都賦〉》:"張組帳,設流蘇。"李注:"流蘇者,五色羽設帷而垂之也。"

633 幓子 《容齋五筆》:"采帛鋪謂剪截之餘曰幓子。"《廣韵》:"幓,一懽切,裁餘也。"

鱣按:《說文》:"帣,幡也。""幓,殘帛也。""幓子"當爲帣幓。《莊子・天道篇》:"孔子幡十二經[②]。"郭注:"幡帣,亂取之也。"

634 首飾 《漢書・王莽傳》:"首飾猶存。"《論衡》:"沐去頭垢,冠爲首飾。"《續漢書・輿服志》:"遂作冠冕纓蕤以爲首飾。"今俗

① 三,《藝文類聚》卷十作"一"。
② 幡,《莊子・天道》作"繙"。

以婦人簪釵之屬爲首飾。

長生案:《釋名》有《首飾篇》。

鱣按:曹子建《洛神賦》:"戴金翠之首飾,綴明珠以耀軀。"《事物紀原》引《實録》曰:"自燧人之始,婦人束髻,舜加首飾。"

635 釘鞵 《舊唐書·□□》[①]:"德宗入駱谷,值霖雨,道塗險滑。東川節度使李叔明之子昇及郭子儀之子曙、令狐建之子彰等相與嚙臂爲盟[②],著行縢釘鞵,更鞚上馬,以至梁州。"

鱣按:葉適詩:"火把照夜色,釘鞵明齒痕。"

636 靸鞵 《輟耕録》:"兩浙之人以草爲履[③],而無跟,名曰靸鞵。《北夢瑣言》載'霧是山中子[④],船爲水靸鞵'之句。靸,悉合切,在颯字韵,今俗呼與耎同音者,誤。"案:今北人語正作耎音。

長生案:《中華古今注》:"靸鞵,蓋古之履也,秦始皇常靸望仙靸,以對隱逸,求神仙。"

鱣按:《炙轂子》引《實録》:"靸與鞵、舃,三代皆以皮爲之。始皇二年,始用蒲爲,名靸鞵;二世加鳳頭,仍用蒲。晋永嘉元年,用黄草,宫内妃女皆著。"

---

① 舊唐書□□,當爲"資治通鑑·唐德宗貞元三年"。
② 建之子彰,《資治通鑑·唐德宗貞元三年》作"彰之子建"。
③ 兩,《南村輟耕録》卷十八作"西"。
④ 中,《南村輟耕録》卷十八作"巾"。

恒言録卷六

文翰類

637 草藳 《史記·屈原列傳》:"屈原屬草藳未定。"

鱣按:《春明退朝録》:"凡公家文書之稿,中書謂之草,樞密院謂之底,秘府有《梁宣底》二卷。"

638 尺牘 《後漢書·北海王興傳》:"令作草書尺牘十首。"注:"《説文》云:'牘,書版也。'蓋長一尺,因取名焉。"《魏志·管寧傳》:"尺牘之迹,動見模楷。"

長生案:《漢書·陳遵傳》:"遵略涉傳記,贍於文辭,性善書,與人尺牘,主皆藏去以爲榮。"

鱣按:杜篤《吊比干文》:"敬申吊于比干,寄長懷于尺牘。"

639 手筆 《後漢書·文苑傳》:"遠辱手筆[①],追路相尋。"

鱣按:《後漢書·申屠蟠傳》:"優而不名,申以手筆。"《三國·吴志·張紘傳》注:"孔融遺紘書曰:'前勞手筆多篆書。'"《南史·陸瓊傳》:"諸官符及諸大手筆,并敕付瓊。"《徐陵傳》:"國家有大手筆,必命陵草之。"

640 别字 《後漢書·尹敏傳》:"讖書非聖人所作,其中多近鄙别

① 遠,原訛作"遂",據陳鱣改。

字,頗類世俗之辭。”案:今人以訛字爲“白字”,即“别”之轉音别、白聲相近。

鱣按:《漢書·藝文志》小學家《别字》十三篇。《後漢書·東平王蒼傳》:“所作書、記、賦、頌、七言、别字、歌詩,并集覽焉。”

641 小説 《漢書·藝文志》:“小説十五家,千三百八十篇。小説家者流,蓋出於稗官。街談巷語、道聽途説者之所造也。”張衡《西京賦》:“小説九百,本自虞初。”

鱣按:《新論》:“小説家合叢殘小語,近取譬諭,以作短書。”

642 背誦 《三國志·王粲傳》:“因使背而誦之,不失一字。”

鑑案:古字背、倍通。《周禮·大司樂》注:“倍文曰諷。”

鱣按:《周禮·大司樂》:“興道諷誦言語。”注:“倍文曰諷。”疏:“謂不開讀之。”諷誦即背誦也。

643 念 《漢書·張禹傳》:“諸儒爲之語曰:‘欲爲論,念張文。’”《三國志》:“諸葛瞻工畫,强識念。”識念猶記念也,今人謂誦書爲念書。

鑑案:《爾雅》:“勿念,勿忘也。”《詩》:“無念爾祖。”毛傳:“無念,念也。”

鱣按:《左傳》引臯陶曰:“念兹在兹。”《内經·解精微論》:“且子獨不誦不念夫經言乎?”《釋名》:“念,黏也,意相親愛,心黏著不能忘也。”《五代會要·緣舉雜錄》:“廣順三年趙上交奏,童子凡念書二十四道,今欲添念書通前五十道,念及三十道者放及第。”

644 理 《顔氏家訓·勉學篇》:“吾七歲時,讀《魯靈光賦》,至于今日,十年一理,猶不遺忘。”今村塾謂温書曰理書,亦有所本。

鱣按:班固《西京賦》云[①]:“校理秘文。”《説文解字序》:“理而董之。”

---

① 京,當爲“都”,見《文選》卷一。

645 葉 《說文》:"葉,籥也。""籥,書僮竹笘也。""潁川人名小兒所書寫爲笘。"今讀書一番曰一頁,本當用"葉"字,以面頁字同音借用,取省筆耳。

鑑案:《廣韵》亦云"篇簿書葉",當从竹从枼。俗从艸,非也。

鱣按:裴說詩:"閑書把葉翻。"《宋史·何涉傳》:"人問書簿中事,必指卷第册葉所在,驗之果然。""葉"即葉之假字。《歸田錄》:"唐人藏書皆作卷軸,其後有葉子,其制似今策子。"

646 花押 《景定建康志》:"月終轉結簿歷,取兩教授花押。"《朱子語類》:"蘇子容押花字常要在下面,後有一人官在其上,却挨得他花字向上面去,他遂終身悔其初不合押花字在下。"魏華父云:"唐人初未有押字,但草書其名以爲私記,故號'花書',如韋陟'五雲體'是也。國朝大老亦多以名爲押而圈其下,熙寧間有'花書盡作棬'之語。"《輟耕錄》:"句容器非古物,蓋自唐天寶至南唐後主時,於昇州句容縣置官場鑄之,故其上多有監官花押。"

長生案:李肇曰:"堂帖押名曰花押。"唐彦謙詩:"公文持花押。"又岳珂《古冢盆杅記》言:"得晋永寧元年甓,有匠者姓名,下有文如押字。"則晋已有之。

鱣按:《國史補》:"宰相判四方之事有堂案,處分百司有堂帖,不次押名曰花押。"《東觀餘論》:"唐群臣上奏,任用真草,惟名不得草,後人遂以草名爲花押。"《揮麈後錄》:"英宗批可進狀一紙,宰執書臣而不名,且花押而不書名。"《癸辛雜識》:"古人押字謂之花押印,是用名字稍花之。"《東觀餘論》:"唐太宗許臣下草書奏事,惟名字不草,後人于正書名字之下加草字,遂爲花押。"

647 字謎 《鮑照集》有《字謎》三首。吴自牧《夢粱錄》:"商謎者先用鼓兒賀之,然後聚人猜詩謎、字謎。"

鑑案:《南史》有"屐謎",《北史》有"箸謎"。

鱣按:《文心雕龍·諧隱篇》:"昔楚莊、齊威,性好隱語。至東方曼倩,尤巧辭述,隱化爲謎語[①]。謎也者,回互其辭,使昏迷也。"《齊東野語》:"古之所謂廋詞,即今之隱語,而世俗所謂謎。《玉篇》'謎'字釋云'隱也'。人皆知其始于'黄絹幼婦',而不知自伍舉、曼倩時已有之矣。""謎"疑眯之俗字。

648 拈鬮 《至正直記》:"江浙省注選[②],恐吏作弊,例以兵卒用竹箸拈瓶中紙球,紙球中書合注人姓名,謂之拈鬮。一吏檢文卷對鬮讀之[③],惟恐人名[④],讀至是闕,云某處某闕,兵卒探取人名對此闕,吏然後書之。"今吏部選人掣籤即此意。

長生案:《北史·王勇傳》:"州頗有優劣,周文令探籌取之。""探籌"即今掣籤。

鱣按:《説文》:"鬮,鬭取也。"《列子·黄帝篇》:"以瓦摳者巧,以鉤者憚[⑤],以黄金摳者惛。"張注:"互有所投者摳[⑥]。"殷釋文:"摳,探也,以手藏物探而取之,亦曰藏彄。"按:"摳、彄"并鬮之假字。

649 注脚 林艾軒云:"日用是根株,文字是注脚。"見《困學紀聞》。陸象山云:"六經皆我注脚。"

鱣按:杜荀鶴《題王處士書齋》詩:"諱老猶看夾注書。"

650 酒令 《後漢書·賈逵傳》:"著酒令九篇。"趙與時《賓退録》:"酒令蓋始於投壺之禮。"

長生案:《逵傳》:"逵所著經傳義詁及論難百餘萬言,又作詩、頌、

① "隱"上《文心雕龍·諧隱》有"君子嘲"。
② 江浙,《至正直記》卷四作"浙江"。
③ 鬮,《至正直記》卷四作"鬩"。
④ 恐,《至正直記》卷四作"空"。
⑤ "鉤"下《列子·黄帝篇》有"摳"字。
⑥ 者,《列子集釋》卷二作"曰"。

誄、書、連珠、酒令凡九篇。”則九篇不盡酒令，酒令乃九篇中之一也。

鑑案：《韓詩外傳》：“齊侯置酒，令曰：‘後者罰飲一經程。’”

饘按：《史記・齊悼惠王世家》：“高后令劉章爲酒吏，請以軍法從事。”《梁書・王規傳》：“湘東王繹爲丹陽尹，與朝士宴集，屬規爲酒令。”《唐書・李君羨傳》：“會內宴爲酒令，各言小字。”《賓退録》：“陳述古亦嘗作酒令。”近李如圭作《漢法酒令》，館閣有《小酒令》一卷，《酒乘》同塵先生《小酒令》一卷。

651 白鹿紙 《至正直記》：“世傳白鹿紙乃龍鹿山寫録之紙也[①]，有碧黄白三品，其白者瑩澤光淨可愛，趙魏公用以寫字作畫。闊幅而長者稱大白籙，後以籙不疋，更名白鹿。”

長生案：《考槃餘事》：“白籙紙出江西，趙松雪、巙巙子山、張伯雨、鮮于樞多用此紙[②]。”又《江西志》有大小白鹿紙。

饘按：《長物志》：“元有白籙、觀音、清江等紙，皆出江西，山齋俱當多蓄以備用。”王宗沐《江西大志》“造紙名二十八色”有“大白鹿紙、小白鹿紙”，“白籙”即白鹿也。

方術類

652 十二生肖 《論衡・物勢篇》：“寅，木也，其禽虎也。戌，土也，其禽犬也。丑、未亦土也，丑禽牛，未禽羊也。亥，水也，其禽豕也。巳，火也，其禽蛇也。子亦水也，其禽鼠也。午亦火也，其禽馬也。”又云：“午，馬也。子，鼠也。酉，鷄也。卯，兔也。亥，豕也。未，羊也。丑，牛也。巳，蛇也。申，猴也。”《南齊書・五行志》：“陳顯達屬猪，崔慧景屬馬[③]，東昏侯屬猪，梁王屬龍，蕭穎胄屬虎。”《周書・晋蕩公護

① 龍鹿，《至正直記》卷二作“龍虎”。

② “巙巙子山、鮮于樞”爲陳饘所加。此紙，原作“之”，據陳饘改。

③ 崔，原訛作“雀”，據長沙龍氏刻本改。

傳》[1]:"昔在武川鎮生汝兄弟,大者屬鼠,次者屬兔,汝身屬蛇。"

長生案:梁沈炯有《十二屬詩》。

鱣按:蔡邕《月令論》云:"十二辰之會,五時所食者,必家人所畜丑牛未羊戌犬酉鷄亥豕而已,其餘虎巳下非食也。"《事物紀原》引《事始》曰:"黄帝立子丑十二辰以名月,又以十二名獸屬之。"

653 六壬 《顔氏家訓·雜藝篇》:"吾嘗學《六壬式》,亦值世間好匠,聚得《龍首》《金匱》《玉軨變》《玉曆》一作《王變》《玉曆》十許種書,討求無驗,尋亦悔罷。"《隋書·經籍志》:"《六壬式經雜占》九卷[2],《六壬式兆》六卷[3]。"

鑑案:《五行大義》引《玄女式經》云:"六壬所使十二神。"

鱣按:《金匱玉衡經》有天一六壬發用。《軒轅黄帝傳》:"黄帝又著《十六神曆》、推太一六壬等法。"《郡齋讀書志》:"《六壬課鈐》一卷,未詳何人所纂,以六十甲子加十二時成七百二十三課,三傳入以占吉凶。"

654 九宫 《舊唐書·禮儀志》:"太常卿王起等議:謹案《黄帝九宫經》及蕭嵩《五行大義》[4]:'一宫,其神太一,其星天蓬,其卦坎,其行水,其方白。二宫,其神攝提,其星天芮,其卦坤,其行土,其方黑。三宫,其神軒轅,其星天衝,其卦震,其行木,其方碧。四宫,其神招摇,其星天輔,其卦巽,其行木,其方緑。五宫,其神天符,其星天禽,其卦離,其行土,其方黄。六宫,其神青龍,其星天心,其卦乾,其行金,其方白。七宫,其神咸池,其星天柱,其卦兑,其行金,其方赤。八宫,其神

① 公,原訛作"令",據長沙龍氏刻本改。
② 雜,原訛作"籍",據陳鱣改。
③ 式,《隋書·經籍志》作"釋"。
④ 嵩,《舊唐書·禮儀志四》作"吉"。

太陰,其星天任,其卦艮,其行土,其方白。九宫,其神天一,其星天英,其卦離,其行火,其方紫。'觀其統八卦,運五行,土飛於中,數轉於極,雖敬事迎釐,不聞經見,而範圍亭育,有助昌時。"予案:《素問·刺法論》:"岐伯曰:'木欲升而天柱窒抑之,火欲升而天蓬窒抑之,土欲升而天衝窒抑之,金欲升而天英窒抑之,水欲升而天內窒抑之。'"注曰:"天柱,金正之宫。天蓬,水正之宫。天衝,木正之宫。天英,火正之宫。天內,土神之應宫也。"則九星之名由來久矣。《抱朴子·內篇》引《遁甲中經》曰:"欲求道,以天內日天內時,劾鬼魅,施符書,以天禽日天禽時。"天內即天芮也。《舊唐書·禮儀志》:"初,九宫神位,四時改位,呼爲飛位。乾元之後,不易位。"

鑑案:今所傳日本蕭吉《五行大義·論九宫數》曰:"《黄帝九宫經》云:'戴九履一,左三右七,二四爲肩,六八爲足,五居中宫,總御得失。其數則坎一、坤二、震三、巽四、中宫五、乾六、兑七、艮八、離九。太一行九宫從一始,以少之多,順其數也。'"

長生案:《乾鑿度》:"太一取其數以行九宫,四正四維,皆合於十五。"又《後漢書·張衡傳》:"雜之以九宫。"又見《周髀算經》。

鱣按:《後漢書·張衡傳》注:"八卦之宫,每四乃還于中央。中央者,地神之所居,故謂之九宫。"黄香有《九宫賦》。又《唐會要》:"《黄帝九宫經》以四孟月祀九宫神。"《隋書·經籍志》:"《遁甲九宫亭亭白奸書》一卷,《三元九宫遁甲》二卷。"

655 太一 宋時列於祀典者有九宫太一,有十神太一。九宫太一者,東南曰招搖,正東曰軒轅,東北曰太陰,正南曰天一,中央曰天符,北曰太一,西南曰攝提,正西曰咸池,西北曰青龍,即《遁甲》之九宫也。十神太一者,真寶殿,五福太一在中,君基太一在東,大游太一在西,俱南向;延休殿,回神太一,承釐殿,臣基太一,在東,西向,北上;凝祐殿,直符太一,臻福殿,民基太一,在西,東向,北上;膺慶殿,小游太一在中,天一太一在東,地一太一在西。此太一家所事之神,與九宫太一各别。

長生案:《史記·封禪書》:“亳人謬忌奏祠太一方曰:‘天神貴者太一,太一佐曰五帝。古者天子以春秋祭太一東南郊,用太牢。’”

鱣按:《禮記》:“夫禮必本於大一。”《莊子·天下篇》:“主之以太一。”《楚辭·九歌·東皇太一》王逸注:“太一星名,天之尊神。”《史記·樂書》:“漢家常以正月上辛祠太一甘泉。”《日者傳》:“太一家曰大吉。”《漢書·天文志》:“中宫天極星,其一明者,太極常居也[①]。”《拾遺記》:“我是太一之精。”“太一”亦作“泰壹”,楊子雲《甘泉賦》:“配帝居之懸圃兮,象泰壹之威神。”亦作“太壹”,《漢書·藝文志》:“《太壹兵法》一篇。”亦作“泰一”,《藝文志》:“《泰一》二十九卷。”《漢書·宣帝紀》:“興修泰一[②]、五帝、后土之祠。”又作“太乙”,諸葛亮《上先主書》:“亮算太乙數,今年罡星在西方。”《後漢書·高彪傳》:“天有太一五將三門。”注:“《大一式》:‘凡舉事皆欲發三門,順五將。’”

656 三元甲子 三元甲子之説,蓋出於《遁甲》。《隋書·經籍志》有《三元九宫立成》二卷,《遁甲叙三元玉曆立成》一卷,《三元遁甲上圖》一卷,《三元遁甲圖》三卷,《三元遁甲》六卷許昉撰,《三元遁甲》六卷劉毗撰,《三元遁甲》二卷,《三元九宫遁甲》二卷,《遁甲三元九甲立成》一卷。《舊唐書·傅仁均傳》:“以三元之法,一百八十去其積歲,武德元年戊寅爲上元之首。”甄鸞《數術紀遺注》:“上元甲子一七四,中元甲子二八五,下元甲子三九六。”即《三元九宫立成》數也。

鑑案:《晋書·苻堅載記》:“從上元人皇起至中元,窮于下元,天

① 極,《漢書·天文志》作“一”。
② 興修,《漢書·宣帝紀》作“修興”。

地一變,盡三元而止。"

鱣按:《參同契》:"含精養神,通德三元。"《軒轅黄帝傳》:"令風后演河圖法而爲式,用之創百八局,名曰《遁甲》。"《隋書・經籍志》:"《黄帝陰陽遁甲》六卷,《遁甲訣》一卷。吴相伍子胥撰。"沈佺期《改歲》詩:"六甲迎黄氣,三元降紫微①。"《隋書・音樂志》:"百福四象初,萬物三元始②。"

657 二十四時 《漢書・律曆志》:"天統之正始施於子半,日萌色赤。地統受之於丑初,日肇化而黄,至丑半,日牙化而白。人統受之於寅初,日孽成而黑,至寅半,日生成而青。"所謂子半、丑半、寅半者,即今之子正、丑正、寅正也。唐吕才言葬書多用乾艮二時,并近半夜。乾者亥初,艮者寅初也。

鑑案:此條與題不相應,似有誤。

鱣按:此條之題疑作"三統"。

658 三元節 今人以正月十五日爲上元,七月十五日爲中元,十月一日爲下元③,出於道家之説。《隋書・地理志》:"漢中好祀鬼神,崇重道教,有張魯之風。每至五月十五日必以酒食相饋,賓旅聚會,有甚于三元。"《顔氏家訓・終制篇》:"若報罔極之德,霜露之悲,有時齋供,及七月半盂蘭盆,望於汝也。"

鑑案:《齊書・武帝紀》:"三元行始,宜沾恩慶。"

鱣按:《後漢書・劉焉傳》注引《典略》:"熹平時,漢中張角爲五斗米道,以符咒療病。其請禱之法,書病人姓氏説服罪之意,作三通,其一上之天著山上,其一埋之地,其一沉之水,謂之三官手書。使病者家

---

① 微,《沈佺期集・則天門赦改年》作"泥"。
② 物,《隋書・音樂志上》作"壽"。
③ 我們今天習稱農曆十月十五日爲下元節。

出五斗米以爲常。”又《通志・藝文略》有《三元醮儀》一卷。

659 擇日 《史記》有《日者列傳》。小司馬引《墨子》書云:“墨子北之齊,遇日者,日者曰:‘帝以今日殺黑龍於北方,而先生之色黑,不可以北。’墨子不聽,遂北至淄水,墨子不遂而反焉。則古人占候卜筮,通謂之日者也。”《論衡・譏日篇》云:“工技之書[①],起宅蓋屋,必擇日也。”《辨祟篇》云:“起功、移徙、祭祀、喪葬、行作、入官、嫁娶,不擇吉日,不避歲月,觸鬼逢神,忌時相害。”又云:“逢福獲喜,不在擇日避時。涉患麗禍,不在觸歲犯月。”

鑑案:“擇日”即禮筮日、卜日。《大戴禮》乃曰:“擇日而祭焉。”《月令》:“擇元日,命民社。”《淮南子・本經訓》:“是以不擇時日。”注:“擇,選也。”

鱣按:《論衡・譏日篇》:“鑿溝耕園,亦宜擇日。”又云:“雖擇日避忌,其何補益。”

660 解土 《論衡・解除篇》:“世間繕治宅舍,鑿地掘土,功成作畢,解謝土神,名曰解土,爲土偶人以像鬼形。”《後漢書・來歷傳》:“皇太子驚病不安,避幸安帝乳母野王聖舍。太子乳母王男等,以爲聖舍新繕修,犯土禁,不可久御。”

長生案:《後漢書》注:“《東觀記》:‘鍾離意到縣作屋既畢,爲解土,祝:興功役者,令百姓無事,如有禍樂[②],令自當之。’”

鱣按:《論衡・解除篇》:“今解土之祭,爲土偶人像鬼之形,何能解乎。”《後漢書・鍾離意傳》注引《東觀記》:“意爲堂邑令縣作屋功畢,爲解土祝。”

661 拆字 《隋書・經籍志》有《破字要訣》一卷。《顔氏家訓・

① 技,當爲“伎”,見《論衡・譏日篇》。
② 樂,《後漢書・鍾離意傳》注作“祟”。

書證篇》云:“《拭卜》《破字經》及鮑昭《謎字》,皆取會流俗。”盧召弓云:“破字即今之拆字也。”

鑑案:拆字之起於史,即《漢書·王莽傳》:“劉之爲字,卯金刀也。”《晋書·藝術傳》以肉爲内中人、《越鈕錄》“以口爲姓,承之以天”[①]、《吴志·薛綜傳》“無口爲天,有口爲吴”皆是。其實源于《左傳》“二首六身”之類。至宋謝石善拆字,徽宗特補承信郎。故鄭樵《通志·藝文略》有相字書,即此也。

鱣按:《二老堂雜識》:“謝石善拆字,徽宗特補承信郎。”

662 堪輿 《漢書·藝文志》:“五行家有《堪輿金匱》十四卷。”小顔引許慎云:“堪,天道也。輿,地道也。”《甘泉賦》:“屬堪輿以壁壘兮。”孟康曰:“堪輿,神名,造圖宅書者。”“朱文公嘗與客談風水之説,因曰:‘冀州一好風水[②]。’”見《賓退錄》。風水之稱,蓋始於宋時。陳伯玉云:“江西有風水之學。”見《書錄解題》。褚先生補《日者傳》:“孝武帝時聚會占家問之,某日可取婦乎?五行家曰可,堪輿家曰不可,建除家曰不吉,叢辰家曰大凶,曆家曰小凶,天人家曰小吉,太一家曰大吉。”《周禮疏》引《堪輿》天老曰:“正月陽建於寅,陰建在戌。”又引《鄭志》荅張逸問云:“案:《堪輿》黄帝問天老事云:四月,陽建於巳,破於亥;陰建於未,破於癸。是爲陽破陰,陰破陽。故四月有癸亥爲陰陽交會,十月丁巳爲陰陽交會。’”《論衡·譏日篇》:“《堪輿曆》,曆上諸神非一,聖人不言,諸子不傳。”大昕案:古堪輿家即今選擇家,近世乃以相宅圖墓者當之。

鑑案:堪輿,《隋書·經籍志》又作“堪餘”,亦以選擇爲用,非相墓之書。

---

① 鈕,當爲“紐”。

② 一好,《賓退錄》卷二作“好一”。

鱣按:《文選·甘泉賦》李善注引張晏曰:"堪輿,天地總名也。"又引:"《淮南子》曰:'堪輿行雄以知雌。'許愼曰:'堪天道也,輿地道也。'"

663 圓光 圓光之術不知所自。案:《晋書·佛圖澄傳》:"劉曜自攻洛陽,石勒將救之,以訪澄。澄取麻油合胭脂,躬自研於掌中,舉手示童子,粲然有輝。童子驚曰:'有軍馬甚衆,見一人,長大白晳,以朱絲縛其肘。'澄曰:'此即曜也。'澄嘗遣弟子向西域市香,既行,澄告餘弟子曰:'掌中見買香弟子在某處被劫垂死。'因燒香祝願,遥救護之。"似即今之圓光矣。

鱣按:梁武帝《與蕭諮議等書》:"蓋聞圓光七尺,上映真珠之雲。"《蓮社高賢傳》:"有人頂有圓光。"《夢溪筆談》:"吴道子嘗畫佛,留其圓光,當大會中對萬衆舉手一揮,圓中運規,觀者莫不驚呼。"後世圓光之術,即李少君之遺意,乃假用内典圓光耳。

664 扶乩 俗有扶乩之術,"乩"亦作箕。《類篇》收"乩"字,以爲卟之或體。《説文》:"卟,卜以問疑也。"《輟耕録》:"懸箕扶攣召仙[①],往往皆古名人高士來格。所作詩文間有絶佳者。"范石湖《上元紀吴中節物》詩:"帚卜拖裙驗,箕詩落筆驚。"自注:"即古紫姑,今謂之大仙,俗名筲箕姑。"陸放翁《箕卜》詩:"孟春百草靈,古俗迎紫姑。厨中取竹箕,冒以婦裙襦。竪子夾扶持,插筆祝其書。俄若有物憑,對荅不須臾。豈必考中否,一笑聊相娱。詩章亦間作,酒食隨所須。興闌忽辭去,誰能執其袪。持箕畀竈婢,弃筆臥墻隅。几席亦已徹,狼藉果與蔬。紛紛竟何益,人鬼均一愚。"然則箕卜之術本起於紫姑,後來方家推而廣之耳。

---

① 攣,當爲"鸞",見《南村輟耕録》卷二十。

鑑案:《通典》:"西國用羔卜,卜師謂之斷乩。"亦此類。

鱣按:《事物紀原》引《异苑》曰:"世有紫子女,古來相傳是人妾,爲大婦所嫉,每以穢事相役,正月十五日感激而死。故世人以其日作其形于厠間或猪闌邊迎之,曰:'子胥不在,婿名也。曹夫亦去,大婦也。小姑可出。'捉者覺動,是神來矣。占衆事,卜絲蠶。《時鏡新書》引《洞覽記》:'帝俈之女胥死,生好音樂,正月十五日可以衣見迎,記爲紫姑之事。'未知孰是。"

成語類

665 金玉滿堂 《老子》:"金玉滿堂,莫之能守。"

長生案:《易林·井之乾》:"左輔右弼,金玉滿堂。"《離之兑》:"金玉滿室[①],忠直乘危。"

鱣按:《易林·蒙之坤》:"左輔右弼,金玉滿堂。"《世說·賞譽篇》:"王長史謂林公:'真長可謂金玉滿堂。'林公曰:'金玉滿堂,復何爲簡選。'"

666 多多益善 《史記·淮陰侯列傳》:"臣多多而益善耳。"

鑑案:《漢書》"善"作"辦"。

鱣按:《漢書·韓信傳》:"如臣多多益辦耳。"

667 近朱者赤,近墨者黑 傅休奕《太子少傅箴》:"近朱者赤,近墨者黑。"《朱子語類》:"吕正獻通判潁州時,歐陽公爲守,范公知青州,過潁,謁之。因語正獻曰:'太傅近朱者赤[②],歐陽永叔在此,宜頻近筆硯。'"

鱣按:《三國·魏志·王肅傳》:"董遇等亦歷注經傳。"注:"《魏略》曰:'遇又善《左氏傳》,更爲作朱墨別异。'"

---

① 室,原訛作"堂",據陳鱣改。

② 傅,當爲"博",見《朱子語類》卷一二九。

668 將上不足,比下有餘　《晋書・衛恒傳》:"張伯英精草書,自稱上比崔杜不足,下方羅趙有餘。"張華《鷦鷯賦》:"將以上比不足,下方有餘。"

長生案:《晋書・王湛傳》亦云:"湛上方山濤不足,下比魏舒有餘。"

鱣按:《禮記・中庸》:"有所不足,不敢不免,有餘不敢盡。"《孟子》:"以羡補不足。"

669 不學無術　《漢書・霍光傳・贊》:"光不學亡即無字。術,暗于大理。"

鱣按:《左傳・□□年》[①]:"夫學殖也,不殖將落。"

670 數見不鮮　《史記・陸賈傳》:"數見不鮮,無久慁公爲也。"

鱣按:《漢書・陸賈傳》:"數擊鮮,毋久溷汝爲也。"注:"服虔曰:'吾嘗行數擊新美食,不久辱汝也。'"

671 人面獸心　《列子・黄帝篇》:"有七尺之駭[②],手足之异,戴髮含齒,倚而趣者,謂之人。而人未必無獸心。"《漢書・匈奴傳・贊》:"被髮左衽,人面獸心。"劉峻《辨命論》:"人面獸心,宴安鴆毒。"

長生案:《越語》:"余雖靦然而人面哉,吾猶禽獸也。"

鱣按:《列子・黄帝篇》:"人未必無獸心,夏桀殷紂,魯桓楚穆,狀貌七竅,皆同于人,而有禽獸之心。"《宋書・明帝紀》:"人面獸心,見於齠日。"

672 千變萬化　《列子・周穆王篇》:"千變萬化,不可窮極。"《湯問篇》:"千變萬化,惟意所適。"《淮南・俶真訓》:"千變萬化,而未始有極也。"

長生案:賈誼《服鳥賦》:"千變萬化兮,未始有極。"又京房《易

---

① □□,當爲"昭十八"。

② 駭,《列子・黄帝》作"骸"。

傳》:“千變萬化,故稱乎易。”

鱣按:《莊子·田子方篇》:“千轉萬變而不窮。”《荀子·性惡篇》:“千舉萬變,其統類一也。”《顏氏家訓·歸心篇》:“倏忽之間,十變五化。”《北史·梁彦光傳》:“訴訟官人,千變萬端。”

673 一定不易 《淮南·主術訓》:“權衡規矩,一定而不易。”《原道訓》:“士有一定之論,女有不易之行。”

鑑案:班固《荅賓戲》:“聖人有一定之論,烈士有不易之分。”

鱣按:《漢書·叙傳》:“蓋聞聖人有壹定之論,烈士有不易之分。”《文選》作“一定”,注引項岱曰:“論,論道化也。一定五經,垂之萬世,後人不能改也。分,决也,志自然之决,不可變易也。”

674 養子防老 《新安志》:“詹惠明,婺源人,乞以身代父死,云:‘養子防老,積粟防飢,代父償死,萬世留名。’”

鑑案:唐元稹詩:“養兒將備老。”

鱣按:《百川學海》:“婺源民詹惠明,乞代父償命,臨刑無懼色,誦‘養兒防老,積穀防飢’二句,太守曾天游奏之,乃免罪。”高明《琵琶記》:“養兒代老,積穀防饑。”

675 矮子看戲 《朱子語類》:“如矮子看戲相似,見人道好,它也道好。”

鱣按:《國語·周語》[①]:“侏儒不可使援。”

676 貴人多忘 王泠然《御史與高昌宇書》:“貴人多忘,國士難期。”

鑑案:此見《摭言》。

鱣按:《唐摭言》:“王泠然《御史與高昌宇書》:‘儻也貴人多忘,國士難期,使僕一朝出其不意,與君并肩臺閣,側眼相視。’”

677 萬萬千千 《論衡·自然篇》:“天地安得萬萬千千手,并爲萬

① 周,當爲“晋”。

萬千千物乎?"

鱣按:《白氏長慶集·哀令狐相公詩》:"最感一行絕筆字,尚言千萬樂天君。"自注:"令狐與夢得手札云:'見樂天君爲申千萬之誠也。'"《歐陽集·與兒發簡》:"酒須少飲,千萬千萬。"《東坡集·與錢濟明尺牘》:"有一頌,親作小字録成,切勿示人,千萬千萬。"

678 勸人爲善　《論衡·福虚篇》:"或時賢聖欲勸人爲善。"

鱣按:《左傳·宣□年》[①]:"子文無後,何以勸善。"《淮南·□□訓》[②]:"聖人因人之所喜而勸善。"

679 女生外向　《白虎通》:"女生外向,有從夫之義。"

鱣按:《孟子》:"内無怨女,外無曠夫。"疏:"女生内向,故云内。男生外向,故云外。"[③]謬也。

680 如釋重負　《穀梁傳》:"昭公出奔,民如釋重負。"

長生案:《韓非子》[④]:"堯舉天下傳舜,若解重負然。"

鱣按:《左傳·莊二十二年》:"弛于負擔,君之惠也。"沈約《齊明帝謚議》:"流涕而膺寶位,如就重負。"《舊五代史·周書恭帝紀》:"顯德七年正月,今上升大位,是日詔曰:'如釋重負,予其作賓。'"

681 唾面自乾　婁師德告其弟語,人皆知之。《能改齋漫録》云[⑤]:"蓋本《尚書大傳·大戰篇》:'太公曰:駡汝毋嘆,唾汝毋乾。毋嘆毋乾,是謂艱難。'"

長生案:《舊唐書·婁師德傳》[⑥]:"教其弟耐事,弟曰:'有人唾面,潔之而已。'師德曰:'未也。潔之是違其怒,正使自乾耳。'"

---

① □,當爲"四"。
② □□,當爲"氾論"。
③ 内向、外向,《孟子注疏》卷二上作"向内、向外"。
④ 所引出自《淮南子·精神訓》。
⑤ 改,原訛作"解",據陳鱣與《文選樓叢書》本、長沙龍氏刻本改。
⑥ 舊,當爲"新"。

鱣按:《國策・趙策》:"有復以長安君爲質者,老婦必唾其面。"

682 不痴不聾 《通鑑》唐代宗謂郭子儀曰:"鄙諺有之:'不痴不聾,不作家翁。'兒女子閨房之言,何足聽也!"代宗所舉鄙諺,蓋亦有本。案:劉熙《釋名》載里語云:"不瘖不聾,不成姑公。"姑公猶翁姑也。《宋書・庾炳之傳》亦有"不痴不聾,不成姑公"之語。王伯厚謂"不聰不明,不能爲王。不瞽不聾,不能爲公"見《慎子》。

長生案:張湛《列子・力命篇》注引語"不瞽不聾,不能成功"。《隋書・長孫平傳》①:"鄙語不痴不聾,未堪作大家翁。"

鱣按:《意林》:"《慎子》:不聰不明不能王,不瞽不聾不能公。"《北史・長孫嵩傳》:"諺云:'不痴不聾,不作大家翁。'"

683 對牛彈琴 《莊子・齊物論》:"彼非所明而明之,故以堅白之昧終。"郭象注:"是猶對牛鼓簧耳。"《野客叢書》云:"對牛彈琴,見《禪錄》。"

鑑案:《易林》"牛耳聾聵,不知聲味",即此意。《禪錄》乃《五燈會元》。又《弘明集》曰:"昔公明儀爲牛彈清角之操,伏食如故。"

鱣按:李石《續博物志》:"面牛鼓簧。"《五燈會元》:"惟堅荅僧問云:'對牛彈琴。'"

684 掩耳盜鈴 《能改齋漫錄》:"諺有'掩耳盜鈴',非鈴也,鐘也,亦有所本。案:《吕氏春秋・不苟篇》②:'范氏亡,有得其鐘者,欲負而走,則大鐘不可負,以椎毀之,鐘怳然有音。恐人聞之而奪己,遽掩其耳。惡聞其過,亦由此也。'任昉《勸進箋》云:'惑甚盜鐘,功疑不賞。'"劉知幾《史通》:"掩耳盜鐘,自云無覺。"

鑑案:"掩耳盜鈴"見《通鑑》唐高祖語。于是《傳燈錄》玄沙備云:"塞耳偷鈴,徒自欺誑。"溈山祐云:"龐上座雖得便宜,争柰揜耳偷

① 長,原訛作"張",據陳鱣改。

② "不苟篇"爲陳鱣所加。

鈴。"故朱子亦云:"成書不出姓名,以避近名之譏,此與揜耳偷鈴之見何异。"此"鈴"字之始。

鱣按:《淮南·說山訓》:"范氏之敗,有竊其鐘負而走者,鎗然有聲,懼人聞之,遽掩其耳,憎人聞之可也,自掩其耳悖矣。"《晋書·宣帝紀》:"竊鐘掩耳,以衆人爲不聞。"

685 因噎廢食 《吕氏春秋·蕩兵篇》:"有以饐死者,欲禁天下之食,悖矣。"

鑑案:《淮南·說林訓》[①]:"有以噎死者而禁天下之食[②],則悖矣。"與此同,而"饐"作"噎"。

鱣按:《說文》:"噎,飯窒也。"《方言》:"嗌,噎也。秦晋或曰嗌,又曰噎。"是"噎"爲正字,"饐"爲假字。

686 吹毛求疵 《韓非子·大體篇》[③]:"古之全大體者,不吹毛而求小疵。"《漢書·中山王勝傳》:"有司吹毛求疵。"王褒《四子講德論》:"吹毛求疵,并施螫毒。"《後漢書·杜林傳》:"吹毛索疵,詆欺無限。"《三國志·步騭傳》:"擿抉細微,吹毛求瑕。"

鱣按:《文心雕龍·奏啓篇》:"吹毛取瑕。"

687 開心見誠 《後漢書·馬援傳》:"開心見誠,無所隱伏。"

鱣按:《古文苑·董仲舒〈詣公孫弘書〉》:"故輒披心陳誠。"

688 矯枉過正 《淮南·本經訓》:"矯枉以爲直。"《文子·下德篇》:"矯枉以爲直。"《漢書·諸侯王表》:"可謂撟枉過其正矣。"師古曰:"撟與矯同。"《外戚傳》:"蓋矯枉者過正。"《王莽傳》:"矯枉者過其正。"《後漢書·二十八將傳論》:"光武鑒前事之違,存矯枉之志。"

---

① 說,原訛作"悅",據陳鱣改。
② 噎,陳鱣改爲"飯"。
③ "大體篇"爲陳鱣所加。

章懷注引《孟子》曰:"矯枉者過其正。"《仲長統論》注引《孟子》曰:"矯枉過直。"今《孟子》無此文,當出外篇。《仲長統傳》:"逮至清世,則復入於矯枉過正之檢。"又云:"矯枉過直,政不任下。"《黨錮傳》:"矯枉故直必過。"《晋書・傅咸傳》:"自古以直致禍者,當自矯枉過直。"《通鑑》作"矯枉過正"。

鑑案:《越絕篇序外傳》[①]:"至誠感天,矯枉過直。"

鱣按:《鹽鐵論》:"矯枉過直[②]。"

689 以身試法 《漢書・王尊傳》:"毋以身試法。"《後漢書・馮勤傳》:"欲以身試法也耶。"

鱣按:《戰國策》:"安陵君曰:'大王萬歲千秋之後,願得以身試黄泉,蓐螻蟻。'"

690 風清弊絕 周濂溪《拙賦》:"上安下順,風清弊絕。"

鱣按:《北史・宋士良傳》[③]:"爲清河太守,有老人謝曰:'府君非惟善政,清亦澈底。'"《新論》:"先王傷風俗之不善,故立禮教以革其弊。"

691 開門受徒 《後漢書・儒林傳・論》:"開門受徒者,編牒不下萬人。"

鑑案:《三國・蜀志》:"來艷好學下士,開館養徒。"

鱣按:《南史・沈麟士傳》:"時爲之語曰:'差山中有賢士,開門教授居成市。'"

692 登峰造極 《世説・文學篇》簡文帝語。

鱣按:《世説・文學篇》:"佛經以爲法練神明[④],則聖人可致,簡文

---

① 越絕篇序外傳,原作"越紐錄",據陳鱣改。
② 矯,《鹽鐵論・救匱篇》作"橈"。
③ 士,《北史・宋世良傳》作"世"。
④ 法,《世説新語・文學篇》作"袪"。

云:'不知便可登峰造極。'"

693 一敗塗地 《漢書·高祖紀》:"今置將不善,壹敗塗地。"

鱣按:《史記》作"壹敗",《漢書》作"一敗",師古曰:"一見破敗,即當肝腦塗地。"

694 搖脣鼓舌 見《莊子·盜跖篇》。

鑑案:《莊子》:"搖脣鼓舌,擅生是非。"

鱣按:《漢書·樓護傳》語曰:"谷子雲筆札,劉君卿脣舌[①]。"《易林·乾之訟》:"喉焦脣乾舌不能言。"

695 片紙隻字 蘇東坡《醉墨堂》詩:"隻字片紙皆藏收。"注引陸機《謝表》:"片言隻字。"

鑑案:機《謝平原內史表》[②]:"陰蒙避迴,崎嶇自列,片言隻字,不關其間,事踪筆迹,皆可推拔[③]。"

鱣按:《晉書·衛恒傳》:"張伯英草書,寸紙不見遺。"杜子美《進封西岳賦表》:"竟以短篇隻字,遂曾聞徹宸極。"《元史·歐陽原功傳》:"片言隻字,流傳人間,咸知寶重。"

696 百孔千瘡 韓退之《與孟襄陽書》[④]:"群儒區區修補,百孔千瘡,隨亂隨失。"

長生案:陳師道詩作:"百孔千瘡容一罅。"

鱣按:陳師道詩"今日剜瘡今補肉[⑤]","百孔千窗容一罅"。

697 酒囊飯袋 《論衡·别通篇》[⑥]:"飽食快飲,慮深求臥,腹爲

① 劉,《漢書·樓護傳》作"樓"。
② 機,當爲"陸機"。
③ 拔,《文選》卷三十七作"校"。
④ 襄陽,當爲"尚書"。
⑤ 今,《後山集》卷一作"昔"。
⑥ "别通篇"爲陳鱣所加。

飯坑,腸爲酒囊。"《荆湘近事》[①]:"馬氏奢僭,文武之道,未嘗留意,時謂酒囊飯俗。"

長生案:《金樓子・立言篇》[②]:"禰衡云:'荀彧可與强言,餘皆酒瓮飯囊。'"《顔氏家訓・誡兵篇》[③]:"今世士夫但不讀書,即稱武夫兒,乃飯囊酒瓮也。"

鱣按:陸游《煎茶》詩:"飯囊酒瓮紛紛是,誰賞蒙山紫笋香。"

698 奴顔婢膝 《抱朴子》:"以奴顔婢膝者爲曉解當世。"陸龜蒙詩:"奴顔婢膝直乞丐。"

鱣按:《宋史・陳仲微傳》:"俯首吐心,奴顔婢膝。"

699 齩薑呷醋 宋時諺云:"兵職駕庫,齩薑呷醋。"

長生案:《老學庵筆記》此臨安人評尚書省二十四曹語。

鱣按:《女論語》:"莫學他人,呼湯呷醋。"

700 張三李四 林酒仙詩:"張三也識我,李四也識我。"王介甫詩:"張三褲口窄,李四帽檐長","莫言張三惡,莫愛李四好。"《朱子語類》:"有張三,有李四,李四不可爲張三,張三不可爲李四。"又云:"張三有錢不會使,李四會使又無錢。""張三、李四"猶云某甲某乙也,蓋宋時俗語。

鱣按:《五燈會元》:"僧問龍興裕:'如何是學人自己?'曰:'張三李四。'""僧問澄提[④]:'如何是佛?'曰:'張三李四。'"

701 單夫隻妻 《齊民要術》:"單夫隻妻,亦得多種。"楊戲《季漢輔臣贊》:"單夫隻役,隕命於軍。"

① 湘,《類説》卷二二引作"湖"。

② "立言篇"爲陳鱣所加。

③ "誡兵篇"爲陳鱣所加。

④ 提,《五燈會元》卷十作"湜"。

鱣按:《潛夫論·□□篇》[①]:"一夫不耕,天下受其飢。一婦不織,天下受其寒。"《韓昌黎集·祭十二郎文》:"形單影隻。"

702 奪胎換骨 《冷齋夜話》引黄山谷語,謂:"詩不易其意而造其説,謂之換骨;規摹其意而形容之,謂之奪胎。"

鱣按:《捫虱新話》:"文章雖不要蹈襲古人一言一句,然自有奪胎換骨等法,所謂靈丹一粒,點鐵成金也。"

703 花言巧語 《朱子語類》:"巧言即所謂花言巧語,如今世舉子弄筆端做文字者便是。"

鱣按:《易林·咸之頤》:"華言風語,自相詿誤。"《蒙之噬嗑》:"甘言善語,説辭無名。"

704 鼠竊狗偷 《史記·叔孫通列傳》:"此特群盜鼠竊狗盜耳[②],何足置之齒牙閒。"

鑑案:《漢書》作"鼠竊狗盜"。

鱣按:《漢書·叔孫通傳》:"此特群盜鼠竊狗盜。"師古曰:"如鼠之竊,如狗之盜。"

705 抱頭鼠竄 《漢書·蒯通傳》:"常山王奉頭鼠竄以歸得王[③]。"

鱣按:《宋史·□□傳》[④]:"金圍太原,童貫欲遁歸,張孝純止之曰:'平生推重太師,及臨事,乃奉頭鼠竄,何面目見天子耶。'"

706 方底圓蓋 《顔氏家訓·兄弟篇》:"猶方底而圓蓋,必不合矣。"《楚詞》《史記》俱有"方枘圓鑿"語,此小變其文耳。

鱣按:《楚辭·九辯》:"圓鑿而方枘兮,吾固知鉏鋙而難入。"《史

---

① □□,當爲"浮侈"。

② 狗盜,原訛作"狗偷",據陳鱣改。

③ 得,《漢書·蒯通傳》作"漢"。

④ □□,當爲"方臘"。

記·孟子傳》:"持方枘欲納圓鑿,其能久乎[①]。"

707 不修邊幅 《後漢書·馬援傳》:"反修飾邊幅如偶人形。"注:"言若布帛修整其邊幅也。"《北齊書·顔之推傳》:"好飲酒,多任誕,不修邊幅。"

長生案:《後漢書·隗囂傳》[②]:"坐飾邊幅。"

鱣按:《顔氏家訓·序致篇》:"肆欲輕言,不修邊幅。"

708 習貫自然"貫"今作"慣" 《大戴禮記》:"少成若天性,習貫如自然。"《漢書·賈誼傳》亦有此語。

鑑案:王肅《家語·弟子解》孔子荅孟武伯曰:"少成則若天性也,習慣若自然也。"疑子雍襲漢人語。

鱣按:《賈誼新書·保傅篇》:"少成則若性也,習貫若自然也。"《漢書·賈誼傳》同。按:"慣"即"貫"之俗字。《爾雅》:"貫,習也。"

709 刮目相待 裴松之注《吴志·吕蒙傳》引《江表傳》:"魯肅拊蒙背曰:'吾謂大弟但有武略耳。至於今者,學識英博,非復吴下阿蒙。'蒙曰:'士别三日,即更刮目相待。大兄今論,何一稱穰侯乎。'"案:朋友結爲兄弟,大兄大弟之稱,亦起於漢季。

鱣按:《北史·楊愔傳》:"愔小字秦王,源子恭曰:'常謂秦王不甚察慧,今更欲刮目視之。'"《顔氏家訓·風操篇》[③]:"於是聞者少復刮目。"

710 仰人鼻息 《魏志·袁紹傳》:"袁紹孤客窮軍,仰我鼻息。"《魏書·島夷傳》:"憑人繫援,假人鼻息。"

鱣按:《廣絶交論》:"纊所以屬其鼻息。"

711 閉門造車,出門合轍 《中庸或問》:"古語所謂'閉門造

---

① 久,《史記·孟子荀卿列傳》作"入"。

② 隗囂,當爲"公孫述"。

③ 風操,當爲"慕賢"。

車，出門合轍’，蓋言其法之同。”

鱣按：《古史考》：“黄帝造車，引重致遠。”

712 遠水不救近火 《韓非子・喻老篇》[①]：“失火而取水於海，海水雖多，火必不滅矣，遠水不救近火也。”

鱣按：《周書・赫連達傳》：“此皆遠水不救近火，何足道哉！”陳師道詩：“不應遠水救近渴。”

713 懸羊頭，賣狗肉 《晏子春秋》：“懸牛頭於門，而賣馬肉於内。”《决録注》：“世祖賜丁邯詔曰：‘懸牛頭，賣馬脯，盜跖行，孔子語。’”見《續漢書・百官志》注。今俗語小變，以羊狗易牛馬，意仍不异也。

長生案：劉向《説苑・政理篇》作[②]：“如懸牛首于門[③]，而求買馬肉於内也[④]。”

鱣按：蘇子由《送柳子玉》詩：“豈效相欺謾，衒牛沽馬脯。”

714 百怪 《論衡・訂鬼篇》：“人之且死，見百怪，鬼在百怪之中。故妖怪之動，象人之形。”《北史・藝術傳》：“臨孝恭著《百怪書》十八卷。”韓退之詩：“百怪入我腸。”

鱣按：梅堯臣詩：“世無軒轅鏡，百怪争後先。”歐陽永叔詩：“盧仝韓愈不在世，彈壓百怪無雄文。”蘇子瞻詩：“平生傲憂患，久矣恬百怪。”蘇子由詩：“蛟龍百怪不敢近。”

715 妖精 庾信《哀江南賦》：“沴氣朝浮，妖精夜殞。”《隋書・五行志》：“開皇中，掖庭宫每夜有人來挑宫人，宫司以聞，帝曰：‘門衛甚嚴，人何從而入，當是妖精耳。’”

鱣按：《荀子・天論篇》：“妖怪未至而凶。”《周書・盧光傳》：“先

---

① 喻老，當爲“説林”。
② “政理篇”爲陳鱣所加。
③ 首，原訛作“骨”，據陳鱣改。
④ 求買，原訛作“賣”，據陳鱣改。

是數有妖怪。"《風俗通義・怪神篇》:"世間多有精物,妖怪百端。"

716 挑雪填井 顧況《行路難》詩[①]:"君不見擔雪塞井空用力,炊沙作飯豈堪食。"

長生案:《普燈錄》又云:"多少痴禪和,擔雪去填井。"

鱣按:《普燈錄》:"普紹云:'多少痴禪和,擔雪去填井。'"

717 雪中送炭 范成大有《雪中送炭與龔養正》詩。

長生案:石湖又有《大雪送炭與芥歸》詩[②]:"不是雪中須送炭,聊裝風景要詩來。"

鱣按:《宋史・太宗紀》:"淳化四年雨大寒,遣中使賜孤老貧窮人米炭。"

718 守口如瓶 《癸辛雜識》:"富鄭公有'守口如瓶,防意如城'之語,見《梁武懺》六卷,不知本出何經。"

長生案:朱子《名臣言行錄》亦作富鄭公語。

鱣按:《晁氏客語》:"劉器之云:'富鄭公年八十,書坐屏云:守口如瓶、防意如城。'"據此知鄭公乃書成語耳。

719 石敢當 史游《急就篇》云:"石敢當。"顔師古注:"敢當,所向無敵也。"王象之《輿地碑目》云:"慶曆中,張緯宰莆田,得一石銘,其文曰:'石敢當,鎮百鬼,厭灾殃。官吏福,百姓康。風教盛,禮樂張。唐大曆五年,縣令鄭押字記。'今人家用碑石,書'石敢當'三字,鎮於門,亦此風也。"陶九成《輟耕錄》:"今人家正門適當巷陌橋道之衝,則立一小石將軍,或植一小石碑,鐫其上曰'石敢當',以厭禳之。"

長生案:《繼古藂編》:"吴民廬舍遇街衢直衝,必設石人或植片

① "行路難"爲陳鱣所加。

② 歸,《石湖詩集》卷三三作"隱"。

石，鐫‘石敢當’以鎮之。”本《急就章》也。

鱣按：《墨莊漫録》：“慶曆中，張緯宰莆田，得一石，其文曰：‘石敢當，鎮百鬼，壓灾殃。官吏福，百姓康。風聲[①]，禮樂昌。’有大曆五年縣令鄭押字。”記與《輿地碑目》同。

720 先下手 《隋書·元胄傳》：“兵馬悉他家物，一先下手，大事便去。”

鱣按：《唐律》：“若元謀下手重者，餘各減二等。”《疏議》：“甲是元謀，又先下手。乙爲從，後下手。”

721 可憐見 《元史·泰定帝本紀》：“薛禪皇帝可憐見嫡孫。”

鑑案：《元典章》：“至元時勘屬孔夫子的田地，皇帝可怜見，分付各處秀才，每年那田地裏出的錢糧修廟祭丁外，若有年老無倚靠的秀才，那底每養濟”，“大德時，江淮百姓闕食，典賣孩兒，皇帝可怜見交官司收贖。”

鱣按：《元史·英宗紀》[②]：“四個大斡耳朵，扶立了兩個哥哥，可憐嫡孫裕宗皇帝長子。”

722 平白地 程大昌《演繁露》：“李太白《越女詞》曰：‘東陽素足女，會稽素舸郎。相看月未墮，白地斷肝腸。’此東坡長短句所取以爲‘平白地爲伊腸斷’也。”

鱣按：《傳燈録》：“浮山遠答僧問祖師西來意，平白地起骨堆[③]。”

723 家常飯 范文正云：“常調官好做，家常飯好喫。”陸放翁詩：“茆檐喚客家常飯，竹院隨僧自在茶。”家常飯，宋時語也。

鑑案：《五燈會元》：“道楷云：‘佛祖言句如家常茶飯。’”

鱣按：文正語，《獨醒雜志》引范文正云：“家常飯好吃。”齊己詩：

---

① “聲”下《通俗編》卷二四《石敢當》引《墨莊漫録》有“盛”字。

② 英宗，當爲“泰定帝”。

③ 《傳燈録》卷三無“白”字。

“應笑晨持一盃苦[①],腥膻市裏叫家常。”

724 耳邊風 《南齊書·武十七王傳》:“吾日冀汝美,勿得敕如風過耳,使吾失氣。”杜荀鶴《題兜率寺》詩[②]:“萬般無染耳邊風。”

鱣按:王建詩:“萬事風吹過耳輪。”

725 護身符 宋人謂僧道度牒爲護身符。陸放翁《求僧疏》:“搭袈裟,展鉢盂,却要護身符子。”又云:“護身符少伊不得。”

鱣按:《唐書·職官志》:“隨身魚符之制,左二右一。”此護身符之所本。

726 打秋風 《七修類稿》:“俗以干人云‘打秋風’,累思不得其義。偶於友人處,見米芾札有此抽豐二字[③],乃豐熟之豐,然後知二字有理,而來歷亦遠。”

長生案:《野獲編》都城俗事對偶,以“打秋風”對“撞太歲”。蓋俗以自遠干求曰“打秋風”,以依托官府賺人錢物曰“撞太歲”也。《暖姝由筆》靖江郭令辭謁客詩,有“秋風切莫過江來”之句。

鱣按:《宋史·食貨志》:“或有貨物,則抽分給賞。”分、豐、風一聲之轉,因抽分而作抽豐,因抽豐而作秋風耳。

727 鬼畫符 元遺山《論詩》絶句:“真書不入今人眼,兒輩從教鬼畫符。”

鱣按:李膺《蜀記》:“張道陵病瘧于邱社中,得咒鬼術書,遂解使鬼法。”《神仙傳》:“費長房行符,收鬼治病,無不愈者。”元遺山詩[④]:“道士來書禁瘧符。”

① 盃,《白蓮集·寄山中叟》作“盂”。

② “題兜率寺”爲陳鱣所加。

③ “抽豐”爲陳鱣所加。

④ 元遺山,當爲“張翥”。

728 作獺 《江表志》:"張崇師廬江[①],好爲不法,士庶苦之。嘗爲伶人所戲,使一伶假爲人死,有譴當作水族者,陰府判曰:'焦湖百里,一任作獺。'"

鱣按:《南唐近事》:"張崇帥廬州,索錢無厭,嘗因宴會,一伶人假爲死者,被譴作水族,冥司判云:'焦湖百里,一任作獺。'"

729 千里眼 《北史》:"楊逸爲光州刺史,廣設耳目,善惡畢聞。咸言楊使君有千里眼,那可欺之。"

鱣按:杜子美詩:"乾坤萬里眼,時序百年心。"

730 一脚指 《北史·李幼廉傳》:"神武深加慰勉,仍責諸人曰:'碎卿等諸人,作得李長史一脚指不?'"

鱣按:《北齊書·李幼廉傳》[②]:"幼廉遇事立辨,神武責諸人曰:'卿等作得李長史一脚否?'"《朱子語類》:"興于詩章,只是游藝一脚意思。"

731 好童童 高誘《鴻烈解序》稱:"淮南厲王死。民歌曰:'一尺繒,好童童。一斗粟,飽蓬蓬。兄弟二人,不能相容。'"其文與《史》《漢》不同。今吾鄉民土語,輒有"好童童、飽蓬蓬"之稱,蓋所由來古矣。

鱣按:《廣雅》:"烔,熱也。"《廣韵》:"暖也,音同。"俗以暖之至者曰"暖烔烔",即"童童"之别字。《留青日札》:"貧兒諺云:'一尺布不遮風,一碗酒暖烘烘,半夜裹作號寒蟲。'"

732 似我能 東坡《贈通師》詩云:"若教俯首隨繮鎖,料得如今似我能。"蓋用柳子玉語也。今吴人語亦有云"似我能"者。

鱣按:《海錄碎事》:"成都進士林暹出家,名法通,蘇子瞻問:'通師若不脱屣場屋,今何爲矣?'柳子玉云:'通若及第,不過似我能。'"朱沖和《嘲張祜》詩:"冬瓜堰下逢張祜,牛屎堆邊說我能。"

① 師,《江表志》卷中作"帥"。
② 北齊書,當爲"北史"。

733 不帖律 《朱子語類》:"荀卿做得那文字,不帖律處也多。"

鱣按:《易》:"師出以律,失律凶也。""不帖律"即失律之意。

734 抱佛脚 《古今詩話》[①]:"王丞相初執政,對客悵然曰:'投老欲依僧。'客應之曰:'急則抱佛脚。'"王伯厚曰:"垂老抱佛脚,孟東野《讀經》詩也。"

長生案:孟詩:"垂老抱佛脚,教妻讀黄庭[②]。"

鱣按:此則見劉敞《中山詩話》[③]。又張世南《宦游紀聞》[④]:"番國尚釋教,有犯罪應誅者捕之,急趨往寺中,抱佛脚悔過,便貰其罪。"

735 只許州官放火 俗語云:"只許州官放火,不許百姓點燈。"偶閲《老學庵筆記》稱:"田登作郡,自諱其名,舉州皆謂燈爲火。上元放燈,吏人書榜揭於市曰:'本州依例,放火三日。'"乃知俗語有自來也。

鱣按:馮猶龍《譚概》:"田登作郡,怒人觸其名,犯者必笞,舉州皆謂燈爲火。值上元放燈,吏揭榜于市曰:'本州依例,放火三日。'"蓋本《老學庵筆記》而稍改之。

736 太歲當頭 星家論流年,以太歲值命宫爲不吉,諺云"太歲當頭坐,非灾便是禍"是也。《唐宋遺史》言:"鍾傳領江西日,客有以射覆之法求見,傳以歷日包橘置袖中,令射。客曰:'太歲當頭坐,諸神不可當。其中有一物,常帶洞庭香。'"則此語亦有本。

鑑案:《論衡・難歲篇》:"工技之説,移抵太歲,凶。"抵,猶當也。

鱣按:《漢書・匈奴傳》:"單于來朝,舍之太歲壓勝所在[⑤]。"《論衡・難歲篇》:"抵太歲凶,負太歲亦凶。抵太歲名曰歲下,負太歲名曰歲破。"

---

① 古今,當爲"中山"。

② 庭,《全唐詩》卷三八〇作"經"。

③ 敞,當爲"攽"。

④ 張世南,當爲"張誼"。

⑤ 舍之,《漢書・匈奴傳》作"上以"。

737 錦上添花 王介甫《即事》詩[①]:"麗唱仍添錦上花。"李壁注:"錦上添花,俚語。"

長生案:黄庭堅《了了庵頌》:"又要涪翁作頌,且用錦上添花。"

鱣按:《鄴中記》:"織錦署有黄地博山文錦,大交龍,小交龍,大茱萸,小茱萸等錦。"章孝標詩:"花錦文章開四面。"《摭言·好及第篇》:"許孟容進士及第,學究登科,時號'錦襖子上著蓑衣'。"

738 淋頭雨 邵經國《上樓攻愧》詩:"去時莫待淋頭雨,歸日須防徹骨寒。"

鑑案:見《吹劍錄》,又《五燈會元》。

鱣按:許月卿詩亦有"去時莫待雨淋頭"句[②]。《五燈會元》:"教休不肯休,直到雨淋頭。"又:"天晴不肯去,直待雨淋頭。"

739 無麵餺飥 "巧媳婦做不得無麵餺飥",宋時俚語也。陳后山《送杜侍御》詩[③]:"巧手莫爲無麵餅。"陸放翁《請機老疏》:"諸方到處,只解抱不哭孩兒,好漢出來,須會託無麵餺飥[④]。"周益公《與劉文潛札子》:"其實令撰無麵餺飥。"

長生案:《龍川集·陳同甫荅朱文公書》有此語。

鱣按:《陳龍川集·荅朱元晦書》:"若今更不雨,恐巧媳婦做不得無麵餺飥。百念所聚,柰何柰何。"

740 鷄宿昏 《爾疋翼》云:"雀性多欲,至曛黑輒盲。人至其時用目力不止者,亦得雀盲之疾。"案:今人得此疾者,日暮舉燭時,目輒昏暗,謂之鷄宿昏,以其時鷄方宿也。

---

① "即事"爲陳鱣所加。

② 許,原訛作"宋",據《宋詩鈔》卷一〇二改。

③ "送杜侍御"爲陳鱣所加。

④ 託,《渭南文集·雍熙請機老疏》作"打"。

鱣按:今吴越方言有云:"鷄盲鳥瞎。"

741 生薑樹上生 劉後村詩:"道是生薑樹上生,不應一世也隨聲。"

長生案:《程伊川語錄》:"邵堯夫臨終時,只是諧謔,某往視之,因警之曰:'堯夫平日所學,今無事不?'答曰:'你道生薑樹上生,我也只得依你說。'"

鱣按:《清异錄》:"生薑名百辣雲。"

742 攧撲不破 見《朱子語類》[①]。

鱣按:《韓昌黎集·平淮西碑》:"牢不可破。"即此語所本。

743 俗語 俗語多出於釋氏語錄。如"弄巧成拙",龐居士語也。長生案:見《傳燈錄》。又黄庭堅《拙軒頌》:"弄巧成拙,爲蛇添足。"鱣按:《傳燈錄》:"龐居士謁,道一禪師云:'適來弄巧成拙。'"《二老堂雜識詩話》:"蜀人縷鳩爲膾,配以芹菜,或爲詩云:'本欲將芹補,誰知弄巧成。'""竿木隨身,逢場作戲",鄧隱峰語也。長生案:見《傳燈錄》。鱣按:范成大《題白傅詩》:"此老故應深解此,逢場聊戲眼前人。"蘇子瞻詩:"逢場作戲三昧俱。""抛磚引玉",趙州禪師語也。長生案:見《傳燈錄》。鱣按:盧綸詩:"投磚敢望酬。""千年田[②],八百主",如敏禪師語也。鑑案:見《五燈會元》。鱣按:《五燈會元》:"靈樹和云[③]:'千年田,八百主。'""食到口邊,被他奪却",亦龐居士語也。"五更侵早起,更有夜行人",古寺行者語也。鱣按:《傳燈錄》:"丹霞來古寺,行者:'五更侵早起,更有早行人。'""龍生龍子,鳳生鳳兒",丹霞禪師語也。長生案:見《傳燈錄》。又《普燈錄》:"已庵深云:'龍生龍,鳳生鳳,老鼠養兒沿屋棟。'"鱣按:《論衡·講瑞篇》:"鳳皇麒麟,生有種類,若龜龍矣。龜故生龜,龍故生龍。""紅爐上一點雪",長髭禪師語也。"上無片瓦,下無卓錐",道吾禪師語也。長生案:《唐書·五行志》:"咸通時童謠曰:'頭無片瓦,地有殘灰。'"今此見《傳燈

---

① 《朱子語類》作"顛撲不破"或"攧撲不破"。

② 年,原訛作"里",據陳鱣改。

③ 和,《五燈會元》卷四作"如敏"。

錄》。鱣按:《傳燈錄》:"夾山問船子和尚:'如何是道者。'曰:'此人上無片瓦,下無卓錐。'""頭上安頭",元安禪師語也。長生案:黄庭軒《拙軒頌》[①]:"頭上安頭,屋下蓋屋。"又見《傳燈錄》。鱣按:《傳燈錄》:"元安示衆曰:'若道是即頭上安頭。'""折東補西",寒山子詩也。鑑案:《鷄肋編》陳無已詩:"折東補西裳作帶。"鱣按:《唐書·陸贄傳》[②]:"移東就西,便爲課績。""君子愛財,取之有道",洞山總禪師語也。長生案:見《五燈會元》。鱣按:《五燈會元》洞山曉聰、東林道衍并云[③]:"君子愛財,取之有道。"宋儒語錄亦多用俗語,如"大驚小怪、七顛八倒"、鑑案:亦見《五燈會元》。"胡思亂想"、長生案:《閑燕常談》:"何桌入視帑藏倉庾,時有胡思者,爲司農卿。桌屬言曰:'大卿切弗亂量[④]。'思應曰:'諾。'至客次,方悟其以俗言爲戲。"鱣按:朱文公《荅潘文叔》云:"不要如此胡思亂量。"《閑燕常談》亦作"亂量",蓋指倉庾而言。"翻來覆去、半上落下、藏頭亢腦"、鑑案:"亢"一作"伉"。鱣按:《紫陽語錄》:"千般百樣,藏頭伉腦,教後人自去多方推測。""改頭換面"、長生案:寒山詩:"改頭換面孔,不離舊時人。"晁迥《客語》:"達順美惡皆是一體,改頭換面了出來。"又見《五燈會元》。鱣按:《五燈會元》:"宗杲謂張無垢曰:'可改頭換面向儒家,使殊途同歸。'""撞頭磕腦"、長生案:《葉水心集·修路疏》:"南來北往,何憂帶水拖泥;朝出暮歸,不見撞頭搕腦。"亦見《五燈會元》。鱣按:《五燈會元》:"慈濟聰云:'撞頭磕腦。'""手輕脚快、粗枝大葉"、鱣按:《朱子語錄》:"漢文粗枝大葉。""拖泥帶水"、鑑案:嚴羽《詩話》:"語貴脱灑,不可拖泥帶水。"鱣按:楊萬里《竹枝詞》:"知儂笠漏芒鞋破,須遣拖泥帶水來。"《五燈會元》:"到這裏也解拖泥帶水。""千軍萬馬[⑤]"、鑑案:《齊東野語》:"李德裕云:'文章當如千兵萬馬。'"鱣按:《南史·陳敬之傳》:"洛中謠曰:'名軍大將莫自牢,千兵萬馬避白袍。'""千頭萬緒",長生案:朱子荅張敬夫、吕伯恭又作

① 黄庭軒,當爲"黄庭堅"。
② 所引出自《舊唐書·裴延齡傳》。
③ 衍,《五燈會元》卷二十作"顔"。
④ 量,原訛作"想",據陳鱣改。
⑤ 萬,原訛作"禹",據陳鱣改。

"兩頭三緒"。鱣按:朱子《荅張敬夫書》:"裏面已是三頭兩緒矣。"俱見《朱子語類》。"或問朱子:'活潑潑地,是禪語否?'曰:'是俗語,不是禪語。'"鑑案:釋家語皆作"活鱍鱍"。"老鼠搬生薑"、鱣按:搬即般之俗字。朱國楨《涌幢小品》:"徐本嗜書,笑謂人曰:'吾猶老鼠搬生薑,勞無用也。'""鮑老送燈臺"、長生案:《歸田錄》:"鄙語:'趙老送燈臺,一去便不來。'不知是等語,雖士大夫亦往往道之。天聖中有尚書郎趙世長爲西京留臺御史,有輕薄子送以詩云:'此回真似送燈臺。'世長深惡之,其後竟卒於留臺也。""謝三娘不識四子""許一嫂不識林擒"①,并見宋釋智昭《人天眼目》。"瓦礶不離井上破"、鑑案:《鷄肋編》:"陳無己詩多用一時俗語,如'瓶懸甕間終一碎',即俗語'瓦罐終須井上破'也。"鱣按:《漢書・陳遵傳》:"揚雄《酒箴》:'子猶瓶矣,居井之湄,臧水滿腹,掌于纆徽,一旦擊礙,爲甕所擂。'"②注:"言瓶爲井甕所擊,終破碎也。""蒼蠅不叮沒縫鴨子""晴乾不肯走,直等雨淋頭"、長生案:《五燈會元》法昭、元善兩師皆云:"教休不肯休,直待雨淋頭。"又"守初禪師云:'天晴不肯去,直待雨淋頭。'""日間不作虧心事,夜半敲門不喫驚",并見明釋沈袾宏《諺謨》。

744 俗諺有出 《老學庵筆記》:"今世所道俗語,多唐以來人詩。'舉世盡從愁裏老,何人肯向死前閑',杜荀鶴詩也。'何人更向死前休',韓退之詩也。'林下何曾有一人',靈徹詩也③。鑑案:靈徹詩見《集古錄》及《雲溪友議》,上句作'相逢盡道休官好'。鱣按:《集古錄》:"世俗相傳'相逢盡道休官好,林下何曾見一人',二句以爲俚諺,慶曆中許元爲發運使,因修江岸,得石刻于池陽江水中,始知爲釋靈澈詩也。"'長安有貧者,爲瑞不宜多',羅隱詩也。'世亂奴欺主,年衰鬼弄人''海枯終見底,人死不知心',亦杜荀鶴詩也。'事向無心得',章碣詩也。'但有路可上,更高人也行',龔霖詩也。'忍事敵灾星',司空圖詩也。'一朝權入手,看

① 嫂,原訛作"婹",據陳鱣改。
② 湄、腹、掌、擊、擂,《漢書・陳遵傳》作"眉、懷、牽、叀、轠"。
③ 徹,《老學庵筆記》卷四作"澈",下同。

取令行時’,朱灣詩也。長生案:亦見崔戎《酒籌》詩。鱣按:朱灣《奉使設宴戲擲龍籌》詩:“一朝權入手,看取令行時。”‘自己情雖切,它人未肯忙’[①],裴説詩也[②]。‘但知行好事,莫要問前程’,馮道詩也。‘在家貧亦好’,戎昱詩也。”鑑案:戎詩題作《長安秋夕》。《七修類稿》:“‘日出事還生’,武元衡被刺時前夜之詩,以爲讖也。長生案:見《全唐詩話》。‘難將一人手,掩得天下目’,曹鄴《咏李斯》詩。‘但存方寸地,留與子孫耕’,宋賀仙翁詩也。鑑案:此見《鶴林玉露》及《王直方詩話》。鱣按:《鶴林玉露》以“但存方寸地”二句爲俗語。《直方詩話》謂張嘉甫以此爲水部賀公所作。‘晚飯少喫口,活到九十九’,古樂府三叟之詩。案三叟詩無此語。鱣按:杜子美詩:“晚飯越中行。”‘菖蒲花,難見面’,施肩吾詩也。案古樂府《烏夜啼》云:“菖蒲花可憐,聞名不相識。”鱣按:《梁書·太祖獻后傳》:“后見庭前昌蒲生花,驚報侍者,皆云不見。后曰:‘吾聞見昌蒲花者當富貴。’遽取吞之,是月産高祖。”唐劉駕詩:“昌蒲花可貴,只爲人難見。”陸龜蒙詩:“情重不得見[③],却憶菖蒲花。”‘十指有長短,痛惜皆相似’,曹植詩也。鱣按:劉商擬《胡笳十八拍·第十四拍》詩:“手中十指有長短,截之痛惜皆相似。”‘真個有天無日頭’,宋神童詩。”凡與《老學庵筆記》相同者不録。鱣按:《晋書·齊王冏傳》:“趙庶人聽任孫秀移天易日。”《香祖筆記》:“‘今朝有酒今朝醉,明日愁來明日愁’,羅隱詩也。吴曾以爲權常侍審詩也。長生案:見《詩話總龜》。鱣按:見《容齋隨筆》。‘閉門不管庭前月,分付梅花自主張’,南宋陳藏一警句也。”與上同者不録。鑑案:陳詩見《隨隱漫録》。鱣按:陳隨一自述其先人藏一詩[④],真西山、劉漫堂賞爲警句。

大昕案:俗語出於唐宋詩者,尚不止此。如“别時容易見時難”,李後主詞也。鱣按:李商隱《無題》詩:“相見時難别又難。”“情人眼裏有西

① 它,長沙龍氏刻本作“他”。
② 裴,原訛作“裘”,據陳鱣改。
③ 情重不得見,《全唐詩》卷六二七作“時情重不見”。
④ 陳隨一,當爲“陳隨隱”。

施”,鑑案:此說山谷詩“西施逐人眼,稱心斯爲得”所出。鱣按:《復齋漫錄》:“情人眼裏有西施,鄙語。山谷取以爲詩云:‘西施逐人眼,稱心斯爲得。’”又“千里寄鵝毛,物輕人意重”,《復齋》所載宋時諺也。鑑案:東坡《寄少游》詩:“且同千里寄鵝毛。”鱣按:《寓簡》:“邢俊臣嘲置花石綱:‘物輕人意重,千里送鵝毛。’”“善惡到頭終有報,只争來早與來遲”,《螢雪叢說》所載古詩也。長生案:《叢說》又云:“善惡若無報,乾坤必有私。”一是反說,一是正說。鱣按:唐僧元真《垂訓詩》:“常把一心行正直,自然天地不相虧。善惡到頭終有報,只争來早與來遲。”又明時京師諺云:“嚴介溪不知幾,善惡到頭終有報,只争來早與來遲。”“金馬玉堂三學士,清風明月兩閑人”,歐陽永叔詩也。鑑案:見歐公《會老堂口占》[①]。“一舉首登龍虎榜,十年身到鳳皇池”[②],張唐卿詩也。一作張虞,又作劉昌言。長生案:見《夢溪筆談》及《輟耕錄》。鱣按:劉昌言《上吕蒙正丞相》詩:“一舉云云。”《事文類聚》又記:“張虞登第,題此二句于興國寺壁,有人續其後云:‘君看姚奕與梁固[③],不得朝官未可知。’”蓋張用昌言語題壁耳。“平生不作皺眉事,世上應無切齒人”,邵康節詩也。長生案:見《復齋漫錄》。“易求無價寶,難買有情郎”,唐女真蕙蘭詩也。鑑案:《全唐詩》作魚玄機。“兒孫自有兒孫計,莫與兒孫作馬牛”,徐守信詩也。鑑案:徐詩見《宋詩紀事》,爲嘉祐時天台道士。上一句又見《癸辛雜識·葉李紀夢詩》。鱣按:關漢卿《蝴蝶夢曲》:“兒孫自有兒孫福,莫爲兒孫作遠憂。”“此去好憑三寸舌,再來不直半文錢”,張子惠《送謝叠山北行》詩也。“一色杏花紅十里[④],新郎君去馬如飛”,蘇和仲詩也。鑑案:一作蘇子瞻《送張師厚赴殿試》詩。鱣按:今誤作“狀元歸去馬如飛”。“人窮令智短”“經事長一智”,皆陳後山詩。長生案:見《鷄肋集》,又《五燈會元》:“人貧志短,馬瘦毛長。”“我本田夫作比邱,也知

① 占,原訛作“古”,據《文選樓叢書》本、長沙龍氏刻本改。
② 皇,長沙龍氏刻本作“凰”。
③ 奕,《事文類聚别集》卷九作“曄”。
④ 紅,原訛作“三”,據陳鱣改。

騎馬勝騎牛。如今馬上看山色,不似騎牛得自由”,葛天民詩也。“踏破鐵鞋無覓處,得來全不費工夫”,道士夏元鼎句也。鑑案:夏詩見《蓬萊鼓吹》。鱣按:馬致遠《岳陽樓曲》:“踏破芒鞋無覓處,得來全不費工夫。”“得饒人處且饒人”,蔡州褒信縣善棋道人句。鑑案:見《西溪叢話》。“是非只爲多開口,煩惱皆因强出頭”,鑑案:見《元曲選》。鱣按:見《事林廣記》。“自家掃去門前雪,莫管它家瓦上霜”,長生案:見《古今譚概》。鱣按:《事林廣記》記作:“各人自埽門前雪,莫管他家瓦上霜。”“閉口深藏舌,安身處處牢”,長生案:見馮道《咏舌詩》。“逢橋須下馬,有路莫行船”,鑑案:趙德麟《侯鯖錄》作“過渡莫争船”。又《高齋詩話》作“遇夜莫行船”。鱣按:《侯鯖錄》載無名子題驛壁詩。“莫信直中直,須防人不仁”“入山擒虎易,開口告人難”,長生案:見高則誠《琵琶曲》。“無錢方斷賭,臨老去看經”,皆《事林廣記》所集警世語也。“逢人只説三分話”,《朱子語類》所引俗語也。鑑案:《續燈錄》:“逢人只可三分話,未可全抛一片心。”鱣按:《續燈錄》:“大覺璉云:‘逢人只可三分話,未可全抛一片心。’”高則誠《琵琶記》用之。“寧可葷口念佛,莫將素口駡人”,李之彦所記古語也。出《東谷所見》。“速行無好步”,亦宋時俗諺。見任淵《後山詩話》。

745 閭巷常諺 顧起元《客座贅語》:“南都閭巷中常諺,往往有麄俚而可味者,如曰:‘閑時不燒香,忙時抱佛脚。’長生案:亦見張世南《宦游紀聞》。鱣按:《古今詩話》:“王安石有句云:‘投老欲依僧。’客應聲曰:‘急則抱佛脚。’安石曰:‘投老句是古詩。’客曰:‘佛脚句是俗諺。上頭下脚,豈非的對。’安石大笑。”曰:‘熱竈一把,冷竈一把。’長生案:《五燈會元》又作“好冷處著把火”。曰:‘辦酒容易請客難,請客容易款客難。’曰:‘饒人不是痴,過後得便宜。’曰:‘人算不如天算。’曰:‘捉賊不如放賊。’曰:‘好男不喫分時飯,好女不穿嫁時衣。’鑑案:亦見元曲《舉案齊眉》劇。曰:‘有麝自然香,長生案:亦見元人《連環計》劇。何必當風立。’曰:‘日食三餐,夜眠一覺,無量壽佛。’曰:‘不看僧面看佛面。’長生案:邢居實《拊掌錄》所載,意略同。曰:

‘柴米夫妻,酒肉朋友,盒兒親戚。’曰:‘强龍不壓地頭蛇。’曰:‘燈臺照人不照己。’鱣按:康進之《李逵負荆》曲:“燈臺不自照。”曰:‘酒在口頭,事在心頭。’曰:‘與人方便,自己方便。’曰:‘若要好,大作小。’曰:‘喫得虧,做一堆。’曰:‘惱一惱,老一老;笑一笑,少一少。’曰:‘牡丹雖好,緑葉扶持。’曰:‘鍋頭飯好喫,過頭話難説。’曰:‘家鷄打的團團轉,野鷄打的貼天飛。’曰:‘爛泥搖樁,越搖越深。’此言雖俚,然於人情世事有至理存焉,邇言所以當察也。”“死人頭邊有活鬼”“强將手下無弱兵”皆俗語,《七修類稿》以爲“天生切對”。鑑案:見《豹隱記》及《栗齋詩話》。鱣按:周遵道《豹隱記談》及《栗齋詩話》。謂俚語自然成對也。“書中有女顔如玉”“路上行人口是碑”,亦俗語對也。見《至正直記》孔行素父所對。鑑案:上句見《勸學文詩》,下句見《五燈會元》。鱣按:俞玉吾《書齋夜話》:“娶妻不用求良媒,書中有女顔如玉。有名何必鐫頑石,路上行人口似碑。”可謂切對。《野客叢書》云:“俗語皆有所自。近龔養正作《續釋常談》二十卷,僕病其未廣,更欲續之,未果,姑疏大略於兹:‘摟羅’見《南史》,鱣按:《南齊書・顧歡論》“婁羅之辨”,即樓羅也。‘噤門’見《晋書》,‘主故’見《東漢》,鑑案:“主故”即“主顧”,辨見顧絳《日知録》。鱣按:《論衡・□□篇》[①]:“况節高志妙,不爲利動,性定質成,不爲主顧者乎。”‘人力’見《北史》,‘承受’見《後漢》,‘證左’見《前漢》,‘相僕’見《吴書》,‘直日’見《禮記》注[②],‘門客’見《南北史》,‘察子’見《唐書》,‘駔儈’見《前漢》,‘求食’見《左傳》,‘措大’見《唐書》,‘高手醫’見《晋書》,鑑案:司馬彪《續漢書・東平王傳》:“病,詔遣太醫丞將高手醫治病。”‘小家子、無狀’見《前漢》,‘浮浪人’見《隋書》,‘茶博士’見《語林》,‘酒家兒’見《欒布傳》,‘厨下兒’見《吴書》,‘家常使令’見《衛子夫傳》,鱣按:《史記・外戚傳》:“平陽主曰:‘大將軍出吾家,常使令騎從我出入耳。’”‘快活三郎’見《開元

① □□,當爲“逢遇”。

② 注,原訛作“庄”,據陳鱣改。

傳信錄》，鱣按：《武林舊事》元夕舞隊有"快活三郎、快活三娘"。'掉書袋'見《南唐書》，長生案：《彭利用傳》："言必據書史斷章破句，以代常談，俗謂之掉書袋。"'同年友'見《劉禹錫集》注，'齋襯錢、年月日子、入粗入細、看人眉睫'見《南北史》，'近市無價'見《曾子》，'巧詐寧拙誠'鑑案：見曹植樂府及《三國·魏志·劉煜傳》注。見《說苑》，'十指有長短，痛惜皆相似'見曹植詩，鱣按：劉商擬《胡笳十八拍》："手中十指有長短，截之痛惜皆相似。"《七修類稿》誤作曹植詩。此沿其誤。'賣漿值天涼'見姜子牙語，'近朱赤，近墨黑'見傅玄《太子箴》，鱣按：《淨住子》："近墨必緇，近朱必赤。"'積財千萬不如薄藝隨身''教兒嬰孩，教婦初來'見《顏氏家訓》[①]，'生爲人所咀嚼，死爲人所歡快'見左雄語，'舉頭三尺有神明'見徐鉉語，長生案：《南唐書》[②]。'龍生龍，鳳生鳳'見丹霞語，'對牛彈琴''作死馬醫'鑑案：《猗覺寮雜鈔》："作死馬醫，自唐已有此語。"《傳燈錄》《雲門》亦舉揚之，其初出《郭璞傳》，又見《春渚紀聞》。'冷灰豆爆'鑑案：《傳燈錄》："冷灰裏一粒豆爆。"皆見《禪錄》。今鄙俗語謂'不在被中眠，安知被無邊'，而盧仝詩曰'不予衾之眠，信予衾之穿'；謂'一日不作，一日不食'，而《趙世家》曰'一日不作，百日不食'；長生：見《野客叢書》及《傳燈錄》。謂'讓一寸，饒一尺'，則曹氏令曰'讓禮一寸，得禮一尺'；謂'三世仕宦，方解著衣喫飯'，鑑案：見《明道雜志》及《老學庵筆記》。而曹氏令曰'三世長者知被服，五世長者知飲食'。又如謂'一鷄死，一鷄鳴'，此語亦有自也。觀《前漢·郅都傳》曰'亡一姬，復一姬'[③]，疑是此意，誤'一姬'爲'一鷄'耳。昌黎詩'舉世盡從愁裏老，誰人肯向死前休'，杜荀鶴則改一字曰'誰人肯向死前閑'。"鱣按：杜荀鶴改上句"老"字曰"舉世盡從愁裏

---

① 薄，原訛作"一"，據陳鱣改。

② 長生案南唐書，《文選樓叢書》本、長沙龍氏刻本作"鑑案見南唐書"。

③ "觀"爲陳鱣所加。

過”,共改二字。“寧可死,莫與秀才擔擔子”“肚裏飢,打火又無米”“巴豆未開花,黄連先結子”,黄連能制巴豆毒也。“成人不自在,自在不成人”,長生案:見《鶴林玉露》。“家有萬貫,不如出個硬漢”“萬頃良田,不如四兩薄福”“日進分文,不如一藝隨身”,鑑案:《顔氏家訓》引諺作:“積財千萬,不如薄藝隨身。”又《元曲選》:“家有千貫,不如日進分文。”“結交須勝己,似我不如無”,《至正直記》。“旁觀者審,當局者迷”,《吴郡志》。鑑案:《鹽鐵論》:“從旁議者易是,其當局則亂。”《唐書·元行沖傳》:“當局稱迷,旁觀必審。”“盛喜中不許人物,盛怒中不荅人簡”,《能改齋漫録》記俗諺。“此處不留儂,更有留儂處”,《大業拾遺記》,吴曾所引。鑑案[①]:又見《平陳録》,作陳後主詩。鱣按:《平陳録》陳主贈張貴妃詩[②]:“此處不留人,會有留人處。”“須信閑人有忙事”。韓偓詩。鱣按:“須信閑人有忙事”可對錢起詩“羞將短髮對華簪”。《能改齋漫録》:“‘閑人有忙事’,俗語也,韓偓詩用之:‘須信閑人有忙事,且來衝雨覓漁師。’”

後學甘泉阮鴻北渚、儀徵阮亨梅叔校。

① 鑑,《文選樓叢書》本、長沙龍氏刻本作“長生”。
② 張貴妃,《古詩紀·戲贈沈后》作“沈后”。

《恒言廣證》顧廷龍跋[①]

平賈董金榜在杭金元達家收得《恒言錄》陳仲魚手批本求售，葉丈揆初斥重值購之。按:各條皆有補證，楷書上方，於原本引書篇第及誤訛之處亦注改行間。卷末跋文一篇，則紙浸濕而敝，損蝕三之一，秉筆之意，從事之年，均不可詳。因檢羊復禮所刊《簡莊文鈔續編》有《恒言廣證叙》，校讀兩文，構造雖异，大旨則同，是即《恒言廣證》之原稿也。叙云:"疏記上下，積而成帙。"蓋别有移錄成書者，改定叙文，以冠諸首。迨光緒戊子，羊刻《文鈔》，跋有"《恒言廣證》六卷，舊爲吴氏竹初山房所藏，今亦存亡莫卜"之語。迄今又幾更滄桑，益不可問矣。展誦底本，書體清整，當非率意之稿。靈爽所寄，歷劫不磨，亟重寫正，以俟好事者爲之刊傳也。

一九四〇年九月

① 《顧廷龍全集》編輯委員會編《顧廷龍全集·文集卷》44 頁，上海辭書出版社 2015 年。

索　引

Z